Existenzgründung für Hochschulabsolventen

Heinz Klandt / Tanja Finke-Schürmann

Existenzgründung für Hochschulabsolventen

So erstellen Sie einen überzeugenden Business Plan

Eichborn.

__Professor Dr. Heinz Klandt__ ist seit März 1998 Inhaber des ersten deutschen Lehrstuhles für Existenzgründung und Entrepreneurship an der European Business School in Oestrich-Winkel. Er war von 1990 bis 1998 Professor und Leiter des Fachgebietes Empirische Wirtschafts- und Sozialforschung an der Universität Dortmund. Er ist geschäftsführender Direktor des bifego (Betriebswirtschaftliches Institut für empirische Gründungs- und Organisationsforschung) sowie geschäftsführendes Präsidiumsmitglied des FGF (Förderkreis Gründungs-Forschung-Entrepreneurship Research).

__Tanja Finke-Schürmann,__ Diplomkauffrau, wechselte im März 1998 an den ersten deutschen Lehrstuhl für Existenzgründung und Entrepreneurship an der European Business School. Vorher arbeitete sie als wissenschaftliche Assistentin am Fachbereich Empirische Wirtschafts- und Sozialforschung an der Universität Dortmund.

Die Deutsche Bibliothek – CIP-Einheitsaufnahme

Klandt, Heinz:
Existenzgründung für Hochschulabsolventen : so erstellen sie einen überzeugenden Business Plan / Heinz Klandt ; Tanja Finke-Schürmann. – Frankfurt am Main : Eichborn, 1998
ISBN 3-8218-1526-4

Umschlaggestaltung: Moni Port
Lektorat: Nele Dinslage / Waltraud Berz
Gesamtproduktion: Fuldaer Verlagsanstalt GmbH, Fulda
ISBN 3-8218-1526-4

Verlagsverzeichnis schickt gern:
Eichborn Verlag, Kaiserstraße 66, D-60329 Frankfurt am Main
http://www.eichborn.de

I

Von der Hochschule zur beruflichen Selbständigkeit

Selbständigkeit – eine Perspektive für Hochschulabsolventen

Ein Hochschulstudium ist in der Regel nicht mit einer Ausbildung für einen konkreten Beruf zu vergleichen. Für einen Akademiker ist allein durch Abschluß des Studiums noch nicht die Frage nach dem Beruf beantwortet. Je nach Fachrichtung ergeben sich zahlreiche Möglichkeiten, beruflich tätig zu werden. Sicherlich gibt es meist typische Berufsbilder. Lehramtsstudenten streben in der Regel danach, als Lehrer im öffentlichen Dienst ihren Lebensunterhalt zu verdienen. Ärzte gründen typischerweise Arztpraxen oder arbeiten im Krankenhaus. Juristen eröffnen Kanzleien oder starten eine Richterlaufbahn usw. Doch auch an diesen Beispielen zeigt sich, daß die Alternative »Selbständigkeit« in verschiedenen Fachrichtungen einen unterschiedlichen Stellenwert hat. Für einen Mediziner erscheint eine solche Möglichkeit selbstverständlich, für einen Lehramtsstudenten jedoch eher exotisch.

Selbständigkeit ist eine Alternative, die zur Zeit nur wenige Hochschulabsolventen wählen. Der überwiegende Teil aller Jungakademiker startet traditionell die berufliche Laufbahn im öffentlichen Dienst oder in einem großen Unternehmen. Die Lehrpläne der Hochschulen in der Bundesrepublik sind nicht auf die Ausbildung zum Unternehmer ausgerichtet. Solche Möglichkeiten sind insbesondere in Nordamerika deutlich stärker ausgebaut; dort bieten rund 400 Universitäten und Business Schools Entrepreneurship-Kurse an, und es existieren ca. 170 spezielle Professuren in diesem Bereich. In Zukunft soll auch in Deutschland Unternehmensgründung als Disziplin stärker in die Hochschulausbildung mit einbezogen werden. Seit dem Sommersemester 1998 gibt es in der Bundesrepublik erstmals einen Lehrstuhl für Existenzgründung/Entrepreneurship. Sitz dieses Stiftungslehrstuhls, der von der Deutschen Ausgleichsbank initiiert und finanziert wurde, ist die European Business School (ebs) im Schloß Reichartshausen in Oestrich-Winkel. Geplant ist die Einrichtung weiterer fünf Lehrstühle für Unternehmensgründung an den Universitäten Berlin, Dresden, Köln, Magdeburg und Mannheim, ebenfalls mit finanzieller Unterstützung der Deutschen Ausgleichsbank.

Das verstärkte Interesse von Politik und Medien am Thema Unternehmensgründung zeigt sich auch in einer Reihe von Business-Plan-Wettbewerben, die zur Zeit durchgeführt werden. So forderte die Deutsche Ausgleichsbank 1997/98 gemeinsam mit dem UNICUM-Verlag unter dem Motto »Existenzgründer dringend gesucht!« speziell Studierende und Hochschulangehörige auf, ihre Geschäftsideen in einen konkreten Gründungsplan umzusetzen und mit diesem Konzept an einem bundesweiten Wettbewerb teilzunehmen. Schirmherren dieser Initiative waren Dr. Jürgen Rüttgers, Bundesminister für Bildung und Forschung, sowie Dr. Günter Rexrodt, Bundesminister für Wirtschaft.

Welchen beruflichen Weg Sie persönlich nach Ihrem Studium einschlagen werden oder bereits begonnen haben, hängt von verschiedenen Faktoren ab. Zunächst werden Sie überlegen, was Sie von Ihrem Beruf erwarten. Einen großen Teil Ihrer Lebenszeit werden Sie in der Regel mit einer Erwerbsarbeit verbringen müssen. Sie sollten sich darüber klarwerden, wie wichtig Ihnen die Höhe Ihres Einkommens und Ihr Lebensstandard ist, welchen Stellenwert für Sie eine inhaltlich anspruchsvolle Tätigkeit hat und wieviel Zeit Sie neben Ihrer Arbeitszeit noch für Ihre Freizeit zur Verfügung haben möchten. Möchten Sie sich Ihre Zeit frei einteilen können? Arbeiten Sie lieber allein oder im Team? Wie wichtig sind Ihnen Entscheidungsfreiheit oder Verantwortung in Ihrem zukünftigen Beruf? Wenn Sie nicht schon vor Beginn Ihres Studiums ein festes Berufsziel im Auge hatten, dann haben Sie sicher im Laufe Ihres Studiums bei verschiedenen Aktivitäten im Freizeitbereich, bei der Ausübung von ehrenamtlichen Tätigkeiten, bei Nebenjobs und Praktika viel über sich, Ihre Arbeitsweise und Ihre Wünsche an einen zukünftigen Arbeitsplatz erfahren.

Die Wahl Ihres Berufes hängt aber nicht nur von Ihren persönlichen Wünschen ab, sondern auch von den Gegebenheiten und Möglichkeiten. In keinem Studienfach ist einem Absolventen immer und jederzeit eine Anstellung in seinem Wunschberuf garantiert. Die Aussichten für Absolventen verschiedener Fächer sind sehr unterschiedlich und leider auch nicht zeitlich stabil. Man kann sich nicht darauf verlassen, daß eine Fachrichtung mit positiven Aussichten bei Aufnahme des Studiums auch noch einige Jahre später, nach Abschluß des Studiums, gute Arbeitsmarktperspektiven bietet. So kann es sein, daß Sie, obwohl Sie zu Beginn Ihres Studiums genau wußten, was Sie beruflich mit Ihrem Abschluß anfangen wollten, nach Beendigung Ihres Studiums komplett umplanen müssen. Eventuell ist es so, daß viele Studienanfänger die günstige Situation damals erfaßt hatten und deshalb mit Ihnen zusammen ein bestimmtes Studium begonnen haben. Das bedeutet für Sie eine größere Konkurrenz. Wenn dann gleichzeitig die allgemeine Situation in Ihrem Zielberuf schlechter geworden ist, z.B. wenn weniger Lehrer eingestellt werden oder eine bestimmte Branche oder die gesamte Wirtschaftslage sich verschlechtert, so verschärft das Ihre Situation. Vielleicht gibt es auch das von Ihnen angestrebte Berufsbild aufgrund neuer Technologien gar nicht mehr!

Deshalb ist es zwar in jedem Fall sinnvoll, sich so früh wie möglich über seine beruflichen Ziele klarzuwerden, damit man schon im Studium die richtigen Weichen stellen kann (entsprechende Wahlfächer, Praktika, Kontakte knüpfen etc.), andererseits sollte man aber flexibel auf die Verhältnisse und Möglichkeiten reagieren. Wenn sich Ihre Berufswünsche aufgrund der aktuellen Arbeitsmarktlage nicht realisieren lassen, müssen Sie über Alternativen nachdenken, um Ihre Anforderungen an Ihre berufliche Tätigkeit trotzdem verwirklichen zu können.

Dieses Buch wendet sich an Hochschulabsolventen jeder Fachrichtung, für die eine eigene Existenzgründung grundsätzlich als mögliche Alternative zur abhängigen Beschäftigung in Frage kommt. Vielleicht wollten Sie sich schon immer selbständig machen und sind jetzt fest entschlossen? Oder Sie hatten eigentlich etwas ganz anderes vor, haben jetzt aber eine gute Idee für ein Unternehmenskonzept? Vielleicht sind Sie sich noch nicht sicher, ob die berufliche Selbständigkeit etwas für Sie ist? Ist es eine von vielen Möglichkeiten, über die Sie nachdenken möchten?

Im ersten Teil (Kapitel II) soll das Buch Ihnen dabei helfen herauszufinden, ob eine selbständige Tätigkeit mit Ihren Vorstellungen über Ihre berufliche Tätigkeit vereinbar ist und ob Sie persönlich sich zum Gründer eignen. Weiter sollen Sie dort Anregungen bekommen, wie Sie Gründungsideen finden können und wie Sie diese grob prüfen können, um schließlich Ihre persönliche, erfolgversprechende Idee zu finden, die Sie umsetzen möchten.

Der zweite Teil (Kapitel III) zeigt dann, wie Sie diese Idee, diese Grobkonzeption, so weit ausarbeiten, daß Sie am Ende ein detailliertes Konzept für

Ihr Unternehmen in Form einer schriftlichen Darstellung, also als Business Plan, in den Händen halten.

Im Anschluß an diese Ratschläge und Hilfen zur Erstellung Ihres persönlichen »Business Plans« finden Sie in Kapitel IV Beispiele von Existenzgründungen, aus der Sicht der Gründer beschrieben. Hier können Sie sich ein Bild machen von verschiedenen Problemen, Chancen und Entwicklungen, mit denen Sie bei einer Entscheidung zur Selbständigkeit konfrontiert werden könnten.

Der Business Plan: Schlüssel zur Selbständigkeit

Wozu und für wen erstellen Sie den Business Plan?

Der Business Plan oder auch Unternehmensplan ist das Dokument, in dem Sie die Resultate Ihrer Gründungsplanungs-Aktivitäten festhalten. Er sollte alle bedeutsamen Teilaspekte Ihrer Gründungsplanung berücksichtigen. Wichtig ist vor allem, daß die einzelnen Aussagen und Planungen so aufeinander abgestimmt sind, daß dabei ein stimmiges Gesamtkonzept entsteht.

Als Synonyme findet man häufig auch die Begriffe Geschäftsplan, Gründungsplan, Geschäftskonzept und ähnliches. Wesentlich stärker als bisher im deutschsprachigen Raum gehört schon lange in den USA die Vorlage eines solchen »Business Plans« (vor allem zur Erlangung von Krediten) zu den selbstverständlichen Erwartungen derjenigen Personen, die die Tragfähigkeit der Gründungsidee beurteilen müssen. In mehreren hundert Business Schools in den USA werden daher auch Kurse angeboten, die das Rüstzeug zur Entwicklung solcher Geschäftspläne vermitteln sollen.

Mit dem Business Plan verfassen Sie eine detaillierte Beschreibung Ihres vollständigen Gründungskonzeptes und geben insbesondere Auskunft über das Gründungsmanagement (über sich selbst als Gründer sowie evtl. über das Gründerteam) und die Marktchancen. Sie beschreiben, wie Sie das Unternehmen finanzieren werden, machen Aussagen über Einzahlungen und Auszahlungen und – wichtig! – über die Gewinnaussichten Ihres Unternehmenskonzeptes. Wie so ein Plan aussehen sollte, welche Inhalte Sie dort dokumentieren und wie Sie dabei vorgehen, wird im zweiten Teil des Buches ausführlich beschrieben.

Für wen erstellen Sie eigentlich Ihren Unternehmensplan? Und mit welchem Ziel? Als Adressaten Ihres Plans kommen verschiedene externe Zielgruppen in Frage, insbesondere bei der Beschaffung von Gründungskapital. Aber Sie sollten auch daran denken, daß sich der Plan an Sie selbst und Ihre tätigen Partner richtet, ihm eine besondere Bedeutung als internes Planungsinstrument zukommt. Die folgende Übersicht zeigt Ihnen, wozu Sie das Dokument nutzen können. Grundsätzlich ist es immer sinnvoll, Planungen, Überlegungen und Annahmen schriftlich zu fixieren, um bei einer Fülle von Einzelentscheidungen und -aktivitäten die Übersicht zu behalten und seine Ziele nicht aus den Augen zu verlieren.

Interne Aufgaben des Business Plans[1]

Orientierung in der Planungsphase

= Eine schriftliche Fixierung der Ziele macht diese bewußt und hilft auch bei Abstimmungsprozessen mit dem Partner bei einer Teamgründung.
= Auf diese Weise werden verschiedene Realisierungsmöglichkeiten reflektiert.
= Alternativen können entwickelt und auf Machbarkeit überprüft werden.
= Die interne Konsistenz des Vorhabens und die Stimmigkeit der einzelnen Teilaspekte können so überprüft werden.
= Schwachstellen werden aufgedeckt.

Steuerung bei der Realisierung der Pläne

= Der Unternehmensplan bietet die Grundlage für eine zeitliche Koordination der Einzelaktivitäten bei der Gründung.
= Es lassen sich aus dem Dokument auch eine sinnvolle Aufgabenteilung zwischen Gründungspartnern sowie Delegationsmöglichkeiten an Mitarbeiter oder andere Helfer ableiten.

Kontrolle der Entwicklung in der Gründungs- und Frühentwicklungsphase

= Der Plan ist auch ein erster Ansatz zur Kontrolle: Soll-Ist-Abweichungen können schon in der Gründungsphase überprüft werden.
= Notwendige Zielmodifikationen und Planungsänderungen werden deutlich.

Sie erstellen Ihren Business Plan jedoch auch für verschiedene externe Adressaten, insbesondere bei der Beschaffung von Gründungskapital. Im wesentlichen dient er in diesem Zusammenhang für Sie als ein Kommunikationsinstrument, mit dessen Hilfe Sie eine Vertrauensbasis schaffen wollen.

Externe Zielgruppen des Business Plans[2]

= Potentielle tätige Partner
= Kapitalgeber
- Venture-Capital-Gesellschaften
- Teilhaber, Angels
- Banken
- Öffentliche Hand

= Lieferanten
= Kunden
= potentielle Mitarbeiter
= Medien

Potentielle tätige Partner

Wenn Sie noch tätige Partner suchen, können Sie diese mit Hilfe des Business Plans mit den Details des Vorhabens vertraut machen, bevor sie sich mit Zeit und Geld im Gründungsvorhaben engagieren.

Kapitalgeber

Dies ist traditionellerweise die wichtigste Zielgruppe, für die ein Business Plan erstellt wird. Vor allem, wenn Sie an die Finanzierung über eine Kapitalbeteiligungsgesellschaft bzw. eine Venture-Capital-Gesellschaft denken, gewinnt ein sorgfältig erstellter Business Plan an Bedeutung. Ein solches Unternehmen beteiligt sich mit Risikokapital für einen längeren Zeitraum an einem Gründungsunternehmen, um zum Schluß einen erhofften Wertzuwachs abzuschöpfen. Lesen Sie dazu auch den Abschnitt »6. Schritt: Planen Sie die Finanzierung Ihres Vorhabens«. Bei diesen Gesellschaften wird der Business Plan als eine unerläßliche Grundlage für ein späteres Engagement gesehen. Oftmals werden Venture-Capital-Gesellschaften mehrere hundert solcher Geschäftspläne im Jahr vorgelegt und in ein Auswahlverfahren einbezogen. Nach einer mehrstufigen Vorauswahl werden meist nur etwa fünf Prozent der Konzepte weiterverfolgt und einer gründlichen Recherche unterzogen, die dann der Entscheidung über ein intensiveres Engagement zugrundegelegt wird. Um bei einer solchen Entscheidung berücksichtigt zu werden, muß daher ein sehr aussichtsreiches und wachstumsintensives Konzept vorliegen.

Andere Adressaten als mögliche Kapitalgeber sind zum einen potentielle Teilhaber im Sinne einer informellen Eigenkapitalbeteiligung durch private Geldgeber, vor allem aber Kreditinstitute und die öffentliche Hand. Die Erwartungen dieser Institutionen an die Detailliertheit und Ausführlichkeit eines Business Plans sind im allgemeinen nicht so hoch wie bei einer Venture-Capital-Gesellschaft. Dennoch besteht gerade hierin eine Chance für Sie, sich in besonderer Weise als kompetenter Partner gegenüber diesen Fremdkapitalgebern zu profilieren und damit Ihrem Kreditbegehren besonderen Nachdruck zu verleihen. Es ist im übrigen auch bei Kreditinstituten die Tendenz festzustellen, bei der Beurteilung der Kreditwürdigkeit vom Denken in dinglichen Sicherheiten etwas abzurücken und statt dessen das unternehmerische Konzept eines Gründungsvorhabens und die unternehmerische Kompetenz der Initiatoren stärker zu beachten. Auch werden Unternehmen bei einem Engagement des Kreditgebers zunehmend deutlicher in ihrer Frühentwicklungsphase begleitet.

Neben diesen klassischen Zielgruppen sollten Sie aber nicht vergessen, daß der Business Plan in jeweils angepaßten Varianten ein sehr nützliches Hilfsmittel für die Vertrauensbildung auch bei Lieferanten, Kunden, potentiellen Mitarbeitern und Medien sein kann.

Lieferanten

Lieferanten von Waren, Roh-, Hilfs- und Betriebsstoffen sind für Sie als Gründer potentiell wichtige Quellen von Fremdkapital, wenn auch Lieferantenkredite meistens ein relativ teures Finanzierungsinstrument sind. Da in der Gründungsphase noch keine langjährige vertrauensbildende Erfahrung beim Lieferanten bezüglich der Solvenz Ihres Unternehmens besteht, können Sie dieses Defizit zumindest teilweise mit einem überzeugenden Gründungsdokument ausgleichen. So können Sie den Lieferanten möglicherweise schon jetzt davon überzeugen, daß er Ihnen die Lieferung nicht gegen sofortige Zahlung, sondern auf Ziel überläßt.

Kunden

In manchen Geschäftsbereichen, z.B. in der Softwarebranche, erwarten Ihre möglichen Kunden auch mittel- und langfristige Gewährleistungen, Wartungsleistungen etc. In solchen Fällen ist der Aufbau einer Vertrauensbasis bezüglich der Leistungskraft Ihres Gründungsunternehmens und der langfristigen Stabilität eine wichtige Voraussetzung, um Kunden zu gewinnen. Der überzeugende Gründungsplan in einer Variante für potentielle Kunden kann dabei eine wichtige unterstützende Funktion übernehmen.

Mitarbeiter

Wenn Sie für Ihr Gründungsvorhaben qualifizierte Mitarbeiter gewinnen wollen, müssen Sie diese, wenn sie entsprechend langjährige Erfahrungen haben sollen, in der Regel aus einem bestehenden Beschäftigungsverhältnis bei einem etablierten Unternehmen herauslocken. Dies kann nur dann glücken, wenn Sie den Stellenanwärter davon überzeugen können, daß sein Arbeitsplatz auch in Ihrem noch jungen Unternehmen sicher ist und er das Risiko eines Wechsels daher eingehen kann. Es wird für Sie nicht ratsam sein, allein über den Preis (Höhe des Leistungsentgeltes, des Lohnes, Gehaltes etc.) mit etablierten Unternehmen konkurrieren zu wollen. Daher kann Ihr Gründungsplan auch hier die wichtige Aufgabe erfüllen, bei Ihren Wunschmitarbeitern die notwendige Vertrauensbasis in das Vorhaben aufzubauen und vielleicht sogar Begeisterung für die Pioniersituation zu wecken.

Medien

Wenn Sie eine deutlich gestraffte Variante Ihres Gründungsplanes erstellen, die zu einer ca. zweiseitigen Pressenotiz verkürzt wird, kann diese Ihnen für die Kommunikation mit Print- und elektronischen Medien sehr hilfreich sein. Speziell bei innovativen Gründungsvorhaben ist die Presse oft daran interessiert, der Öffentlichkeit von Ihrer Idee zu berichten. Aber auch bei bewährten Konzepten haben regionale Zeitungen evtl. ein Interesse, über Ihr Unternehmen zu schreiben. Das bedeutet kostenlose Werbung für Ihr Unternehmen. Redaktionelle Zeitungsartikel sind für Sie auch deshalb sehr wertvoll, da Sie meist eher und vor allem intensiver gelesen und als glaubwürdiger empfunden werden als Werbeanzeigen. So können Sie schnell und preiswert mit Ihrem neuen Unternehmen bekannt werden.

II

Auf dem Prüfstand

Vor der konkreten Planung einer Unternehmensgründung und der Erstellung eines Geschäftsplanes sollten Sie verschiedene Vorüberlegungen anstellen. So sollten Sie als angehender Gründer sowohl sich und Ihre Fähigkeiten als auch Ihre Beweggründe zunächst einer kritischen Betrachtung unterziehen. Weiterhin muß die Gründungsidee auf ihre grundsätzliche Marktfähigkeit hin überprüft werden, und nicht zuletzt müssen die wichtigsten Rahmenbedingungen festgestellt und berücksichtigt sein. Nur bei einer möglichst genauen und realistischen Einschätzung der wichtigsten Bedingungen Ihres Gründungsvorhabens kann Ihre Gründungsplanung und Unternehmenserrichtung erfolgversprechend sein.

> Prüfen Sie Ihre Motivation!
> Prüfen Sie Ihre Eignung!
> Prüfen Sie die Möglichkeiten!
> Suchen und finden Sie Ihre Geschäftsidee!
> Prüfen Sie Ihre Idee!

Prüfen Sie Ihre Motivation

Warum möchten Sie sich selbständig machen? Welche Motive treiben Sie an? Versuchen Sie in einem ersten Schritt, Ihre persönlichen Ziele zu formulieren, und wägen Sie dabei die Vor- und Nachteile einer Selbständigkeit gegeneinander ab.

Die Motive für unternehmerische Selbständigkeit sind sicher je nach Persönlichkeit, Branche und Arbeitsmarktlage sehr unterschiedlich. Nach einer Untersuchung des Betriebswirtschaftlichen Instituts für empirische Gründungs- und Organisationsforschung e.V., bifego, bei der eine Liste mit 25 Motiven von Studenten aus dem ersten Semester bewertet werden sollte, wurden die folgenden Motive auf den ersten drei Rangplätzen genannt:

- Durchsetzen eigener Ideen
- Erreichen von Entscheidungs- und Handlungsfreiheit
- Streben nach wirtschaftlicher Unabhängigkeit.

Endlich Entscheidungs- und Handlungsfreiheit?

Als Unternehmer ist man im Wortsinn »selbständig". Es liegen keine Weisungsgebundenheit, Kontrolle und Fremdbestimmung durch einen Vorgesetzten vor. Sie können Ideen umsetzen, ohne einen Chef überzeugen zu müssen. Andererseits sind Sie als Unternehmer für Ihr Handeln auch direkt verantwortlich. Auf der einen Seite stehen also Entscheidungs- und Handlungsfreiheit, auf der anderen Seite sind aber Ihre Verantwortung und der Erfolgsdruck groß, da Ihre eigene Leistung direkt Ihr unternehmerisches Überleben und Ihren wirtschaftlichen Erfolg beeinflußt. Nicht jeder ist diesem Erfolgsdruck durchgängig gewachsen. An die Stelle von Vorgesetzten treten zudem bei Selbständigen in der Regel Kunden, Lieferanten und andere Instanzen, die mit ihren Handlungen, Forderungen und Entscheidungen die Entscheidungsfreiheit einschränken.

Sie sollten in jedem Fall überdenken, wie wichtig Ihnen die unternehmerische Freiheit ist. Wenn Sie Zweifel haben, ob Sie zum Beispiel ein großes Einkommens- und Vermögensrisiko selbstverantwortlich tragen möchten, überdenken Sie, ob in Ihrem Fall nicht eine Möglichkeit besteht, auch in abhängiger Beschäftigung eine Position mit relativ viel Handlungsfreiraum zu erreichen, ohne jedoch die direkte und alleinige Verantwortung tragen zu müssen.

Sicher hatten Sie während Ihres Studiums Gelegenheit herauszufinden, wie wichtig Ihnen eigenverantwortliches Handeln und selbstbestimmte Arbeitsorganisation ist und ob Sie sich selbst zu Leistungen motivieren können und sich organisieren können. Auch wenn die Regelungen für verschiedene Studiengänge je nach fachlicher Ausrichtung und Hochschule sehr unterschiedlich sind, ist zur Absolvierung eines Hochschulstudiums grundsätzlich ein hohes Maß an Eigenverantwortung und vor allem Selbstdisziplin notwendig.

Was ist nun mit der oftbeschworenen freien Zeitgestaltung des Unternehmers? Werden Sie als Selbständiger nachmittags Golf spielen können? Oder vielleicht wünschen Sie sich Zeit für etwas ganz anderes? Frei bedeutet in diesem Fall frei von organisationsinternen Regeln, denen Sie sich als Angestellter unterordnen müssen. Nach erfolgter Etablierung und Konsolidierung Ihres Unternehmens können für Sie eventuell tatsächlich flexiblere Arbeitszeiten möglich werden, in der Gründungsphase jedoch wird Ihre Zeitplanung wahrscheinlich vor allem durch chronischen Zeitmangel bestimmt, da Sie in dieser Phase sehr viele Aufgaben persönlich übernehmen müssen und eine sinnvolle Aufgabenteilung zumeist noch nicht möglich ist. So tauscht ein Gründer in der Regel eine 35-Stunden-Arbeitnehmer-Woche gegen eine 50- bis 80-Stunden-Woche. Auf Urlaub muß in den ersten Jahren oftmals ganz verzichtet werden.

Endlich wirtschaftliche Unabhängigkeit?

Jeder kennt die Erfolgsgeschichten von Gründern wie Bill Gates (Microsoft) oder, um auch ein Beispiel für einen deutschen Gründer zu nennen, Theo Lieven (VOBIS) – Unternehmer, die mit ihrer Unternehmensgründung durch überdurchschnittlichen Erfolg auch ihre private wirtschaftliche Lage mehr als nur verbessert haben. Natürlich entwickelt sich nicht jedes Gründungsvorhaben zu einer solchen Goldgrube. In vielen Fällen hat ein Unternehmensgründer jedoch die Chance, langfristig ein deutlich höheres Einkommen zu erzielen als vorher in abhängiger Beschäftigung.

Doch vor allem in der Anfangsphase ist die Sicherheit eines regelmäßigen festen Einkommens nicht gegeben. Wenn Sie nach dem Studium schon in abhängiger Beschäftigung gearbeitet haben, werden sie höchstwahrscheinlich zunächst Einkommenseinbußen hinnehmen müssen. Wenn Sie direkt nach dem Studium in die Selbständigkeit wechseln, müssen Sie sich bewußt machen, daß sich Ihr Lebensstandard wahrscheinlich zunächst nicht deutlich verbessern wird.

Der überwiegende Teil Ihrer Kommilitonen wird dagegen nach dem Abschluß des Studiums in der Lage sein, die eventuelle bisherige finanzielle Abhängigkeit von den Eltern beenden zu können. Nach dem eingeschränkten finanziellen Spielraum in der Studienzeit können diese Kommilitonen nun meist lang erwünschte und benötigte Anschaffungen tätigen, ihre Wohn- und Lebenssituation verbessern und evtl. für weitere Anschaffungen sparen. Sie müssen sich darauf einstellen, daß dies wahrscheinlich nicht so schnell zu realisieren sein wird.

Akademiker haben üblicherweise die Planung von Kindern bis nach dem Studienabschluß zurückgestellt und holen dies meist bald nach, sobald die ersten Berufsjahre verstrichen sind und mit einem relativ sicheren regelmäßigen Einkommen und evtl. einem finanziellen Polster eine Basis zur Familiengründung gesehen wird. Sie als Unternehmensgründer werden sicherlich eine längere Zeit brauchen, bis Sie aus eigener Kraft eine vergleichbare finanzielle Sicherheit erlangen, und brauchen daher entweder einen Partner, der diese Sicherheit gewährleisten kann, oder eine Portion Mut, wenn Sie die Familienplanung nicht verschieben möchten.

Die verschiedenen Auswirkungen auf Ihren jetzigen und zukünftigen Lebensstandard und Ihr Privatleben sollten Sie vor einer Entscheidung zur Gründung bedenken. Als Unternehmensgründer lernen Sie auch die sozialen Sicherungen auf der Arbeitnehmerseite schätzen, denn wenn Sie z.B. durch eine Krankheit ausfallen sollten, müssen Sie mit finanziellen Einbußen rechnen, und möglicherweise ist sogar Ihr Unternehmen bedroht. Bei einer Pleite müssen Sie möglicherweise jahrzehntelang mit den Konsequenzen leben, was auch den Gang zum Sozialamt nicht ausschließt. Auf der anderen Seite können Sie jedoch auch den wirtschaftlichen Erfolg Ihres Unternehmens für sich allein verbuchen, den Gewinn teilen Sie »nur« mit dem Finanzamt.

Endlich eine Perspektive?

Gehören Sie zu denjenigen, die immer schon selbständig werden wollten? Sie würden ein eigenes Unternehmen jederzeit einer Tätigkeit in einem Angestelltenverhältnis vorziehen? Vielleicht haben Ihre Eltern oder Verwandte einen eigenen Betrieb, und Sie sind mit der Situation und allen ihren Vor- und Nachteilen bereits vertraut? Dann ist die Frage der Motivation für Sie sicher schnell beantwortet.

Anders ist die Lage für Sie, wenn Sie bisher noch nicht über die Alternative Selbständigkeit nachgedacht haben und jetzt aus der Situation einer drohenden oder bereits eingetretenen Arbeitslosigkeit heraus eine solche Möglichkeit in Betracht ziehen. Es gibt keine Jobgarantie für Hochschulabsolventen, und von der Problematik arbeitsloser Akademiker sind nahezu alle Fachrichtungen betroffen, jedoch in unterschiedlichem Ausmaß und von verschiedener Dauer. Studenten aus derzeit besonders problematischen Studienfächern, wie z.B. Maschinenbau, Ingenieurwesen sowie vor allem den Lehramtsstudiengängen, müssen über Alternativen zu den bisher gewählten Berufsbildern nachdenken.

Wenn Sie in einer solchen Situation sind, ziehen Sie die Alternative Existenzgründung in jedem Fall in Betracht, überprüfen Sie aber unbedingt Ihre Motivation und Ihre Einstellung zur Selbständigkeit und Arbeit insgesamt. Nicht für jeden Menschen ist diese Alternative die richtige. Eine Existenzgründung verlangt von Ihnen sehr viel Energie, die Sie für eine »Notlösung« sicher nicht bereit sind aufzubringen.

Prüfen Sie Ihre Eignung

Der entscheidende Schlüssel zum Erfolg oder Mißerfolg Ihres Unternehmens liegt gerade bei der Gründung und in den ersten Jahren der Geschäftstätigkeit in Ihnen selbst! So sollten Sie nicht nur Ihr Konzept überprüfen, sondern vor allem auch Ihre persönliche Eignung, Ihre Fähigkeiten und Ihre Voraussetzungen einer kritischen Selbstanalyse unterziehen.

Das typische Profil eines erfolgreichen Selbständigen läßt sich mit den folgenden Eigenschaften umreißen:

= hohe Leistungsmotivation; Wille, sich mit anderen zu messen
= starkes Unabhängigkeitsstreben
= Vertrauen in die eigenen Möglichkeiten und den eigenen Erfolg: »Ich schaffe das.«
= soziale Initiative, Geselligkeit, »soziale Kompetenz«
= Begeisterungsfähigkeit für neue Ideen
= hoher Individualismus, geringe Normenorientierung
= Flexibilität, Spontaneität
= gesunder Menschenverstand
= Systemdenken: Fähigkeit, komplexe Probleme auch auf Basis unzureichender Informationen lösen zu können
= Kreativität: Entwicklung von Ideen, Visionen
= körperliche Fitneß, um über einen längeren Zeitraum hinweg ein hohes Arbeitspensum durchzustehen
= Berufserfahrung, möglichst einschlägige Branchenerfahrung

Überlegen Sie, inwiefern dieses Bild auf Sie zutrifft, indem Sie es mit Ihren persönlichen Erfahrungen mit bisherigen Tätigkeiten vergleichen. Wenn Sie direkt im Anschluß an Ihr Studium gründen, haben Sie vielleicht schon durch Praktika, Studentenjobs, Projektarbeiten im Studium etc. Erfahrungen mit Ihrer Arbeitsweise, Motivation und Ihrem Verhalten in Gruppen und in komplexen Entscheidungssituationen gemacht. Sprechen Sie auch einmal mit Ihrem Partner oder Lebensgefährten und mit guten Freunden und Kommilitonen darüber. Bitten Sie diese Personen um eine möglichst ehrliche Einschätzung Ihrer Persönlichkeit und Ihrer Fähigkeiten.

Unternehmertest

Sie können Ihre Eignung zum Unternehmer auch mit Hilfe des folgenden kurzen Tests grob abschätzen.[3] Nehmen Sie sich Zeit, über die einzelnen Fragen nachzudenken, und versuchen Sie vor allem, die Fragen so ehrlich wie möglich zu beantworten. Machen Sie sich nichts vor. Sie sind in jedem Fall besser bedient, wenn Sie die Situation und vor allem auch Ihre persönliche Eignung realistisch einschätzen; sprechen Sie die Fragen möglichst mit Ihrem Partner und/oder einer anderen Vertrauensperson durch.

Prüfen Sie, was auf dem Spiel steht!

1. Die Aufstiegschancen und Verdienstmöglichkeiten bei Ihrem bisherigen Arbeitgeber und für Sie allgemein als Arbeitnehmer/in (in Ihrem Beruf) sind.

a)	Weniger gut	2 Pkt.
b)	Durchschnittlich	1 Pkt.
c)	Sehr gut	0 Pkt.

2. Glauben Sie, daß Sie als Selbständige/r noch ruhig schlafen können, wenn Sie an die möglichen Unsicherheiten einer unternehmerischen Existenz denken?

a)	Kein Grund zur Beunruhigung	2 Pkt.
b)	Werde damit leben	1 Pkt.
c)	Bin eher unsicher	0 Pkt.

3. Hat Ihr/e Ehepartner/in oder Ihr/e Lebensgefährte/-in eine positive Einstellung zur beruflichen Selbständigkeit, und ist er/sie bereit, Sie bei Ihren Gründungsaktivitäten in den ersten Jahren zu unterstützen?

a) Ja, in jedem Fall 2 Pkt.
b) Ja, zum Teil 1 Pkt.
b) Nein, eher nicht 0 Pkt.
d) Single / keine feste Beziehung 1 Pkt.

Prüfen Sie, zu welchen Opfern Sie bereit sind!

4. Sind Sie bereit, zumindest in den ersten Jahren 60 oder mehr Stunden pro Woche zu arbeiten?
   a) Ja, in jedem Fall 2 Pkt.
   b) Mit gewissen Einschränkungen 1 Pkt.
   c) Nein, in keinem Fall 0 Pkt.

5. Können Sie für wenigstens zwei Jahre weitgehend auf Urlaub, Freizeit und Familienleben verzichten?
   a) Ja, in jedem Fall 2 Pkt.
   b) Ja, eventuell 1 Pkt.
   c) Nein, eigentlich nicht 0 Pkt.

6. Wollen Sie riskieren, in dieser Zeit kein regelmäßiges und stabiles Einkommen zu erzielen?
   a) Ja, in jedem Fall 2 Pkt.
   b) Ja, eventuell 1 Pkt.
   c) Nein, nur ungern 0 Pkt.

Prüfen Sie Ihre Fitneß!

7. Waren Sie in den letzten drei Jahren durchweg körperlich fit und leistungsfähig?
   a) Ich war praktisch nie krank 2 Pkt.
   b) Ich war nur gelegentlich krank 1 Pkt.
   c) Ich war häufiger/ für längere Zeit krank 0 Pkt.

8. Halten Sie auch auf Dauer Streßsituationen stand, weichen Sie solchen Situationen nicht aus, sondern gehen die notwendigen Problemlösungen an?

a)	Überwiegend ja	2 Pkt.
b)	Eher ja	1 Pkt.
c)	Nur sehr bedingt	0 Pkt.

9. Sind Sie beruflich bisher schon gewöhnt, sich selber Ziele zu setzen und diese ohne Druck durch Vorgesetzte selbständig zu verfolgen?

a)	Ja, sehr häufig	2 Pkt.
b)	Manchmal	1 Pkt.
c)	Nur ausnahmsweise	0 Pkt.

Prüfen Sie Ihre Ausbildung und Erfahrungen!

10. Paßt Ihre Berufsausbildung (praktische Erfahrung) zur Branche, in der Sie sich selbständig machen wollen?

a)	Ja, in jedem Fall	2 Pkt.
b)	Nur zum Teil	1 Pkt.
c)	Nein	0 Pkt.

11. Konnten Sie in Ihrem Berufsleben schon Führungserfahrungen sammeln, das heißt, hatten Sie die Arbeit von Mitarbeiter/innen zu organisieren und zu kontrollieren?

a)	Ja, mehrjährige Führungserfahrung	2 Pkt.
b)	Höchstens zweijährige Führungserfahrung	1 Pkt.
c)	Keine Führungserfahrung	0 Pkt.

12. Besitzen Sie eine gut fundierte kaufmännische oder betriebswirtschaftliche Ausbildung und/oder entsprechend zu bewertende Erfahrung?

a)	Ja, umfangreiche Qualifikation	2 Pkt.
b)	Ja, ich bin ausreichend qualifiziert	1 Pkt.
c)	Keine derartige Ausbildung oder Erfahrung	0 Pkt.

13. In welchem Umfang konnten Sie bisher Vertriebserfahrungen sammeln?

a) Mehrjährige Vertriebserfahrung 2 Pkt.
b) Bis zu zweijährige Vertriebserfahrung 1 Pkt.
c) Keine oder geringe Vertriebserfahrung 0 Pkt.

Prüfen Sie Ihre finanziellen Voraussetzungen!

14. Haben Sie ein finanzielles Polster, so daß Sie sich in einer gewissen Unabhängigkeit von Banken oder anderen Kapitalgebern selbständig machen können?

a) Ja, in jedem Fall 2 Pkt.
b) Ja, mit Einschränkungen 1 Pkt.
c) Nein 0 Pkt.

15. Kann Ihr/e Ehepartner/in oder Ihr/e Lebensgefährte/-in durch sein/ihr Einkommen für den gemeinsamen Lebensunterhalt sorgen, oder haben Sie andere sichere Einkommensquellen?

a) Ja, in jedem Fall 2 Pkt.
b) Ja, mit Einschränkungen 1 Pkt.
c) Nein, gar nicht 0 Pkt.

Auswertung und Auflösung des Tests:

Addieren Sie Ihre Punktzahl, und lesen Sie dann die folgende Bewertung. Ein solcher kurzer Selbstcheck kann natürlich nur erste Hinweise geben. Suchen Sie in jedem Fall das Gespräch mit professionellen Beratern und mit Ihrer Familie, die von Ihrem Vorhaben üblicherweise direkt betroffen ist und daher nicht nur um Rat, sondern auch um Unterstützung gebeten werden sollte.

0-14 Punkte:

Sie sollten sich noch einmal die Frage stellen, ob Sie wirklich eine unternehmerische Selbständigkeit anstreben wollen oder ob Sie als Angestellte/r nicht doch ein für Sie persönlich besser geeignetes Arbeitsumfeld vorfinden.

15-20 Punkte:

Das Ergebnis fällt für Sie nicht eindeutig aus. Es wird nicht deutlich genug, ob Sie besser in abhängiger Beschäftigung oder als Selbständige/r arbeiten sollten. Suchen Sie nach zusätzlichen Informationen, und reden Sie mit möglichst vielen Menschen, zu denen Sie Kontakt haben, über dieses Thema.

21-30 Punkte:

Sie stehen emotional, aber auch von der praktischen Motivation her voll hinter der Entscheidung, sich selbständig zu machen. Offensichtlich bringen Sie auch persönlich und im Hinblick auf Ihre Umfeldbedingungen die entsprechenden Voraussetzungen für eine unternehmerische Selbständigkeit mit.

Nutzen Sie die Fragen und Ergebnisse des Tests zur kritischen Selbstprüfung. Letztendlich kann natürlich nur der Alltag als Unternehmensgründer, also der »Sprung ins kalte Wasser«, zeigen, wie geeignet Sie wirklich sind, und ob Sie mit der Gründungssituation zurechtkommen und zufrieden sind. Eine weitere Möglichkeit, sich als Gründer »auf dem Trockenen« zu bewähren, können Planspiele bieten, die die Gründungssituation simulieren. So muß der Gründer in spe z.B. bei dem Computerplanspiel EVa[4] die ersten drei Jahre der Gründung eines Software- und Systemhauses durchlaufen und alle typischen Entscheidungen der Gründung und des laufenden Geschäftsbetriebes in dieser Phase treffen. Auf diese Weise kann der Spieler die Rolle eines Unternehmers ohne Risiko ausprobieren, Erfahrungen sammeln, eigene Stärken erkennen und Schwächen aufdecken.

Manche Schwächen können Sie ausgleichen, indem Sie Ihre Qualifikationen ergänzen. Grundlegende Kenntnisse lassen sich im Zweifel kurzfristig in entsprechenden Kursen aneignen, so z.B. Computerkenntnisse, Grundzüge der Buchführung und Büroorganisation.

Prüfen Sie die Möglichkeiten

Partnergründung

Überlegen Sie auch, ob für Sie nicht eine Teamgründung in Frage kommt. Unter bestimmten Umständen kann es sinnvoll sein, mit einem Partner zusammen das Unternehmen zu starten.

Gründe für eine Partnergründung können für Sie sein:

Finanzielle Mittel	Der Partner bringt weitere finanzielle Mittel ein und ermöglicht so die Gründung oder erhöht das Eigenkapital.
Kontakte	Der Partner hat Kontakte zu wichtigen Personen und Organisationen (Kunden, Lieferanten etc.), die Sie für einen erfolgreichen Marktauftritt benötigen.
Berufserfahrung	Als Hochschulabsolvent ohne Berufserfahrung ist es für Sie vielleicht sinnvoll, sich einen Partner zu suchen, der diese hat, im günstigsten Fall sogar in der speziellen Branche, in der Sie sich selbständig machen wollen.
Fachkompetenz	Der Partner bringt Kompetenz mit in das Unternehmen, die Ihre Fähigkeiten sinnvoll ergänzt. Zum Beispiel könnte ein Informatiker zusammen mit einem Betriebswirt ein Softwareunternehmen gründen, um so zur Fachkompetenz die notwendigen betriebswirtschaftlichen Kenntnisse zu gesellen.

Persönlichkeit

Ein Partner kann auch eine Ergänzung Ihrer persönlichen Eigenschaften und Fähigkeiten darstellen. So stellen z.B. ein »detailverliebter Tüftler« und ein »Macher mit Überblick« oft ein erfolgreiches Gespann dar.

Geteilter Arbeitsaufwand

Der Arbeitsaufwand ist von Anfang an geteilt und belastet in der Regel die Partner nicht so stark wie einen Einzelkämpfer. Außerdem ist die Kapazität auf der Führungsebene dadurch vervielfacht. Allerdings ist auch für Abstimmungsprozesse Zeit notwendig.

Risikoteilung

Auch das Risiko ist auf die Partner verteilt. Denken Sie jedoch auch daran, daß das Unternehmen nun nicht nur eine Existenz wirtschaftlich tragen können muß.

Vertretung

Ein Partner kann Sie deutlich besser als andere Mitarbeiter vertreten, und so ist vor allem das Risiko von Geschäftsverlusten durch eine mögliche Krankheit deutlich geringer. Auch die Chance, doch einmal Urlaub machen zu können, ist dadurch größer und in nähere Zukunft gerückt.

Kommunikation

Nicht zuletzt ist ein Partner im Geschäft ein wichtiger Diskussionspartner. Sie fühlen sich vielleicht in Ihren Entscheidungen oft sicherer, wenn Ihr Partner derselben Meinung ist. Oder Sie beziehen die Bedenken Ihres Partners mit in Ihre Überlegungen ein. In jedem Fall ist Ihr Partner stets ein interessierter Zuhörer, wenn es um Dinge geht, die das gemeinsame Geschäft betreffen, auch wenn Sie nur einmal Ihren Frust ablassen möchten.

Um diese Vorteile möglichst ohne Reibungsverluste zu nutzen, sind verschiedene grundsätzliche Überlegungen notwendig. So sollten die Regelungen und Bedingungen der Partnerschaft gleich von Anfang an einvernehmlich schriftlich in einem Gesellschaftervertrag festgehalten werden. Organisatorisch sollten Sie die Aufgaben, Verantwortungsbereiche und Kompetenzen der beiden Partner möglichst klar definieren und abgrenzen. Probleme durch unterschiedliche Meinungen in Sachfragen, durch unterschiedliche Arbeitsweise und Persönlichkeit können so zumindest abgemildert werden. Bevor Sie sich dazu entscheiden, mit einem Partner zu gründen, sollten Sie die Vor- und Nachteile für Ihren speziellen Fall gründlich abwägen und sich vor allem selbst prüfen: Sind Sie ein Teamspieler oder eher ein Einzelkämpfer? Ein Partner schränkt Ihren Handlungs- und Entscheidungsspielraum wieder ein. Prüfen müssen Sie vor allem auch Ihren Partner. Paßt dieser zu Ihnen in bezug auf grundsätzliche Werte, Risikofreude, Innovationsbereitschaft? Wenn Sie mit einem Studienkollegen gründen, hatten Sie vielleicht bereits die Chance, diesen bei gemeinsamen Aufgaben näher kennenzulernen, und können Ihren zukünftigen Partner besser beurteilen. Überlegen Sie, welche Merkmale und Eigenschaften Ihr Partner möglichst komplementär ausgeprägt haben sollte, um Ihre Stärken sinnvoll zu ergänzen (z.B. Fähigkeiten, Erfahrungen) und in welchen er Ihnen besser möglichst ähnlich ist, um störende Differenzen zu vermeiden (z.B. Zielvorstellungen, Werte).

Gleitender Übergang in die Selbständigkeit

Wenn Sie das wirtschaftliche Risiko etwas abmildern möchten und Ihre Einkommenssituation etwas sicherer gestalten möchten, prüfen Sie, ob nicht eine Möglichkeit besteht, zunächst in Form einer Teilerwerbsgründung einzusteigen. Dabei behalten Sie eine andere Einkommensquelle als »Standbein« bei und sind mit Ihrer persönlichen Lebensführung dann nicht ausschließlich auf den Erfolg Ihres Konzeptes angewiesen. So eine »kleine Lösung« ist oft möglich bei einem Unternehmen, das kleine, überschaubare Aufträge ohne langfristige zeitliche Bindung abwickelt, etwa im Bereich der Dienstleistungen wie zum Beispiel bei einem Übersetzungsbüro.

Eine Möglichkeit besteht darin, bereits während des Studiums diese Leistungen anzubieten und das Unternehmenskonzept gleich auf Marktakzeptanz zu testen. Bei guter Entwicklung der Geschäftstätigkeiten können Sie

Ihr Unternehmen dann nach Abschluß Ihres Studiums verstärkt ausbauen und »Vollzeitunternehmer« werden. Auch wenn Sie erst nach Ihrem Studienabschluß gründen möchten, besteht evtl. die Möglichkeit, zunächst in Teilzeit einer angestellten Tätigkeit nachzugehen, insbesondere in der Planungsphase Ihrer Gründung. Eine solche Tätigkeit ist im Idealfall eine Stellung in einem Unternehmen derselben Branche, so daß wichtige Erfahrungen parallel gesammelt werden können (jedoch Vorsicht: beachten Sie mögliche Konkurrenzklauseln im Arbeitsvertrag). Zur reinen Einkommenssicherung können Sie aber natürlich auch Ihren Studentenjob nach erfolgtem Studienabschluß weiter ausführen.

Betriebsübernahme

Bei einer Neugründung muß der Betrieb von Grund auf errichtet werden; es ist also noch keine Betriebsstätte, kein Personal usw. vorhanden. Insbesondere bestehen noch keine Geschäftsbeziehungen. Diese Situation bietet Ihnen als Gründer größtmögliche Gestaltungsspielräume und Handlungsfreiheit. Da Sie jedoch eine Vielzahl von Entscheidungen unter Unsicherheit und ohne Erfahrungswerte der Vergangenheit treffen müssen, birgt sie in jedem Fall große Risiken und viele Möglichkeiten, Fehlentscheidungen zu treffen.

Sie können aber auch einen bereits bestehenden Betrieb übernehmen. Wenn Sie in der Situation sind, daß Ihre Eltern ein Unternehmen führen, das Sie übernehmen können und sollen, so wird sich die Frage einer Neugründung für Sie vielleicht nicht stellen. Möglicherweise wollen Sie in einem solchen Fall aber doch lieber ein eigenes Unternehmen gründen, um Ihre persönlichen Fähigkeiten unter Beweis zu stellen und damit auch bei Ihren Eltern mehr Akzeptanz zu finden. Aber auch andere Betriebe werden zur Übernahme angeboten. Will der Inhaber sich zur Ruhe setzen, fehlen oft geeignete oder willige Nachfolger in der Familie eines Unternehmensinhabers, und so bleibt oft nur der Unternehmensverkauf. So wurde geschätzt, daß in den alten Bundesländern zwischen 1995 und dem Jahr 2000 ca. 300.000 Betriebe aus Altersgründen übergeben werden müssen und davon für ca. 80.000 Betriebe keine Nachfolgelösungen gefunden werden, da z.B. in der Familie kein geeigneter oder williger Nachfolger vorhanden ist.[5]

Verkaufsangebote für Unternehmungen sind in Tageszeitungen und entsprechenden Fach- und Branchenmagazinen zu finden. Informieren Sie sich auch bei Institutionen wie z.B. den Industrie- und Handelskammern sowie den Handwerkskammern, die entsprechende Börsen anbieten.

Ein Vorteil eines bereits bestehenden Geschäftes ist, daß aufgrund der vorliegenden Geschäftsunterlagen und Informationen bessere Prognosen über die zukünftige Entwicklung des Unternehmens getroffen werden können, als dies für eine Neugründung möglich ist. Die schwierige Phase des ersten Markteintritts entfällt, es bestehen bereits Geschäftsbeziehungen, die jedoch über den Inhaberwechsel »hinübergerettet« werden müssen. Man sollte allerdings die Risiken einer Übernahme nicht unterschätzen.

Das zentrale Problem bei der Unternehmensübernahme ist die Unternehmensbewertung. Hierbei sollten Sie unbedingt professionelle Beratung in Anspruch nehmen, so daß Stärken und Schwächen des Betriebes vor dem Kauf für Sie offenliegen. Hilfe brauchen Sie auch bei den Verhandlungen und bei der Ausarbeitung der Verträge, damit alles Wesentliche vor allem in Ihrem Sinne geregelt wird. Insbesondere müssen Sie Gewährleistungs- und Haftungsansprüche sowie Übernahmeverpflichtungen im Personalbereich klären.

Prüfen Sie also, ob die Möglichkeit einer Betriebsübernahme in Ihrem speziellen Fall in Frage kommt. Gibt es geeignete Betriebe, die zum Verkauf angeboten werden? Oder reizt Sie eher die Neuerrichtung eines eigenen Betriebes als das Umstrukturieren oder Sanieren eines bestehenden?

Franchising

Eine weitere Möglichkeit, ein Unternehmen auf bereits vorhandenen Strukturen aufzubauen, bieten Franchise-Systeme. Ein bekanntes Beispiel hierfür bietet McDonalds; inzwischen gibt es jedoch in einer Vielzahl von Branchen solche Angebote. Üblicherweise bietet eine erfolgreiche Mutterorganisation ihren Franchisenehmern ein bewährtes Unternehmenskonzept mit gemeinschaftlichen Marketingaktivitäten, einem bekannten Namen, zum Teil mit zentraler Beschaffung und in der Regel mit bestimmten Auflagen in bezug auf die Unternehmensorganisation. Der Preis dafür ist in der

Regel eine einmalige und/oder regelmäßige Franchisegebühr und eine Gewinnbeteiligung.

Es handelt sich beim Franchising also um eine Art Filialsystem mit selbständigen Lizenznehmern. Durch die Bindung an den Franchisegeber sind in der Regel der Entscheidungsspielraum des Gründers und auch die Gewinnmöglichkeiten im Verhältnis zu einer eigenständigen Gründung eingeschränkt. Prüfen Sie die Konditionen genau, bevor Sie sich entscheiden, denn solche Einschränkungen lohnen sich für Sie nur, wenn Sie dafür auch vom Franchisegeber entsprechende Leistungen erhalten. Informationen über Franchiseangebote erhalten Sie z.B. auf Franchisemessen. Es gibt auch spezielle Kataloge, in denen Konzepte und Konditionen dargestellt sind (z.B. vom Norman Rentrop Verlag: Franchise-Chancen 97/98, deutscher Franchise-Atlas, sowie Franchise Handbuch Europa)[6].

Suchen und finden Sie Ihre Geschäftsidee

Häufig ist eine Geschäftsidee Auslöser, über eine Unternehmensgründung nachzudenken. Jemand hat ein Produkt oder eine Problemlösung entwickelt und sieht eine Marktchance, oder man entdeckt in einem bestimmten Bereich eine Marktlücke bzw. glaubt, eine solche gefunden zu haben. Wenn Sie jedoch eine solche Idee noch nicht gefunden haben, aber den Wunsch nach beruflicher Selbständigkeit in sich tragen, so müssen Sie die Suche gezielt angehen.

Seien Sie innovativ

Grundsätzlich sollten Sie versuchen, ein Konzept zu finden, das sich vom Wettbewerb unterscheidet, dem Wettbewerb überlegen oder in einer bestimmten Region noch nicht vertreten ist. Das kann ein neu entwickeltes Produkt oder eine neue, bisher nicht angebotene Dienstleistung sein. Die Innovation muß jedoch nicht zwangsläufig in der Leistung selbst bestehen, sondern kann sich auf sämtliche unternehmerische Aktivitäten beziehen. Überdenken Sie bestehende Unternehmenskonzepte im Hinblick auf die folgenden Fragen, wobei jede »Neuerung« natürlich vor allem auf ihre Brauchbarkeit und ihren Nutzen hin überprüft werden muß:

Andersartige Vertriebskanäle möglich?

Produkte, die bisher üblicherweise im Ladenlokal angeboten werden, können Sie vielleicht auch über Bringdienste, Versandhandel oder über das Internet verkaufen, z.B. Bringservice für Bio-Gemüse.

Ist eine Ergänzung und Erweiterung des üblichen Angebotes sinnvoll?

Bieten Sie zusätzlichen Service, erweiterte oder unübliche Öffnungszeiten, verbinden Sie Leistungsangebote, die vorher nicht gemeinsam angeboten wurden, wie z.B. ein Waschsalon mit Café für die Wartezeit.

Können Sie die Leistungserstellung effizienter gestalten?

Vielleicht ist das durch ein neues Arbeitszeitmodell, andere Informationsprozeßorganisation, andere Produktionsmaschinen etc. möglich?

Ist eine Ausrichtung auf andere Zielgruppen denkbar?

Wem können Sie die Leistung noch anbieten, welche Zielgruppen könnten diesen Bedarf ebenfalls haben?

Gibt es ein neuartiges Produkt oder eine neuartige Dienstleistung?

Das Angebot kann weltweit oder auch nur in einer bestimmten Region bisher noch nicht angeboten worden sein.

Haben Sie eine neue Akquisitionsstrategie?

Können bisherige Unternehmenskonzepte z.B. durch Ersatz oder Ergänzung der bisherigen Medien durch Telefonmarketing, Werbung über T-Online oder Internet (World Wide Web) verbessert werden?

Ist die Erschließung anderer Beschaffungskanäle möglich und sinnvoll?

Vielleicht wissen Sie, wo man Güter preiswerter oder qualitativ hochwertiger beschaffen kann?

Können praktizierte Ideen und Konzepte in andere Branchen übertragen werden?

Verbinden Sie neue Ideen mit alten Unternehmenskonzepten, z.B. das Konzept des Drive-in mit einem Getränkehandel, bei dem die Kunden nicht mehr aus dem Auto aussteigen müssen, sondern die leeren Kisten aus dem Auto geladen werden und am anderen Ende die eingangs bestellten vollen Kisten wieder eingeladen werden.

Denken Sie auch an eine Kombination mehrerer Aspekte!

Erfolgreiche Unternehmenskonzepte bestehen im Kern oft in relativ einfachen Grundideen, durch die sie sich von weitaus weniger erfolgreichen Mitbewerbern unterscheiden; so war die einfache Grundidee des seit Jahrzehnten erfolgreichen »ALDI«-Konzeptes, sich auf problemlos lagerbare Schnelldreher (d.h. Waren mit geringer Verweildauer) in Läden mit einfacher Ausstattung zu konzentrieren, um attraktive Preise bieten zu können. Überraschend erfolgreich ist auch das vor wenigen Jahren gegründete Unternehmen »1 & 1 Marketing GmbH« mit der Idee, in der Standardsoftwarebranche unter einer einheitlichen Oberfläche (»Die Softwarebörse«) die Produkte vieler – meist mittelständischer – Softwarehäuser in Magazinen, Illustrierten und Fachzeitschriften aufzulisten. So können die Werbeflächen günstig gemietet und an diese Softwarehäuser in kleinen Teilflächen weiter veräußert werden. Das einheitliche Erscheinungsbild wird durch das Sammeln von Informationsgesuchen der Leser unter einer 1 & 1-Adresse unterstrichen.

Um Ihre Geschäftsidee zu finden, können Sie sowohl intuitiv-kreativ (etwa durch verschiedene Varianten des Brainstormings und Brainwritings) als auch systematisch-analytisch vorgehen und eine Vielzahl von Möglichkeiten nutzen.[7] Lassen Sie sich ruhig dabei helfen. Im Team entstehen oft mehr und zum Teil auch bessere Ideen. Ideen, die man allein verworfen hätte, werden von anderen weitergedacht, mit anderen Inhalten verknüpft etc. Auch für die Ideensuche können Sie sich bereits professionell beraten lassen (von Gründungs- oder Technologieberatern in den Handelskammern) oder Experten befragen, wie z.B. Wissenschaftler oder Bracheninsider. Nutzen Sie vielfältige Möglichkeiten, sich zu informieren. Eine Reihe von Anregungen für Informationsquellen und -medien sowie Literaturhinweise finden Sie im Abschnitt »Informationsquellen für Ihre Gründungsplanung«.

Zapfen Sie die folgenden Quellen an, um Ihre Geschäftsidee zu finden:

Informieren Sie sich über allgemeine Trends

Nutzen Sie dazu insbesondere Fernsehen und Publikumszeitschriften, es gibt auch spezielle Bücher von populären Trendforschern. Beobachten Sie Ihre Umwelt sorgfältig und sprechen Sie mit Personen aus verschiedenen gesellschaftlichen Gruppen, Altersklassen und mit unterschiedlichen Interessen.

Beobachten Sie aktuelle praktizierte Geschäftsideen

Wenn Sie sich schon für eine konkrete Branche oder einen speziellen Markt entschieden haben, können Sie z.B. die folgenden Möglichkeiten nutzen:

- Beobachtung von Kunden und Kaufverhalten
- Befragungen von Kunden
- Beschwerdeanalysen
- Konkurrentenbefragung

Als Hochschulabsolvent ohne entsprechenden Arbeitsplatz in der jeweiligen Branche könnten Sie hierfür evtl. Betriebsuntersuchungen im Rahmen Ihrer Diplomarbeit durchführen.

Nutzen Sie dabei auch

- Entrepreneurship-Fachjournale (z.B. »die geschäftsidee«, Verlag N. Rentrop, Bonn sowie »impulse« Sonderhefte, Verlag Gruner und Jahr, aber auch US-Zeitschriften wie »The Entrepreneur«)
- Publikumszeitschriften (Anzeigen und redaktionelle Teile, wie z.B. »Stern« oder »Der Spiegel«)
- Fachzeitschriften Ihrer Branche
- Handzettel
- Neueröffnungsankündigungen von Geschäften
- Messen
- Ausstellungen
- Datenbanken
- Technologiebörsen

Gehen Sie von Ihren eigenen Erfahrungen aus

Denken Sie an Ihre eigenen Hobbys, an Bereiche, in denen Sie kompetent sind und Konsumbedarf erkennen können. Welche Alltagsprobleme könnte man lösen? Welche Ihrer unbefriedigten Wünsche? Fragen Sie dies auch andere Menschen in privaten Gesprächen. Beobachten Sie genau auf Reisen im In- und Ausland. Gerade in Weltmetropolen (z.B. New York, Hongkong, Tokio, Paris) sind oft frühzeitig neue Konsumtrends und Spezialisierungen zu entdecken. Bei Praktika in Unternehmen oder bei verschiedenen Jobs während des Studiums können Sie Einblicke in die jeweilige Branche bekommen und dort evtl. Möglichkeiten für neue Produkte, Dienstleistungen oder neue Unternehmenskonzepte erkennen.

Nutzen Sie Informationen und Qualifikationen aus Ihrem Studium

Natürlich muß Ihre Gründungsidee nichts mit Ihrem Studienfach und dem dort erworbenen Wissen zu tun haben. Es scheint jedoch sinnvoll, sich zunächst auf diese Kompetenzen zu besinnen und nach entsprechenden Unternehmenskonzepten zu forschen. Können z.B. Techniken weiterentwickelt werden? Welche Probleme müssen in der Praxis gelöst werden?

Je nachdem, welches Studienfach Sie gewählt haben, ergeben sich für Sie dabei sehr unterschiedliche Möglichkeiten. Bei manchen Fachrichtungen ist die Vielzahl an möglichen unternehmerischen Tätigkeiten auf den ersten Blick sehr groß, wie z.B. bei Absolventen der Betriebswirtschaftslehre.

Die Kernkompetenz des Kaufmanns liegt im Wissen über optimale Betriebsführung und Wirtschaftlichkeit, und so steht ihm grundsätzlich offen, welcher Art der zu gründende Betrieb sein könnte. Ausnahmen sind dabei vor allem spezielle Qualifikationsanforderungen und Zugangsbeschränkungen; als BWL-Absolvent kann man schließlich nicht ohne weiteres eine Arztpraxis oder eine Klinik eröffnen. Oft kann jedoch fehlendes spezielles Fachwissen durch Mitarbeiter zugekauft oder durch eine Teamgründung mit einem entsprechenden Partner ausgeglichen werden. Auf der anderen Seite kann der Betriebswirt sein betriebswirtschaftliches Wissen auch als Leistung anbieten in Form von Unternehmensberatung oder Beratung von Privatpersonen. Klassischerweise als:

- Werbe- bzw. Marketingagentur
- Marktforschungsunternehmen
- EDV-Beratung, Organisationsberatung, Softwarehaus
- Steuerberatung (Zugangsbeschränkung)
- Wirtschaftsprüfung (Zugangsbeschränkung)
- Finanz- und Anlageberatung, Finanzmakler
- oder auch spezialisiert auf bestimmte Branchen oder Bereiche

Manche anderen Studienfächer scheinen dagegen diesbezüglich sehr eingeschränkt zu sein. Wie soll sich ein Mediziner schon selbständig machen, wenn nicht mit einer Arztpraxis? Was macht ein Jurist, wenn nicht eine Notar- und Anwaltskanzlei gründen? Bauingenieure gründen Ingenieurbüros. Denken Sie jedoch auch in dieser Beziehung kreativ und offen. Überlegen Sie, wo ihre speziellen Kenntnisse noch gebraucht werden könnten. Die folgenden Hinweise sollen Ihnen dazu Anregungen geben.

Bieten Sie Ihr Expertenwissen an

Prüfen Sie, ob es eine Möglichkeit gibt, Schulung, Weiterbildungsangebote und Beratung anzubieten. Wer könnte an Ihrem Wissen Interesse haben? Bieten Sie als Jurist Kurse an, in denen Sie juristische Kenntnisse an Kaufleute oder an Studierende (als Repetitor) vermitteln. Psychologen können sich z.B. auf die Beratung von Unternehmen bei der Personalauswahl spezialisieren, Mediziner auf die Beratung von Leistungssportlern. Als Bauingenieur können Sie Bauschädengutachten für Versicherungen oder Verkehrswertgutachten z.B. für Banken machen.

Wenn Sie ein Lehramtsstudium absolviert haben – nicht nur Schulkinder können Ihre Kenntnisse gebrauchen! Gründen Sie eine Sportschule (Tauchschule, Reitschule etc.) statt Sportlehrer zu werden, eine Sprachschule oder ein Übersetzungsbüro statt Spanisch und Russisch an einer öffentlichen Schule zu unterrichten. Sie müssen sich als Lehrer nicht auf Nachhilfestunden oder Volkshochschulkurse beschränken; wenn Sie in größeren Dimensionen denken, gründen Sie doch eine eigene Privatschule mit Internat, wenn Sie ein Konzept dafür haben und einen Markt sehen.

Verbinden Sie Ihr Fachwissen aus dem Studium mit Erfahrungen aus Ihrem Freizeitbereich. Zum Beispiel können Sie spezielle Reiseveranstaltungen organisieren und anbieten wie Sportreisen, Sprachreisen oder Studienreisen mit Schwerpunkt auf Ihrem Fachgebiet, so z.B. Kunstgeschichte, Geschichte, Geografie, Architektur, Biologie.

Publizieren Sie Ihr Wissen in Form einer freien Autorenschaft für einen entsprechenden Fachverlag. Sie können natürlich auch einen eigenen Fachverlag gründen, wenn Sie eine Marktlücke entdecken. Denken Sie auch an die Entwicklung von Beratungssoftware, Nachschlagewerken auf CD-ROM und Expertensystemen wie z.B. medizinische Diagnosesoftware etc.

Vergessen Sie den Handel nicht

In vielen Fällen scheint es naheliegend, das im Studium erworbene Wissen als Dienstleistung anzubieten. Auch Absolventen der technisch und naturwissenschaftlich ausgerichteten Studiengänge wie Maschinenbau, Elektrotechnik, Chemie etc. sind nicht nur darauf beschränkt, neue Produkte und Verfahren zu entwickeln und zu verkaufen, sondern bieten zunehmend Dienstleistungen wie Beratung, Schulung und Wartungs- und Notdienste an.

Prüfen Sie jedoch auch, ob die Möglichkeit besteht, Ihre Fähigkeiten und Neigungen für den Handel zu nutzen. Gründen Sie als ausgebildeter Englischlehrer einen englischen Bookshop, wo Sie Originalliteratur, Videos, Musik und Unterrichtsmaterialien verkaufen. Sportlehrer können sich vielleicht auf Zubehör für bestimmte Sportarten spezialisieren. Biologielehrer finden vielleicht eine Marktlücke für ein Geschäft mit Zubehör für Aquarien, Kunststudenten können Galerien gründen usw.

Vertreiben Sie selbständig medizinische Geräte, wenn Sie Ihre Kenntnisse aus dem Medizinstudium in der Beratung der Anwender solcher Geräte einsetzen möchten. Hierzu können Sie sich vielleicht einen Partner suchen, der entsprechende Geräte entwickeln kann. Handeln Sie mit gebrauchten Maschinenteilen und Maschinen aller Art, wenn Sie etwas davon verstehen. Wenn Sie Elektrotechnik studiert haben, denken Sie darüber nach, z.B. Alarmanlagen zu verkaufen.

Nutzen Sie die Chance, sich durch begleitende Dienstleistungen vom Wettbewerb abzuheben. Zunehmend werden solche Leistungen wichtiger, die dem Kunden neben dem Produkterwerb zusätzlichen Nutzen bringen. Bei komplexen Technologieanlagen ist Schulung und Beratung des Kunden sowie die Installation und zum Teil auch Wartung der Anlage üblich, jedoch können Sie diesen Gedanken auch bei anderen Vorhaben aufgreifen. Im Fall des oben erwähnten Zubehörgeschäftes für Aquarien wäre in diesem Sinne z.B. denkbar, daß dort auch die Reinigung von Aquarien angeboten wird. Vor allem in der Computerbranche ist der Begriff »Systemlösungen« kein Fremdwort. Wenn ein Kunde eine Hard- und Softwarelösung für seinen Betrieb benötigt, ist es für ihn von großem Vorteil, wenn er »alles aus einer Hand« bekommen kann. Ein kompetenter Partner, der ihm ein Konzept erstellt, die Produkte verkauft, installiert, evtl. individuelle Software erstellen kann und bei Problemen auch nach dem Kauf ansprechbar ist, verschafft dem Kunden nicht nur Bequemlichkeit, sondern auch die Chance, daß am Ende wirklich sein Problem gelöst ist. Sie müssen immer daran denken, daß Ihre Kunden Ihr Produkt kaufen, um ein bestimmtes Bedürfnis damit zu befriedigen. Deshalb sollten Sie sich nicht in erster Linie vornehmen, Ihr Produkt zu verkaufen, sondern das Problem Ihres Kunden zu lösen.

Prüfen Sie Ihre Idee

Vielleicht haben Sie inzwischen zahlreiche Gründungsideen entworfen. Dann müssen Sie jetzt in einem groben Selektionsprozeß einige wenige auswählen, die Sie einer genaueren Bewertung unterziehen wollen. Schließlich sollte eine einzige Idee oder zwei übrig bleiben, für die Sie dann ausführliche Marktrecherchen durchführen und einen umfangreichen Unternehmensplan erstellen.

Diskutieren Sie daher Ihre Ideen mit anderen Personen wie Freunden, Bekannten, Experten. Holen Sie Meinungen, Bedenken und Beurteilungen ein. Welche Ideen Sie aussondern, an welchen Sie dagegen festhalten, wird in erster Linie jedoch von Ihrer persönlichen und subjektiven Einschätzung abhängen.

Prüfkriterien

Bestimmen Sie Kriterien, nach denen Sie die Ideen bewerten wollen, und versuchen Sie, Ablehnung oder Beibehaltung einer Idee jeweils zu begründen. Bedenken Sie dabei vor allem die folgenden Aspekte:

Ist die Idee innovativ und nützlich?

Prüfen Sie in jedem Fall noch einmal, worin die Innovation Ihres Konzeptes liegt. Was ist bei Ihrem Unternehmenskonzept anders oder besser als bei den bereits bestehenden Unternehmen? (Vgl. Sie dazu die Überlegungen im Abschnitt »Wie kommen Sie zu Ihrer Geschäftsidee?«) Wichtig bei der Grobprüfung Ihrer Idee ist insbesondere die Frage nach dem Zusatznutzen Ihrer Leistung für den potentiellen Kunden. Sie müssen mit Ihrem Angebot ein Bedürfnis befriedigen, um die Chance auf einen Absatzmarkt zu haben. Lösen Sie ein Problem mit Ihrem Produkt, Ihrer Dienstleistung?

Paßt die Idee zu Ihnen?

Bedenken Sie auch, daß das Unternehmenskonzept zu Ihnen passen muß. Haben Sie die erforderlichen Qualifikationen und Kenntnisse? Branchenerfahrung und bestehende Kontakte sind sehr wichtige Erfolgsfaktoren einer Unternehmensgründung. Daher sollten Sie eher solchen Ideen den Vorzug geben, bei denen Sie diese Trümpfe ausspielen können.

Auf der anderen Seite sollten Sie auch von Ihrer Persönlichkeit, Ihren Vorlieben und Interessen her zu Ihrer Idee passen. Wenn Sie sich z.B. noch nie besonders für Computer interessiert haben, vielleicht dieser Technologie sogar grundsätzlich ablehnend gegenüberstehen, sollten Sie nicht gerade ein Softwareunternehmen gründen, und mit einer Katzenallergie nicht gerade eine Tierpension. Besonderes Interesse für das Produkt oder die Branche, in der Sie gründen, ist sicher von Vorteil und bringt mehr Arbeitszufriedenheit und daher sicherlich mehr Energie für Ihre Tätigkeit.

Ist die Idee rentabel?

In dieser Beziehung müssen Sie vor allem Ihre Ansprüche und Ihre Zielsetzung definieren. Möchten Sie als Unternehmer mehr Geld verdienen als in einer Ihrer Qualifikation entsprechenden Stellung als Angestellter? Oder stehen andere Motive im Vordergrund, und Sie möchten sich nur nicht schlechter stellen als bei einer abhängigen Beschäftigung? Vielleicht sind Sie auf ein regelmäßiges Einkommen gar nicht angewiesen und stellen als Mindestanforderung für die Wirtschaftlichkeit des Unternehmens nur, daß es sich selbst trägt und zumindest keine Verluste macht?

Wenn Sie Ihre Zielgröße definiert haben, sollten Sie die Gründungsidee daraufhin überprüfen, wie wahrscheinlich sich ein entsprechendes Einkommen für Sie realisieren läßt: Wie hoch könnten Ihre realisierbaren Umsätze sein (pro Zeiteinheit: z.B. Monat)? Wie hoch schätzen Sie den Kostenanteil ein (in Prozent vom Umsatz)?

Die Differenz stellt Ihre möglichen Gewinne dar. Denken Sie jedoch daran, daß Sie in Ihr Unternehmen investieren müssen und Ihren Gewinn nicht vollständig privat verplanen können, wenn Sie das Wachstum und Überleben Ihres Unternehmens sichern wollen.

Sie können eine überschlägige Rechnung auch umgekehrt anstellen: Wie groß ist Ihr geforderter Gewinn (Zielgewinn) bei gewünschtem Einkommen? Wie groß muß Ihr Umsatz sein, um diesen Gewinn zu realisieren (bei angenommener Gewinnspanne von x Prozent)? Schätzen Sie den Markt ein, ob Sie diese Umsätze realisieren können.

Diese Rechnungen werden Sie sehr viel detaillierter anstellen, wenn Sie sich für Ihre Idee entschieden haben und Ihren Business Plan erstellen. Hilfen dazu finden Sie im nächsten Abschnitt.

Informieren Sie sich

Zur Bewertung einer Idee benötigen Sie so viele Informationen wie möglich, um Ihre Entscheidung auf eine solide Grundlage zu stellen. Für die Grobprüfung Ihrer Idee müssen Sie natürlich abwägen, wie groß der Rechercheaufwand sein soll, vor allem, wenn noch mehrere Alternativen zur Auswahl stehen. Je weiter Sie in Ihrer Entscheidung und Planung fortgeschritten sind, desto mehr und detailliertere Informationen brauchen Sie.

Nach welchen Informationen sollten Sie suchen?

- Ist die eigene Idee schon irgendwo verwirklicht? Gibt es entsprechende Gründungskonzepte und Erfahrungen?
- Betriebsvergleichszahlen der Branche helfen Ihnen, Ihr Konzept einzuschätzen. Die Brauchbarkeit für Ihre Zwecke hängt jedoch erheblich davon ab, wie nah Ihr Konzept an die Vergleichsbetriebe angelehnt ist. Betriebsvergleichszahlen können Sie über den entsprechenden Verband oder über die Kammern bekommen.
- Finden Sie heraus, welche die Erfolgsfaktoren in der Branche sind (ausführlichere Erläuterungen dazu im nächsten Abschnitt).

- Suchen Sie nach Informationen über die gesamtwirtschaftliche Entwicklung.
- Gibt es Marktstudien über Ihren Zielmarkt und andere relevante Märkte?
- Wie ist die angestrebte Zielgruppe strukturiert? Wie verteilen diese Abnehmer sich regional? Wie ist deren Kaufverhalten und die Kaufkraft?
- Evtl. sind neue Technologietrends und Prognosen über demographische Entwicklungen für Sie von Interesse. Von welchen Faktoren ist der Erfolg Ihrer Idee abhängig? Die zukünftige Entwicklung dieser Faktoren sollten Sie berücksichtigen.

Quellen und Medien für Ihre Informationsrecherche

Welche Institutionen und Stellen Sie für Ihre erste Recherche nutzen können, hängt sehr stark von Ihrer Gründungsidee ab, die Sie prüfen möchten. Anregungen für wertvolle Informationsquellen finden Sie im Abschnitt »Informationsquellen für Ihre Gründungsplanung«.

Informieren Sie sich möglichst breit, und nutzen Sie auch unbedingt neuere Techniken wie elektronische Datenbanken, T-Online und Internet (vor allem WWW und E-Mail). Auf diese Weise können Sie oft schneller an entsprechende Informationen kommen. Viele Unternehmen sind inzwischen im WWW mit einem Informationsangebot vertreten, aber auch eine Reihe von Institutionen und Verbänden. Eine Auflistung entsprechender geeigneter Medien findet sich ebenfalls im Informationsteil am Ende von Kapitel III des Buches. Überlegen Sie, welche davon für Ihre Gründungsidee geeignet sein könnten.

Erste Markttests

Vor der endgültigen Erstellung des Gründungsplanes sollten Sie den Markt vor Ort grob testen. Um den Umsatz Ihres Unternehmens abzuschätzen, müssen Sie prognostizieren,

wer …
wie oft …
wieviel …
zu welchem Preis …

… Ihr Produkt oder Ihre Dienstleistung nachfragen wird.

Wichtig für Sie ist auch, Entscheidungsalternativen zu bewerten, z.B. Varianten Ihres Leistungsangebotes oder Standortoptionen.

Dazu sollten Sie vor allem potentielle Kunden befragen. Am besten ist es, wenn Sie das, was Sie verkaufen wollen, bereits vorzeigen können. Bei Neuentwicklungen ist die Frage, in welcher Planungsphase der Einsatz eines Prototyps angebracht ist, jedoch abhängig davon, wie kostspielig seine Herstellung ist. Dienstleistungen können Sie in der Regel leider nur beschreiben. Eine Möglichkeit, die Nachfrage zu testen, ist die Schaltung einer Anzeige, in der Sie Ihre Leistung anbieten. Dies ist sicher nicht immer geeignet, denn wenn Sie die Leistung noch nicht erbringen können, müssen Sie sich ausdenken, wie Sie die hoffentlich hohe Zahl an Interessenten hinhalten, ohne daß Ihre potentiellen Kunden sauer werden, oder Sie im Notfall abwimmeln. Für ein Unternehmenskonzept, das sich schnell realisieren läßt (meist Ideen, die mit geringem Investitionsvolumen möglich sind), kann ein solcher Anlaß jedoch den Startschuß geben und Ihre Planungen beschleunigen.

Lassen Sie sich beraten

Professionellen Rat können Sie schon bei der Entscheidung für Ihre Gründungsidee gebrauchen, in jedem Fall jedoch bei der konkreten Planung Ihrer Existenzgründung. Gründliche Vorbereitung Ihrer Gründung und umfangreiche Prüfung der Tragfähigkeit des Konzeptes sind unverzichtbar, wenn Sie eine Bauchlandung vermeiden wollen.

Nutzen Sie die Beratungs- und Schulungsangebote der zuständigen Industrie- und Handelskammern oder Handwerkskammern (kostenfreie Beratung) und entsprechender Fachverbände. Sie können auch freie Unternehmensberater hinzuziehen, insbesondere solche, die sich auf Unternehmensgründungsberatung spezialisiert haben. Für solche Beratungskosten können Sie staatliche Zuschüsse beantragen (üblicherweise 60 %).

Steuerberater: Besprechen Sie mit ihm steuerliche und finanzielle Aspekte Ihrer Gründung. Hier können Tips schon bei der Planung helfen, Fehler zu vermeiden. Sprechen Sie auch mit ihm über die Rechtsformwahl, da diese auch steuerliche Auswirkungen hat.

Rechtsanwalt/Notar: Sie müssen die Rechtsform Ihres Unternehmens wählen, Gesellschaftsverträge und andere Verträge gestalten und allgemeine Geschäftsbedingungen formulieren. Lassen Sie sich dabei beraten.

Kreditberater: Diskutieren Sie alle wichtigen Fragen der Gründungsfinanzierung und lassen Sie sich in bezug auf Fördermittel beraten. Informationsdefizite und falsche Entscheidungen können Ihre finanzielle Situation schnell verschlechtern.

Versicherungsmakler: Sie müssen entscheiden, gegen welche Risiken Sie sich absichern wollen. Einmal bezogen auf Ihre Person (z.B. Kranken-, Renten- und Unfallversicherung) und auf der anderen Seite auf den Betrieb (z.B. Haftpflichtversicherung, Betriebsvielschutzversicherung). Welche Versicherungen Sie brauchen, sollten Sie jedoch nicht nur mit Ihrem Versicherungsmakler besprechen, sondern sich unbedingt noch woanders informieren.

III

Schritt für Schritt zum »Business Plan« – So wird aus Ihrer Idee ein Unternehmen

So sollte Ihr Business Plan aussehen

Wenn Sie, wie im ersten Teil dieses Buches beschrieben, aus Ihrer anfänglichen Sammlung von Geschäftsideen nach einer Grobprüfung eine erfolgversprechende Gründungsidee (oder höchstens zwei) ausgewählt haben, können Sie nun anfangen, für Ihr Konzept einen ausführlichen Unternehmensplan zu erstellen. Sie werden dabei auf der einen Seite nach und nach Ihr Konzept detaillierter ausarbeiten und Ihre Planungen weiter präzisieren und auf der anderen Seite parallel dazu ein Dokument erstellen, in dem Sie alle Ihre Planungen so übersichtlich und genau wie möglich festhalten und beschreiben.

Allgemeine Anforderungen an Ihren Business Plan

Welche Anforderungen wollen und müssen Sie an den Plan stellen? Sie hängen zum großen Teil von Ihrem konkreten Vorhaben ab, von den Besonderheiten Ihrer individuellen Gründung.

Zielgruppenorientierung

Denken Sie noch einmal darüber nach, für welche Zielgruppe Sie Ihren Plan verfassen. Vergleichen Sie dazu auch die Erläuterungen zu Anfang dieses Buches. Evtl. müssen Sie für verschiedene Adressaten Ihren Plan leicht abwandeln, intern andere Schwerpunkte setzen als für externe Zwecke usw. Wen wollen Sie wovon überzeugen? Vielleicht müssen Sie auch eine Version in einer anderen Sprache schreiben?

Verständlichkeit

Denken Sie daran, daß nicht jeder, der Ihren Geschäftsplan liest, Ihre Vorkenntnisse (z.B. technische Kompetenzen) hat. Sie sollten daher versuchen, Zusammenhänge allgemeinverständlich darzustellen und eventuell Fachbegriffe zu erklären. Achten Sie auf einen klaren Aufbau. Ihre Sätze sollten nicht zu lang sein und sich flüssig lesen lassen, damit der Leser das Interesse an Ihrem Konzept bis zum Ende nicht verliert. Dazu gehört auch, daß Sie Ihren Plan nicht zu lang verfassen, sondern das Wesentliche auf ca. 30 bis 40 Seiten darstellen. Stellen Sie in jedem Fall eine Kurzfassung voran! Eventuell können Sie technische Beschreibungen und andere grundlegende Informationen in den Anhang bringen, so daß der Plan selbst lesbar bleibt. Sie sollten Ihren Plan auf Verständlichkeit prüfen, indem Sie ihn jemandem aus Ihrem Bekanntenkreis vorlegen, der mit dem Thema möglichst bisher noch nichts zu tun hatte.

Äußere Form

Mit dem Business Plan geben Sie bereits ein erstes Beispiel Ihrer Leistungsfähigkeit. Ihm kann entnommen werden, wie gründlich Sie Ihr Vorhaben vorbereitet und wie sorgfältig Sie recherchiert haben. Es wirken auf den Adressaten aber auch andere als inhaltliche Aspekte. Die äußere Form Ihres Business Plans kann vor allem dann Einfluß auf die Beurteilung Ihres Konzeptes haben, wenn sie den allgemeinen Ansprüchen nicht genügt. Nutzen Sie daher Ihre erste Chance, die Sorgfältigkeit Ihrer Arbeit darzustellen, indem Sie sich mit der formellen Gestaltung Ihres Dokumentes besondere Mühe geben. Die Ansprüche hieran sind in den letzten Jahren deutlich gestiegen, da immer mehr Personen Zugang zu Computern und Laserdruckern haben. Eine solche Entwicklung werden Sie auch während Ihres Studiums erfahren haben. Nur in wenigen Studiengängen ist es noch üblich, schreibmaschinengeschriebene Seminararbeiten abzugeben. Die folgenden Empfehlungen für die äußere Form entsprechen im Prinzip auch den Anforderungen an Seminar- und Diplomarbeiten in Ihrem Studium. Sie sollten sie sich jedoch trotzdem noch einmal vor Augen führen:

- Ein sauberes Schriftbild ist wichtig für Ihr Dokument. Schreiben Sie Ihren Plan zumindest mit der Schreibmaschine, besser mit dem Computer, und drucken Sie ihn dann auf einem Laserdrucker aus. Achten Sie auf gutes Papier. Wenn Ihnen keine entsprechende Ausstattung zur Verfügung steht, so fragen Sie Studienkollegen, Ihre (ehemaligen) Assistenten an der Universität, Freunde und Bekannte. Diese können Ihnen evtl. auch bei der technischen Erstellung helfen, wenn Sie noch Probleme im Umgang mit Textverarbeitungsprogrammen oder anderer Software haben.
- Lesen Sie sorgfältig Korrektur. Rechtschreibfehler in einer bestimmten Anzahl fallen sehr unangenehm auf. Für eine erste einfache Kontrolle können Sie die Rechtschreibkontrolle Ihrer Textverarbeitung nutzen, jedoch sollten Sie in jedem Fall noch einmal selbst danach prüfen oder am besten jemand anderen zusätzlich kontrollieren lassen. Je nach Software werden z.B. Grammatikfehler nur selten erkannt.
- Verschaffen Sie dem Leser den Zugang zum Text durch ein klar aufgebautes Titelblatt, eine Kurzfassung und eine umfassende und detaillierte Gliederung. Vergessen Sie auch nicht, die Seiten, Übersichten, Abbildungen und Ihre Anlagen zu numerieren, um dem Leser die Orientierung zu erleichtern.
- Schließlich sollten Sie den Geschäftsplan binden. Eventuell reicht hierfür bereits ein guter Schnellhefter, in Kopiergeschäften können Sie jedoch verschiedene preiswerte und schnelle Bindungen machen lassen, die einen professionellen Eindruck vermitteln.

Glaubwürdigkeit

Sie können mit Ihrem Gründungsplan nur dann wirklich eine Vertrauensbasis schaffen, wenn Sie den Leser ernst nehmen. Wenn Sie zu optimistisch und euphorisch die Stärken Ihres Konzeptes beschreiben, schafft dies nur Mißtrauen. Auch wenn Sie Ihr Vorhaben möglichst gut »verkaufen« müssen, sollten Sie trotzdem Schwächen und Risiken Ihres Konzeptes aufzeigen, um Ansätze für Kritik zu geben und um glaubwürdig zu bleiben. Genauigkeit ist ebenfalls nicht geeignet, um schwache Konzepte zu beschönigen. Sie können nicht in jedem Fall genaue Aussagen machen. Vermeiden Sie daher

Scheingenauigkeiten – sie werden schnell bemerkt. Treffen Sie lieber Aussagen, die »ungefähr richtig« sind, als solche, die »ganz genau falsch« sind.

Zeithorizont

Inhaltlich stellt sich vor allem die Frage nach der Reichweite Ihrer Planung. Für welchen Zeithorizont wollen Sie Aussagen treffen? Üblicherweise umfassen Unternehmenspläne eine Zeitspanne von drei bis fünf Jahren. Je nach Art des Vorhabens ist aber auch eine zehnjährige Spanne denkbar; so kann in einzelnen Fällen allein die Errichtung von umfangreichen Produktionsanlagen schon Zeiträume von drei Jahren in Anspruch nehmen.

Vollständigkeit

Es erscheint trivial zu fordern, daß ein Unternehmensgesamtplan vollständig sein sollte. Im konkreten Einzelfall ist allerdings diese Vollständigkeit nicht immer ohne weiteres zu erreichen. Versuchen Sie jedoch in jedem Fall durch Hinzuziehen von Literatur, Checklisten und Expertengesprächen mit Branchenkennern diese Vollständigkeit möglichst umfassend zu gewährleisten. «Gesamtplan« bedeutet hier, daß Sie alle Teilplanungen und Teilaspekte zusammenfassen müssen.

Qualität von Informationen

Ein wichtiger Aspekt ist die Qualität von Informationen im Hinblick auf ihre Sicherheit. Wichtig ist, daß Sie nicht nur die Inhalte der Informationen beachten, die Sie recherchiert haben, sondern auch bewußt die Quellen bewerten, denen Sie diese Informationen entnommen haben. Dazu gehört natürlich auch, daß Sie möglichst gleich gezielt diejenigen Informationsquellen ansteuern, die Sie für sicherer halten als andere Quellen.

Schätzungen auf der »sicheren Seite«

Oft werden Sie sich bei der Entwicklung Ihres Business Plans in der Situation befinden, auf der Basis vorhandenen Datenmaterials Schätzungen in das Planungskonzept aufnehmen zu müssen, statt mit exakten Daten zu arbeiten. Hierbei sollten Sie diese Schätzungen bewußt mit der Tendenz zur sicheren Seite vornehmen. Konkret bedeutet dies, daß Sie auf der Outputseite (Einnahmen/Ertrag) eher eine vorsichtige, konservative, niedrige Schätzung vornehmen und auf der Inputseite (Ausgaben/ Aufwand) stets einen eher höheren Wert einsetzen sollten.

Flexibilität

In Ihrer Planung gehen Sie von verschiedenen Annahmen über die Realität aus. Diese Annahmen können jedoch entweder nicht richtig sein, weil Sie falsche Informationen bekommen haben, es kann aber auch passieren, daß sich im Laufe der Planungsphase Ihre Umwelt so verändert, daß Ihre Annahmen nicht mehr richtig sind. Damit müssen Sie auch Ihre Schätzungen ändern. Wenn Sie beispielsweise ein Geschäft für Feinkost und Kunsthandwerk aus Spanien eröffnen möchten und bei Ihrer Planung davon ausgehen, daß es ein Ladenlokal mit dieser Spezialisierung noch nicht in Ihrer Stadt und auch nicht im weiteren Umkreis gibt, so müssen Sie Ihre Schätzungen deutlich anpassen, wenn Sie feststellen, daß jemand anderes schneller war und ein Geschäft mit genau dieser Idee in der 25 km entfernten Nachbarstadt eröffnet hat. Deshalb sollten Sie in Ihrem Business Plan die Grundannahmen, die Sie treffen, deutlich beschreiben und bei allen folgenden Schätzungen und Berechnungen deutlich machen, unter welchen Voraussetzungen diese zustande gekommen sind. Nur so können Sie nachvollziehen, was für Auswirkungen Veränderungen der Umfeldbedingungen auf Ihre Planungen haben.

Unterscheidung der Betrachtungsperspektive

Inhaltlich sollten Sie unbedingt durchgängig zwischen zwei Betrachtungsperspektiven unterscheiden. Das eine ist der Liquiditätsaspekt, das andere der Erfolgsaspekt. Beachten Sie weiterhin den Potentialaspekt Ihres Vorhabens.

Liquidität

Liquidität bedeutet die Fähigkeit Ihres Unternehmens, allen Zahlungsverpflichtungen termingerecht nachzukommen, also Ihre Zahlungsfähigkeit, die Sie unbedingt zu jeder Zeit sicherstellen müssen, wenn Sie sich nicht der Gefahr eines baldigen Konkurses aussetzen möchten. Eine sorgfältige Planung der Zahlungsströme in Ihrem Unternehmen ist daher von existentieller Bedeutung. Sie müssen so genau wie möglich bestimmen, wann mit welchen Einzahlungen, wann mit welchen Auszahlungen zu rechnen sein wird. Wichtig ist hierbei eben nicht, wann Sie dem Kunden die Rechnung schreiben, sondern wann er sie bezahlt und Ihnen für Ihr Unternehmen das Geld zur Verfügung steht.

Erfolg

Mit Erfolg wird die Differenz zwischen betrieblichen Erträgen und betrieblichen Aufwendungen bezeichnet, also der positive oder negative Gewinn Ihres Unternehmens. Ein positiver Unternehmenserfolg ist wichtig für die mittel- und langfristige Substanzerhaltung und Substanzvermehrung Ihres Unternehmens und damit auch für Ihre private Einkommenssituation von größter Bedeutung. Rechnet sich ein Unternehmenskonzept unter Erfolgsgesichtspunkten mittel- und langfristig nicht, so müssen Sie sich nach dem Sinn Ihres Vorhabens fragen, und Sie müssen sich vor allem die Frage nach alternativen Möglichkeiten zum Einkommenserwerb stellen.

Potential

Unter langfristigen Perspektiven sollten Sie auch nicht vergessen, an das Potential Ihres Unternehmenskonzeptes zu denken. Natürlich gibt es in der Gründungsphase genug zu entscheiden und zu bedenken, und Sie fühlen sich mit Recht wahrscheinlich etwas überfordert, jetzt schon über die langfristigen Perspektiven, die Märkte von morgen, die Produkte der nächsten

Generation etc. nachzudenken. Aber spätestens im Verlauf der Frühentwicklungsphase sollten solche Aspekte von Ihnen auch angedacht werden. Für manche Entwicklungen muß man schon früh die Weichen stellen, wenn man nicht zu spät kommen will.

Allgemeine Anforderungen an Ihren Business Plan[8]

= Zielgruppenorientierung
= Verständlichkeit
= gute und ansprechende äußere Form
= Vertrauensbasis schaffen
= Vollständigkeit: »Alles Wichtige«
= Zeithorizont: Reichweite der Planung
= Sichere Informationsquellen
= Schätzungen auf der »sicheren Seite«
= Flexibilität/Anpaßbarkeit an Veränderungen
= Betrachtungsperspektiven unterscheiden

Mustergliederung

Zunächst wird dargestellt, welche Elemente in Ihrem Business Plan vorkommen sollten und welchen Anforderungen der Plan genügen muß. So kennen Sie Ihr Ziel und haben bei allen Ihren Planungsaktivitäten immer klar vor Augen, wofür Sie entsprechende Informationen brauchen. Auf diese Weise ist gewährleistet, daß Sie die richtigen Fragen stellen und die richtigen Informationsquellen suchen und anzapfen. Sie merken auch schneller, welche Informationen Ihnen noch fehlen, wenn Sie die Gliederung Ihres Business Plans im Kopf haben.

Jede Geschäftsidee ist von den sachlichen Gegebenheiten her anders, daher können auch die Erfordernisse in bezug auf den Geschäftsplan sehr unterschiedlich sein. Es soll jedoch hier der Versuch unternommen werden, eine generell einsetzbare Mustergliederung eines Business Plans zu präsentieren, damit Sie für Ihre spezielle Gründungsplanung zumindest einen Anhaltspunkt haben.

Um diese Gliederung an Ihr konkretes Vorhaben anzupassen, müssen Sie eventuell die inhaltlichen Schwerpunkte anders setzen. Wenn Sie z.B. eine hoch innovative technologieorientierte Gründung planen, müssen Sie vielleicht die neue Technologie sehr detailliert beschreiben, weil sie stark erklärungsbedürftig ist. Meist ist eine solche Technologie auch wesentlicher Bestandteil des Unternehmenskonzeptes und damit wichtig für den Erfolg des Unternehmens (Erfolgsfaktor). Bei einer Produktionsunternehmung ist z.B. meist der Investitionsplan sehr viel wichtiger als bei einem Servicekonzept, da das Volumen der Gründungsinvestition hier höher ist. Der Investitionsplan würde in solch einem Fall deutlich umfangreicher und detaillierter dargestellt werden müssen.

Die Mustergliederung in diesem Buch stellt also für Sie nur eine Orientierungshilfe dar, die Sie in Ihrem Fall Punkt für Punkt hinterfragen und evtl. auch erweitern und ergänzen müssen. Besonders bei Vorhaben mit großem Investitionsbedarf sollten Sie den quantitativen Teil um eine Reihe weiterer betriebswirtschaftlicher Rechnungen ergänzen, wie z.B. die Deckungsbeitrags-, Zielkosten- (target costing) oder Prozeßkostenrechnung. Bei solchen Vorhaben sollten Sie in jedem Fall professionelle Hilfe in Anspruch nehmen, insbesondere wenn Sie selber kein betriebswirtschaftliches Studium absolviert haben.

Mustergliederung Ihres Business Plans[9]

A Kurzfassung (executive summary)

B Textteil
(Verbale und graphische Beschreibung des Vorhabens: Qualitativer Teil)

1. Unternehmenskonzept
2. Management/Gründer(-team)
3. Absatzplan (Outputplanung)
= Marktnachfrage
= Konkurrenz
= Marketing
= Chancen und Risiken
4. Produktionsplan (Inputplanung)
= Kapazitäten ableiten:
= Faktor Anlagen (Investitionen: Immobilien, Einrichtungen, Maschinen)
= Faktor Material/Waren (Roh-, Hilfs- und Betriebsstoffe, Handelswaren)
= Faktor Arbeit (Personal, freie Mitarbeiter, Subunternehmer)
5. Zeitplan
= Aktivitäten
= Meilensteine

C Zahlenteil (Quantitative, zeitlich differenzierte Darstellung)

1. Erfassungsbereich
= Umsatzplan (Outputgrößen)
= Investitions-/Abschreibungsplan, Material-/ Warenausstattung (Inputgrößen)
= Lager, Personalplan etc. (Inputgrößen)
2. Auswertungsbereich
= Liquiditätsplan, Finanzierungsplan
= Erfolgsplan, Planbilanz
= Risikoanalyse/Sensibilitätstest
= Mindestumsatzrechnung, Break-even-Analyse etc.

D Anhang

Auf diese Gliederung und die Bezeichnung der einzelnen Punkte wird im folgenden Teil immer wieder Bezug genommen. So können Sie die Ergebnisse Ihrer Planungsaktivitäten besser in Ihren Gesamtplan einordnen. Die einzelnen Elemente der Gliederung werden im weiteren ausführlich behandelt, und es werden Ihnen Hilfen gegeben, wie Sie an entsprechende Informationen kommen können und wie Sie die einzelnen Teilpläne erstellen. Zunächst wird jedoch kurz dargestellt, worum es bei den einzelnen Punkten geht.

Die einzelnen Elemente des Business Plans

A Kurzfassung

Sie stellen Ihrem Business Plan eine Kurzfassung mit den wichtigsten Informationen voran.

B Textteil

Hier beschreiben Sie ausführlich Ihre Unternehmensidee mit allen Teilaspekten, insbesondere müssen Sie darstellen, was Sie wem anbieten wollen, wie Sie die Produkte oder Dienstleistungen erstellen werden, die genauen Details Ihrer Unternehmensgründung und Informationen zu Ihrer Person und zu Ihren Partnern. Beschreiben Sie die Details Ihrer Absatzplanung ebenso wie Ihre Planungen in bezug auf Inputfaktoren wie Maschinen, Anlagen, Material, Immobilien, Personal etc. Schließlich zeigen Sie Ihre Zeitplanung auf. Darstellen können Sie dies alles verbal und mit Unterstützung von graphischen Darstellungen. Insgesamt muß deutlich werden, was Sie eigentlich machen wollen, worin der Kern Ihrer Idee liegt und vor allem, wo die Stärken Ihrer Idee liegen.

C Zahlenteil

Im Zahlenteil beschreiben Sie, wie sich Ihr Unternehmen wirtschaftlich und finanziell tragen wird. Dabei werden Sie die geplante Entwicklung Ihres Unternehmens über eine bestimmte Zeitspanne (ca. drei bis fünf Jahre) in Form von Tabellen darstellen. Zahlenmäßige Darstellung bedeutet hierbei jedoch nicht, daß dabei kein Text notwendig wäre. Sie müssen in jedem Fall erklären, wie Sie die Zahlen aus den Aussagen im Textteil abgeleitet haben. Der Zusammenhang muß deutlich werden, damit Ihre Berechnungen nachvollziehbar und überprüfbar sind.

D Anhang

Im Anhang Ihres Business Plans sammeln Sie alle Belege, mit denen Sie die Aussagen und Zahlen in den vorherigen Teilen untermauern können. So wie im Rechnungswesen der Grundsatz gilt: »Keine Buchung ohne Beleg«, so sollte beim Business Plan gelten: »Keine Aussage und keine Berechnung ohne Nachweis«. Dazu gehören z.B. Angebote, Prospekte, Beschreibungen von Technologien und technische Zeichnungen.

Die drei Hauptbereiche des Business Plans (Textteil, Zahlenteil, Anhang) bauen aufeinander auf: Der Textteil stellt die Basis für die Entwicklung des Zahlenteils dar. So untermauern Sie durch die zahlenmäßige Darstellung im Detail (quantitativ und zeitlich differenziert) Ihre Aussagen aus dem verbalen Teil. Andererseits fassen Sie mit dem Textteil auch verbal den Zahlenteil zusammen. Im Anhangsteil des Business Plans stellen Sie dann schließlich die Belege und Quellen für die im quantitativen Teil verwendeten Zahlen zusammen.

So gehen Sie vor

Durch die enge inhaltliche Verknüpfung der einzelnen Teile des Business Plans können Sie bei der Erstellung nicht mit der ersten Seite anfangen und mit dem Beschaffen des letzten Prospektes aufhören, sondern müssen immer wieder rückwärts gerichtet bereits dargestellte Aspekte überprüfen und überarbeiten, indem Sie sie weiter präzisieren oder an modifizierte Planungen anpassen.

In der Mustergliederung ist deutlich geworden, welche Inhalte Sie in Ihrem Plan berücksichtigen müssen. Eine sinnvolle Reihenfolge Ihrer Aktivitäten zur Erstellung des Business Plans, eine universell einsetzbare Lösung, vorzugeben, ist aufgrund der vielfältig vernetzten inhaltlichen Verknüpfung der Einzelaspekte fast unmöglich. Auch hängt die Vorgehensweise stark von Ihrer konkreten Gründung ab. Jede neue Information, die Sie erhalten, kann dazu führen, daß Sie Ihre Planungen komplett überarbeiten müssen. Viele Einzelentscheidungen sind voneinander abhängig. Bedenken Sie die Komplexität Ihres Vorhabens bei jedem Schritt, den Sie vornehmen. Schauen Sie also mit jeder Aktivität, jeder Entscheidung und jeder neuen Information immer wieder auf die bereits festgelegten Planungen und bestimmen Sie, ob Sie diese verändern bzw. anpassen müssen.

Trotz der sehr unterschiedlichen Bedingungen einer Gründungsplanung im Einzelfall soll Ihnen hier ein grobes Raster gegeben werden, wie Sie bei der Erstellung Ihres Planes vorgehen sollten. Die Darstellung der einzelnen Elemente des Gründungsplanes, die in der Mustergliederung aufgeführt sind, wird hier im zeitlichen Zusammenhang vorgenommen. Die hier vorgeschlagene Reihenfolge bezieht sich auf die konkrete Planung und das Treffen bestimmter Entscheidungen im Rahmen dieser Planung. Die Informationsrecherche und entsprechende Marktanalysen, Beratungsgespräche usw. werden Sie in der Realität nicht immer sinnvoll nacheinander für verschiedene Themen durchführen können. Sie werden diese Recherchen wahrscheinlich parallel durchführen müssen, um Informationen rechtzeitig zu bekommen und z.B. Fristen zu wahren. Auch sind Sie davon abhängig, welche Informationen Sie von wem erhalten. Nicht jeder Gesprächspartner ist jederzeit verfügbar, und Sie erhalten unter Umständen bei einer Quelle Informationen zu verschiedenen Bereichen. Sie sollten Ihre Informationen daher gleich systematisch organisieren (dazu mehr im Abschnitt »Wichtige

Tips und Hilfen zur Erstellung Ihres Business Plans«). Bei der Erstellung Ihres Planes sollten Sie jedoch möglichst die vorgeschlagene Reihenfolge einhalten, wenn die Besonderheiten Ihres Gründungsplanes nicht eine andere Vorgehensweise erfordern.

1. Schritt: Notieren Sie Ihre Grundvorstellungen
2. Schritt: Planen Sie Ihre Marktanalyse für die Schritte 3 und 4
3. Schritt: Planen Sie den Output (Absatz, Umsatz) Ihres Unternehmens
4. Schritt: Planen Sie den erforderlichen Input (Ressourcen, Produktionsfaktoren)
5. Schritt: Sichern Sie Ihre Liquidität
6. Schritt: Planen Sie die Finanzierung Ihres Vorhabens
7. Schritt: Planen Sie Ihren Erfolg
8. Schritt: Überarbeiten Sie Ihre Planungen
9. Schritt: Überarbeiten Sie Ihr Dokument

1. Schritt: Notieren Sie Ihre Grundvorstellungen

> Notieren Sie Ihre Grundvorstellungen über Ihr Unternehmenskonzept
> Halten Sie Grundlegendes über das zukünftige Management fest
> Machen Sie eine grobe Zeitplanung

Bevor Sie weitergehende Informationen einholen und Marktstudien durchführen, sollten Sie zunächst Ihre Gedanken zu Ihrer Gründungsidee notieren. Zum einen hilft Ihnen das dabei, herauszufinden, worüber Sie Informationen und Marktdaten brauchen, und zum anderen gehört eine detaillierte Beschreibung Ihres Unternehmenskonzeptes in Ihren Gründungsplan, und Sie können Ihren Plan mit diesem Punkt sinnvollerweise beginnen.

Ihr Unternehmenskonzept

Sie sollten also zunächst festhalten, was Sie unter Punkt B1 der Mustergliederung »Unternehmenskonzept« bereits erläutern können. Da Sie im Laufe Ihrer Planung eventuell noch das eine oder andere verändern werden, können Sie auch zunächst Stichworte notieren und erst zum Ende, nach Vorliegen der Informationen für den gesamten Business Plan, Ihre Aussagen ausformulieren. Zu diesem frühen Zeitpunkt werden Sie noch nicht alle Details bestimmen können, die in diesem Teil dargestellt werden sollten, und so müssen Sie die Aussagen später weiter überarbeiten und ergänzen.

An dieser Stelle soll zunächst erläutert werden, welche Aspekte in B1 der Mustergliederung insgesamt behandelt werden sollten. Zu einem späteren Zeitpunkt ist es ratsam, noch einmal zu dieser Aufstellung zurückzukommen, um zu prüfen, welche Informationen Sie dann, in einem fortgeschrittenen Planungsstadium, noch ergänzen können.

Unternehmenskonzeption[10]

- = Kernidee
- = Leistungsangebot
- = Zielgruppe(n)
- = Wettbewerbsvorteile
- = Kritische Erfolgsfaktoren
- = Unternehmenskultur, Unternehmensphilosophie, Ziele
- = Strategische Ausrichtung
- = Gründungsart
- = Rechtsformwahl
- = Generelle Rechtslage
- = Stand des Vorhabens

Kernidee

Erklären Sie die Kernidee Ihres geplanten Vorhabens. Woher stammt die Idee? Wer ist der Urheber? Gibt es bereits Referenzfälle (vielleicht an anderen Standorten)? Seit wann arbeiten Unternehmen mit dieser Idee? Welchen Erfolg haben sie?

Leistungsangebot

Definieren und beschreiben Sie die Branche (Baugewerbe, Textil etc.). Welcher Wirtschaftsstufe ist Ihr Unternehmen zuzuordnen (Urproduktion, Verarbeitung, Handel, Dienstleistung)? Beschreiben Sie so detailliert wie möglich Ihr geplantes Leistungsangebot und den Nutzen Ihrer Leistung für den Kunden.

Zielgruppe

Welche Abnehmerkreise werden vermutlich an dem Angebot interessiert sein? Endverbraucher (Konsumenten) oder gewerbliche Abnehmer? Sprechen Sie bestimmte Zielgruppen mit Ihrem Produkt besonders an (z.B. Senioren mit hohem Einkommen)? Wer soll Ihr Produkt oder Ihre Dienstleistung kaufen? Erklären Sie auch, welches regionale Einzugsgebiet Sie anstreben. Wollen Sie regional, national oder international agieren? Welche Vertriebswege sind geplant?

Wettbewerbsvorteile

Beschreiben Sie, inwiefern Sie sich von den Konkurrenten und dem bisherigen Marktangebot unterscheiden werden. Welchen Zusatznutzen bieten Sie dem Kunden? Wo sehen Sie Wettbewerbsvorteile? Können Sie vielleicht in irgendeiner Weise eine »unique selling position«, also eine einzigartige, besondere Angebotsstellung erreichen?

Kritische Erfolgsfaktoren

Der Erfolg Ihrer Unternehmensgründung hängt von sehr vielen verschiedenen Faktoren ab. Manche müssen Sie als gegebene Bedingungen hinnehmen – zum Beispiel die allgemeine Konjunkturlage oder das Wetter. Manche Faktoren können Sie jedoch mehr oder weniger selbst gestalten; so können Sie z.B. zum Zeitpunkt der Gründung Ihren Standort in einem gewissen Rahmen aus verschiedenen Möglichkeiten auswählen. Oder Sie können sich in kaufmännischer Buchführung weiterbilden, wenn Sie Defizite erkennen und meinen, daß diese Kenntnisse für Ihren Erfolg wichtig sind.

Ob diese Faktoren feste Bedingungen sind oder ob Sie irgendeinen Einfluß darauf haben – in jedem Fall müssen Sie wissen, welche dieser Faktoren von besonderer Bedeutung für den Erfolg Ihres konkreten Gründungsvorhabens sind. Nur so können Sie die Stärken und Schwächen Ihres Konzeptes erkennen und vor allem auch das Risiko abschätzen. Wenn Ihr Umsatzerfolg stark vom Wetter abhängig sein wird, wie dies z.B. bei einem Biergarten, einem mobilen Eiswagen oder einer Minigolfanlage der Fall ist, dann müssen Sie zur Berechnung Ihrer Umsatzplanung in jedem Fall Wahrscheinlichkeitsüberlegungen in bezug auf das Wetter anstellen. Auch wenn Sie es nicht ändern können, müssen Sie sich darüber klarwerden, wieviel verregnete Sommertage Sie durchhalten können, ohne Ihr Geschäft aufgeben zu müssen. Sie sollten also diejenigen Faktoren kennen, die für Sie besondere Chancen oder besondere Risiken bedeuten.

Ein solcher »kritischer Erfolgsfaktor« (KEF) könnte bei einem Einzelhandelsgeschäft zum Beispiel der Standort sein. Was nutzt Ihnen ein Sortiment, auf das die Kunden schon lange gewartet haben, wenn man Ihr Geschäft nicht finden kann, es zu weit weg von Ihren Kunden ist oder man dort nicht parken kann und Ihre Kunden deshalb doch lieber woanders kaufen? Bei einem Softwareproduzenten sind kritische Erfolgsfaktoren eher Termintreue, Qualitätskontrolle und die eingesetzte Softwaretechnologie.

Ron Daniel, der ehemalige Chef der McKinsey Unternehmensberatung, entwickelte die KEF-Methode, mit der für das zu betrachtende Unternehmen etwa drei bis sieben dieser kritischen Erfolgsfaktoren ermittelt werden sollten.[11] Bei dieser Methode ist die Ermittlung der kritischen Erfolgsfaktoren jedoch nur einer von sieben Schritten, darüber hinaus sollen auch noch z.B. Meßkriterien festgelegt werden, mit denen man messen kann, inwieweit die jeweiligen Ziele erreicht sind. Auf eine vollständige Darstellung der Vorgehensweise dieser KEF-Analyse wird daher hier verzichtet.

Für die Erstellung Ihres Business Plans sollten Sie sich jedoch in jedem Fall den Denkansatz der KEF-Analyse zunutze machen und auch für Ihr Gründungsunternehmen solche Faktoren ermitteln, die Sie dann ebenfalls unter dem Stichwort »Unternehmenskonzept« benennen und erläutern. Dazu notieren Sie zunächst alle denkbaren Erfolgsfaktoren, d.h. Faktoren, von denen Auswirkungen auf den Erfolg erwartet werden können. Im nächsten Durchgang wählen Sie dann diejenigen Faktoren aus, die Ihrer Meinung nach für den Erfolg Ihres Vorhabens entscheidend (kritisch) sind (ca. drei bis sieben). Arten von Erfolgsfaktoren können zum Beispiel sein:

branchentypische KEF

Hierzu gehören z.B. die Servicefreundlichkeit in einem Hotel, Termintreue bei Softwareentwicklern, das Sortiment bei einem Buchhandel oder die Schnelligkeit der Bedienung in einem Fast-Food-Restaurant. Die meisten Erfolgsfaktoren gehören in der Regel zu dieser Kategorie.

gründungsbezogene KEF

Z.B. könnte der Zeitpunkt der Gründung einen wichtigen Einfluß auf

Ihren Erfolg haben. Es wird eine Rolle spielen, ob Sie Ihr Fußballfanartikelgeschäft eröffnen, wenn der heimische Fußballclub gerade Deutscher Meister geworden ist, oder direkt nach seinem Abstieg. Besonders problematisch ist der Gründungszeitpunkt bei Saisongeschäften. Wenn Sie Ihre Segelschule im Herbst eröffnen, liegen Ihre Anfangsinvestitionen, die Boote, bis zum Frühjahr ungenutzt herum.

strategiebestimmte KEF

Dies könnte z.B. bei einer angestrebten Preisführerschaft eine möglichst kostengünstige Produktion sein oder bei einer anderen Strategie die Qualität des Produktes oder der Dienstleistung. Wenn Sie Speziallösungen und individuelle Leistungen z.B. im Softwarebereich anbieten, ist ein wichtiger KEF, wie gut Sie auf die Bedürfnisse Ihrer Kunden eingehen können.

zeitweilige KEF

Dies sind Faktoren, die nicht ständig kritisch für den Erfolg sind. So ist z.B. die Eröffnungswerbung für Ihr Weingeschäft bei der Gründung sehr wichtig, da Sie Ihr Geschäft bekannt machen müssen. Ihre Zielgruppe muß mit Sonderaktionen, einem Fest, Zeitungsanzeigen, Wurfzettelaktionen etc. schnell und durchschlagend informiert werden. Später werden Sie andere Methoden finden, um Ihre Stammkundschaft zu halten und Neukunden zu werben.

umfeldbestimmte KEF

Dies sind die Bedingungen, die Sie nicht verändern können, wie das Wetter für eine Minigolfanlage oder die Errichtung einer Großbaustelle vor Ihrem Geschäft. Sie können diese Entwicklungen jedoch berücksichtigen und beobachten, um schnell darauf reagieren zu können. Wenn in der Stadt, in der Sie ein Hotel gründen möchten, eine große Veranstaltungshalle gebaut wird, können Sie sich sicher freuen. Sie sollten es aber nicht bei der Freude belassen, sondern gleich überlegen, wie Sie dies für Ihr Geschäft nutzen können (Kombiangebote mit dem jeweiligen Veranstalter, prüfen Sie die Verkehrsverbindungen zum Veranstaltungsort, und bieten Sie evtl. einen eigenen Transport an etc.)

Unternehmensphilosophie

Bei bestehenden Unternehmen ist vieles über Jahre gewachsen, vieles wird so oder so gehandhabt und gemacht, weil dies immer schon so war usw. Die aus der Vergangenheit hervorgegangenen Wertvorstellungen der Gesamtheit der Mitarbeiter eines solchen etablierten Unternehmens sind nur mit großen Anstrengungen veränderbar. Mit einer Neugründung haben Sie als Gründer die große Chance, von Beginn an die Entwicklung der Unternehmenskultur bewußt zu steuern. Dazu müssen Sie jedoch frühzeitig Ihren Kunden und Mitarbeitern deutlich machen, für welche Werte gerade Ihr Unternehmen stehen soll. Unternehmensphilosophie ist der Begriff, der die Gesamtheit dieser angestrebten Werte zusammenfaßt. Solche Werte können z.B. Termintreue, Kreativität, optimale Qualität oder Flexibilität sein. Sie können diese Philosophie jedoch nur dann wirksam innerhalb und außerhalb Ihres Unternehmens glaubhaft machen, wenn Sie sie auch selbst vorleben. Wie wollen Sie Ihren Mitarbeitern die Bedeutung von Termintreue und Pünktlichkeit klarmachen, wenn Sie zu jeder Besprechung zu spät kommen? Prüfen Sie daher unbedingt selbstkritisch, ob die gewählten Werte und Ziele auch tatsächlich zu Ihrer eigenen Persönlichkeit passen. Setzen Sie Ihre persönlichen Ziele in unternehmensbezogene Zielgrößen um (Umsatz, Gewinn, Mitarbeiterzahl, Rentabilität), und formulieren Sie Ihre Unternehmensphilosophie, Werte und Zielvorstellungen für Ihren Gründungsplan. So können Sie sich bei Ihren folgenden Planungen immer wieder vergewissern, ob diese zu den formulierten Zielen passen. Daher sollten Sie diesen Punkt unbedingt so früh wie möglich bearbeiten.

Strategische Ausrichtung

Wie wollen Sie die gesetzten Ziele grundsätzlich erreichen? Welche Entwicklung stellen Sie sich für Ihr Unternehmen vor? Streben Sie ein schnelles oder langsames Wachstum an?

Schaffen Sie einen neuen Markt durch die Einführung einer Innovation (Pionierstrategie)? Oder imitieren Sie als »fast second« erfolgreich eingeführte Innovationen? Setzen Sie auf bewährte Produkte und Dienstleistungen in bewährten Märkten? Stellen Sie dar, wie Sie sich grundsätzlich von Ihren

Wettbewerbern absetzen wollen. Dies geht in der Regel dadurch, daß Ihre Leistung besser ist (Qualitätsführerschaft) oder dadurch, daß Sie bessere Preise bieten können (Kostenführerschaft). Technologisch immer eine Nasenlänge voraus zu sein (Technologieführerschaft) kann sowohl für Qualität als auch für den Kostenaspekt von Bedeutung sein.

Oder Sie können sich vom Wettbewerb abheben, indem Sie eine Marktnische bearbeiten und sich auf diesem Teilmarkt so konzentriert engagieren, daß Sie eine starke Position erlangen. Sie werden z.B. keine Chance haben, mit Ihrem neuen Sportgeschäft gegen die etablierten großen Geschäfte vor Ort und die Abteilungen der ansässigen Kaufhäuser in bezug auf den Preis zu konkurrieren. Jedoch könnten Sie eine Qualitätsführerschaft anstreben, indem Sie besser beraten, eine angenehmere Kaufatmosphäre bieten oder Zusatzangebote wie Autogrammstunden, Schnupperkurse für neue Sportarten, Aktionstage zum Ausprobieren Ihrer Sportgeräte etc. anbieten. Eine Marktnischenstrategie wäre zum Beispiel, wenn Sie ein Spezialgeschäft für Rollerblades oder ein Geschäft für Kletterbedarf eröffnen, in dem Ihre Zielgruppe ein ganz besonderes Sortiment vorfindet mit deutlich besserer Auswahl im jeweiligen Bereich als in den großen Sportgeschäften und vor allem mit entsprechender kompetenter Beratung.

Wollen Sie sich auch langfristig auf Ihr Kerngeschäft beschränken oder Ihre Leistungsbreite oder -tiefe bald ausbauen? Sie sollten auch darstellen, welche Art von Sicherheitsdenken Sie persönlich bevorzugen und welche Risiken Sie zu akzeptieren bereit sind.

Gründungsart

Zum Aspekt «Gründungsart« sollten Sie darlegen, in welcher konkreten Form Sie Ihr Unternehmen errichten möchten. Die Möglichkeiten Neugründung, Betriebsübernahme, Partnergründung und Franchisegründung wurden Ihnen ja bereits im ersten Teil erläutert. Erklären Sie an dieser Stelle Ihres Gründungsplanes, wie Sie sich entschieden haben und welche Gründe und Auswirkungen dies hat. Bei einem Franchisesystem sollten Sie Informationen zu dem entsprechenden Franchisekonzept geben (Anzahl der Franchisenehmer, wie lange besteht das Konzept, wie lange existieren die Franchisenehmer, Vorteile und Nachteile des Konzeptes). Bei einer Übernahme sollten Sie eine möglichst detaillierte Beschreibung des bestehenden Unternehmens vornehmen (Leistungsangebot, Mitarbeiterzahl, Umsatz, Gewinnsituation, geplante Veränderungen, Entwicklungen). Das Ergebnis einer Unternehmensbewertung sollte hier nur zusammengefaßt dargestellt werden. Die ausführliche Analyse ist Bestandteil des Anhangs.

Generelle Rechtslage

Beschreiben Sie die generelle Rechtslage und die Besonderheiten Ihrer Gründung. Handelt es sich um eine gewerbliche Unternehmung oder um eine freiberufliche? Eine Handwerksgründung kann Einschränkungen des Marktzutritts bedeuten, wenn z.B. eine Meisterprüfung abgelegt worden sein muß. Bei verschiedenen Unternehmenskonzepten sind möglicherweise andere Arten von Zulassungen zu berücksichtigen (Apotheken, Taxiunternehmen, Ärzte, Rechtsanwälte etc.) Sie sollten prüfen, ob Sie alle Voraussetzungen erfüllen, die Sie für Ihr konkretes Vorhaben brauchen, und die entsprechenden Erfordernisse in Ihrem Business Plan benennen. Vielleicht müssen Sie für die Geschäftstätigkeit fremde Rechte, z.B. Patente, benutzen.

Rechtsformwahl

Eine wichtige Entscheidung, die Sie mit Ihrer Unternehmensgründung treffen müssen, ist die Wahl der geeigneten Rechtsform. Sie hat wirtschaftliche, steuerliche und rechtliche Folgen, und deshalb sollten Sie diese Entscheidung sorgfältig treffen. Informieren Sie sich genauer in der umfangreichen Beratungsliteratur, und wenden Sie sich an einen Experten, der Sie individuell beraten kann. Es gibt keine optimale oder ideale Rechtsform für ein Unternehmen. Jede hat ihre eigenen Vor- und Nachteile. Sie müssen für Ihr Vorhaben individuell diese einzelnen Aspekte überdenken und Ihre besonderen Anforderungen berücksichtigen. In der Regel ist es sinnvoll, bei der Gründung eine einfache Rechtsform mit geringen formalen Erfordernissen zu wählen. Die von Ihnen gewählte Rechtsform ist eventuell auch nicht auf Dauer vorteilhaft für Sie. Wenn sich die Umstände ändern, kann es sein, daß Sie zu einem späteren Zeitpunkt die Rechtsform wechseln wollen oder müssen.

Bevor Sie sich für eine Rechtsform entscheiden, vor allem auch als Vorbereitung für Ihre Beratungsgespräche, sollten Sie verschiedene Grundsatzfragen klären, die die Kriterien für Ihre Entscheidung darstellen:

Wollen Sie das Unternehmen allein oder mit Partnern gründen?

Als Einzelgründer kommt für Sie im allgemeinen entweder eine Einzelunternehmung (Kleingewerbetreibender bzw. Einzelkaufmann) oder eine Ein-Mann-GmbH in Frage. Wenn Sie mit Partnern gründen, steht Ihnen eine größere Anzahl von Konstruktionen zur Verfügung.

Bestehen beim Betrieb Ihrer Unternehmung besondere Risiken, die nicht oder nur schwer versicherbar sind?

Bei manchen Vorhaben sind die Gewährleistungsrisiken (Produkthaftungsrisiken) sehr groß. Wenn Sie aus solchen Gründen die Haftung mit Ihrem persönlichen Vermögen eingrenzen wollen, sollten Sie bei der Entscheidung einen Schwerpunkt auf diese Frage legen (z.B. Gründung einer GmbH oder einer GmbH & Co. KG). Eine Beschränkung der Haftung gegenüber Ihrem Kreditinstitut ist dagegen meist nicht möglich, da die Kapitalgeber für ihre Darlehen entsprechende Sicherheiten bzw. persönliche Bürgschaften verlangen.

Möchten Sie Ihren Betrieb allein leiten, aber aus irgendwelchen Gründen einen Beteiligungspartner aufnehmen?

Dann müssen Sie sich die alleinige Geschäftsführung sichern. Für Sie bieten sich die stille Gesellschaft, die KG und die GmbH & Co. KG an.

Welche Rechtsform ist in Ihrer Branche üblich?

Die Wahl einer branchenüblichen Rechtsform ist empfehlenswert. Wenn in Ihrem Bereich z.B. GmbH-Gründungen üblich sind, sollten Sie sich eventuell an diese Umstände anpassen, um keine Wettbewerbsnachteile zu erfahren.

Welche steuerlichen Aspekte müssen Sie beachten?

Verschiedene Rechtsformen weisen unterschiedliche steuerliche Vor- und

Nachteile auf. Diese Unterschiede sollten Sie berücksichtigen, aber Ihre Entscheidung nicht allein von steuerlichen Aspekten abhängig machen.

Wie hoch ist der Verwaltungsaufwand der jeweiligen Rechtsform? Paßt dieser zur Größenordnung Ihrer Gründung?

Berücksichtigen Sie die unterschiedlichen formalen Anforderungen. Gerade in der Gründungsphase sollten Sie unnötige finanzielle und zeitliche Belastungen durch umfangreiche Formalismen vermeiden. Eventuell ist es sinnvoll, zunächst mit einer möglichst einfachen Rechtsform (Einzelunternehmen, GbR) zu beginnen und erst bei konkretem Bedarf zu einer anspruchsvolleren Rechtsform zu wechseln.

Wenn Sie Ihre Prioritäten in bezug auf die Kriterien für die Rechtsformwahl festgelegt haben, beschäftigen Sie sich gründlich mit den Vor- und Nachteilen der einzelnen Formen. Neben der Einzelunternehmung unterscheidet man bei den Gesellschaften grundsätzlich zwischen Personengesellschaften und Kapitalgesellschaften.

Personengesellschaften zeichnen sich durch die persönliche Haftung mindestens eines Gesellschafters aus. Die Personen stehen im Vordergrund. Die Gesellschaft selbst wird nicht eigens besteuert und besitzt keine eigene Rechtsfähigkeit.

= Gesellschaft bürgerlichen Rechts (GbR)
= Partnerschaftsgesellschaft (PartnG)
= offene Handelsgesellschaft (OHG)
= Kommanditgesellschaft (KG)
= stille Gesellschaft
= GmbH & Co. KG (gemischte Rechtsform)

Bei **Kapitalgesellschaften** steht dagegen das Kapital im Vordergrund. Die Gesellschaft ist eine juristische Person, besitzt also eine eigene Rechtspersönlichkeit. Der Gewinn der Gesellschaft wird versteuert. Die Gesellschafter haften nur mit ihrer Kapitaleinlage.

= Gesellschaft mit beschränkter Haftung (GmbH)
= Aktiengesellschaft (AG)
= Kommanditgesellschaft auf Aktien (KGaA)

Hier werden Ihnen nur die gebräuchlichsten Rechtsformen Einzelunternehmung, GbR und GmbH vorgestellt. Informieren Sie sich bei Bedarf entsprechend weiter.[12]

Einzelunternehmung

Wenn Sie Ihr Unternehmen allein gründen möchten, starten Sie wahrscheinlich in dieser sehr häufig gewählten und wenig reglementierten Form, üblicherweise als sogenannter Kleingewerbetreibender oder Freiberufler. Mit größerem Umfang Ihrer Geschäftstätigkeiten und einem Betrieb, der »in kaufmännischer Weise« eingerichtet ist, würden Sie als gewerblicher Gründer zum Einzelkaufmann (Vollkaufmann) und müßten sich dann auch ins Handelsregister eintragen lassen.

Vorteile:

= einfache und kostengünstige Gründung (kaum Gründungsformalitäten)
= kein Mindestkapital
= eigenverantwortliche Geschäftsführung, volle Kontrolle
= ungeteilter Gewinn
= Ausgleich von Verlusten mit Gewinnen aus anderen persönlichen Einkunftsarten ist möglich
= als Minderkaufmann oder Freiberufler wird steuerlich und handelsrechtlich keine doppelte kaufmännische Buchführung verlangt: nur Einnahmen-Überschußrechnung

Nachteile:

= unbeschränkte persönliche Haftung mit dem gesamten Vermögen
= geringe Außenwirkung
= alleinige Last der Finanzierung (aber: stille Gesellschafter sind möglich)

Empfehlenswert ist diese Rechtsform, wenn die Risiken gering sind, nur wenig Vermögen zu schützen ist und das Unternehmen erst einmal klein begonnen werden soll.

Gesellschaft bürgerlichen Rechts (GbR)

Die GbR wird zur Erreichung eines gemeinsamen Zwecks gegründet. Alle

Gesellschafter sind zur Geschäftsführung und Vertretung berechtigt und verpflichtet. Das Gesellschaftsvermögen steht nur allen gemeinsam zu. Ab einer gewissen Größe ist eine Eintragung ins Handelsregister notwendig (Sollkaufmann). Die GbR wird dann bei gewerblichen Unternehmen zur OHG.

Vorteile:
= einfache und kostengünstige Gründung
= keine Gründungsformalitäten, sogar mündliche Vereinbarungen sind möglich
= kein Mindestkapital
= breiter Spielraum für vertragliche Gestaltung
= Verlustausgleich möglich
= es besteht nur Aufzeichnungspflicht, i.d.R. keine Pflicht zur doppelten kaufmännischen Buchführung

Nachteile:
= unbeschränkte, gesamtschuldnerische Haftung eines jeden Gesellschafters für die Schulden der Gesellschaft

Empfehlenswert ist die GbR vor allem für Zusammenschlüsse von Kleingewerbetreibenden und Freiberuflern (z.B. Praxisgemeinschaften) und bei Durchführung von Gelegenheitsgeschäften.

Gesellschaft mit beschränkter Haftung (GmbH)

Die GmbH ist eine Kapitalgesellschaft und führt damit als juristische Person sozusagen ein Eigenleben. Die Gesellschafter haften nur mit ihren Einlagen, aber Kreditgeber verlangen meist bei der Kreditgewährung entsprechende Sicherheiten auch aus dem Privatvermögen bzw. persönliche Bürgschaften. Als juristische Person muß die GmbH ins Handelsregister eingetragen werden. Die Gründung einer Ein-Mann-GmbH ist möglich.

Vorteile:
= beschränkte Haftung der Gesellschafter
= Geschäftsführergehalt ist innerhalb der Gesellschaft steuerlich absetzbar

Nachteile:
= Mindeststammkapital von 50.000 DM
= geringere Kreditwürdigkeit
= Kosten durch notarielle Beurkundung des Gesellschaftsvertrags
= Verluste können nur innerhalb der Gesellschaft vor- oder zurückgetragen werden
= hoher Aufwand (Notar, Amtsgericht, Steuerberater) bei Gründung, Änderung, Verlegung
= viele steuerliche Fallen und Risiken

Empfehlenswert ist die Gründung einer GmbH bei Vorhandensein von besonderen Risiken (s.o.) und für die Außenwirkung, wenn in der Branche diese Rechtsform gebräuchlich ist.

Stand des Vorhabens

Schließen Sie die Beschreibung Ihrer Unternehmenskonzeption ab, indem Sie den aktuellen Stand Ihres Vorhabens darstellen. Befinden Sie sich in der reinen Planungsphase, oder wurde mit der Errichtung des Geschäftes bereits begonnen (vielleicht haben Sie z.B. bereits einen Mietvertrag für Ihre Büroräume abgeschlossen)? Haben Sie schon Leistungen erbracht und am Absatzmarkt erfolgreich angeboten? Für welchen Termin oder für welchen Zeitraum planen Sie Ihre Geschäftseröffnung? Diese Fragen sollten Sie natürlich erst dann beantworten, wenn Sie Ihren Business Plan fertigstellen, da sich gerade dieser Aspekt im Laufe der Planung noch stark ändern kann und Sie möglichst den aktuellen Stand Ihrer Aktivitäten darstellen wollen.

Bisher wurden die wichtigsten Aspekte erläutert, über die Sie unter dem Punkt »Unternehmenskonzeption« Aussagen machen sollten. In einem ersten Schritt können Sie, wie bereits erläutert, noch nicht alle Aussagen detailliert darstellen, weil Sie zu diesem Zeitpunkt noch nicht alle relevanten Informationen haben und daher auch noch nicht alle notwendigen Entscheidungen getroffen haben. Sie sollten jedoch alles, was Sie bisher über Ihr Konzept wissen, notieren (evtl. Stichpunkte). Insbesondere sollten Sie die Kernidee, das Leistungsangebot, die Zielgruppe, die Philosophie und die Ziele grundlegend festlegen, damit Sie eine Basis haben, auf der Sie weiterplanen können. Später überarbeiten Sie diesen Teil insgesamt, vor allem aufgrund der Informationen aus Wettbewerbs- und Marktanalyse. Bei gravierenden Veränderungen überarbeiten Sie Ihre Grundvorstellungen nicht erst zum Schluß, sondern passen sie sofort an.

Das Management Ihres Unternehmens

Als nächstes legen Sie Ihre Grundvorstellungen über das Management fest und stellen es in Punkt B2 der Gliederung, »Management« bzw.« Gründer(-team)«, dar. Ihr Unternehmen steht und fällt mit den Personen, die die Gründung und Frühentwicklung planen und durchführen. Experten sind sich darüber einig, daß im Zweifelsfalle gilt:

»Lieber ein erstklassiger Unternehmer mit einer zweitklassigen Unternehmensidee als ein zweitklassiger Unternehmer mit einer erstklassigen Idee!«

Sie als Gründer stellen also, evtl. gemeinsam mit Ihren Partnern, einen sehr wichtigen »kritischen Erfolgsfaktor« dar. Deshalb sollten Sie auch diesen Punkt in Ihrem Gründungsplan sorgfältig ausführen. Insbesondere sollten Sie die folgenden Aspekte erläutern. Vergleichen Sie dazu auch die Erläuterungen zum Thema »Gründer auf dem Prüfstand« im ersten Teil dieses Buches.

Gründerperson

Stellen Sie Ihren Lebenslauf und Ihre Motivation und Fähigkeiten dar:

- Warum wollen Sie sich selbständig machen?
- Welche beruflichen Stationen haben Sie im einzelnen durchlaufen?
- Welche Branchenkenntnisse haben Sie erwerben können?
- Nennen Sie Ihre Ausbildungsstationen! (Schulabschluß und berufsbildende Abschlüsse wie Gesellenprüfung, Meisterprüfung, Fachhochschul- und Hochschulabschluß)
- Haben Sie Führungserfahrung? Hatten Sie bereits früher einmal eine Abteilung, Niederlassung o.ä. zu leiten?
- Waren Sie bereits selbständig? Haben Sie schon einmal eine Abteilung, Niederlassung o.ä. gegründet und aufgebaut?

Partner/Gründerteam

- Werden Sie allein oder mit Partnern gründen?
- Über welchen beruflichen Hintergrund verfügen Ihre Partner?
- Welche Aufgaben- und Risikenverteilung sehen Sie vor?

Externe

- Ist es geplant, einen Beirat einzurichten?
- Welche Berater werden das Unternehmen begleiten und mit welchen Aufgabenstellungen (Steuerberater, Rechtsberater, Unternehmensberater)?

Mitarbeiter

- Wenn bereits wichtige zukünftige Mitarbeiter bekannt sind, stellen Sie kurz deren Profil vor.
- Sie können hier auch bereits die Anforderungen an künftige Mitarbeiter in bestimmten Schlüsselpositionen definieren.

Auch die Erläuterungen zum Management Ihres zukünftigen Unternehmens müssen Sie eventuell später noch einmal überarbeiten. – z.B. die Aufgabenverteilung zwischen Ihnen und Ihrem Geschäftspartner detaillierter erläutern.

Ihre Zeitplanung

In Punkt B5 der Gliederung Ihres Business Plans sollten Sie einen genauen Zeitplan Ihrer Gründung abbilden. Stellen Sie dar, wann Sie welche Aktivitäten durchführen wollen. Dieser Zeitplan sollte den gesamten Zeitraum des Unternehmensplanes umfassen, wobei Sie jedoch Aktivitäten in weiterer Zukunft deutlich weniger detailliert vorausplanen können und sollten als die Aktivitäten, die direkt vor, während und nach der Geschäftseröffnung stattfinden sollen. Setzen Sie jedoch Zeitpunkte fest, an denen Sie bestimmte Ziele erreicht haben wollen oder bestimmte Aktivitäten abgeschlossen haben möchten. Anhand solcher »Meilensteine« können Sie Ihre Zielerreichung später gut überprüfen. Eine solche Zeitplanung können Sie auch graphisch anhand einer Zeitachse darstellen, in die Sie Aktivitäten und Ziele eintragen. Hilfestellung kann Ihnen dabei evtl. eine entsprechende Projektsoftware bieten; lesen Sie dazu auch den Abschnitt »Wichtige Tips und Hilfen zur Erstellung Ihres Business Plans«. Für die detailliertere Planung der eigentlichen Gründungsphase im engeren Sinne können Sie diese Zeitachse evtl. durch Aufgabenlisten ergänzen oder eine feinere Einteilung wählen.

Die Zeitplanung können Sie sicherlich ebenfalls noch nicht zu Beginn Ihrer Unternehmensplanung fertigstellen. Im Laufe Ihrer noch folgenden Recherchen und Festlegungen von Planungen werden Sie eine Reihe von Bedingungen erkennen, die Ihre Zeitplanung beeinflussen. Wenn Sie sich z.B. für ein Ladenlokal entschieden haben, in dem Sie Ihre Geschäftstätigkeit aufnehmen wollen, so können Sie diese Räumlichkeiten wahrscheinlich nur zu einem bestimmten Termin anmieten. Für Waren, Anlagen und andere Inputfaktoren gibt es vielleicht in Ihrem Fall Lieferzeiten, die Sie berücksichtigen müssen. Auf der Seite der Finanzplanung müssen Sie Antragsfristen für Fördermittel berücksichtigen. Sie sind abhängig von den Bearbeitungszeiten Ihres Kreditgebers und auch davon, wie schnell Sie Ihre eigenen Mittel »flüssig« machen können. Denken Sie auch an Kündigungsfristen, wenn Sie bei einem Arbeitgeber in abhängiger Beschäftigung angestellt sind.

Notieren Sie alle diese Bedingungen, von denen Ihre Zeitplanung abhängig ist. Sie sollten zu Beginn Ihrer Planerstellung einen groben Zeitrahmen definieren und vor allem die Reihenfolge Ihrer Aktivitäten grob festlegen. Gerade die Zeitplanung müssen Sie während Ihrer Planungsaktivitäten kontinuierlich überarbeiten. So stellen Sie schon während der Planung fest, ob sich Ihre Zielsetzungen in zeitlicher Hinsicht realisieren lassen oder an welcher Stelle Sie hinterherhinken. Bei der Fertigstellung Ihres Business Plans können Sie diesen Zeitplan dann endgültig festlegen und für den Leser optisch aufbereiten.

Zur Veranschaulichung der grundsätzlichen Darstellungsmöglichkeit einer Zeitplanung ist mit der nächsten Abbildung ein grober Ablauf Ihrer Aktivitäten zur Erstellung Ihres Gründungsplanes vorgegeben. In Ihrem Business Plan stellen Sie natürlich statt dessen die geplanten Aktivitäten dar, die sich an die Fertigstellung Ihres Planes anschließen. Die Beispielzeitplanung ist bewußt sehr grob und allgemein gehalten, da die Zeitplanung für Ihre Geschäftsplanentwicklung von den ganz besonderen Gegebenheiten Ihrer Gründung und nicht zuletzt von Ihrer Person abhängt. Aus diesem Grund wurden auch statt konkreter Zeitangaben hier nur abstrakte Zeiteinheiten (1 bis 12) gewählt. Wenn Sie diese Zeitabschnitte als Wochen interpretieren, bleiben Ihnen noch drei Monate Zeit zur Planerstellung!

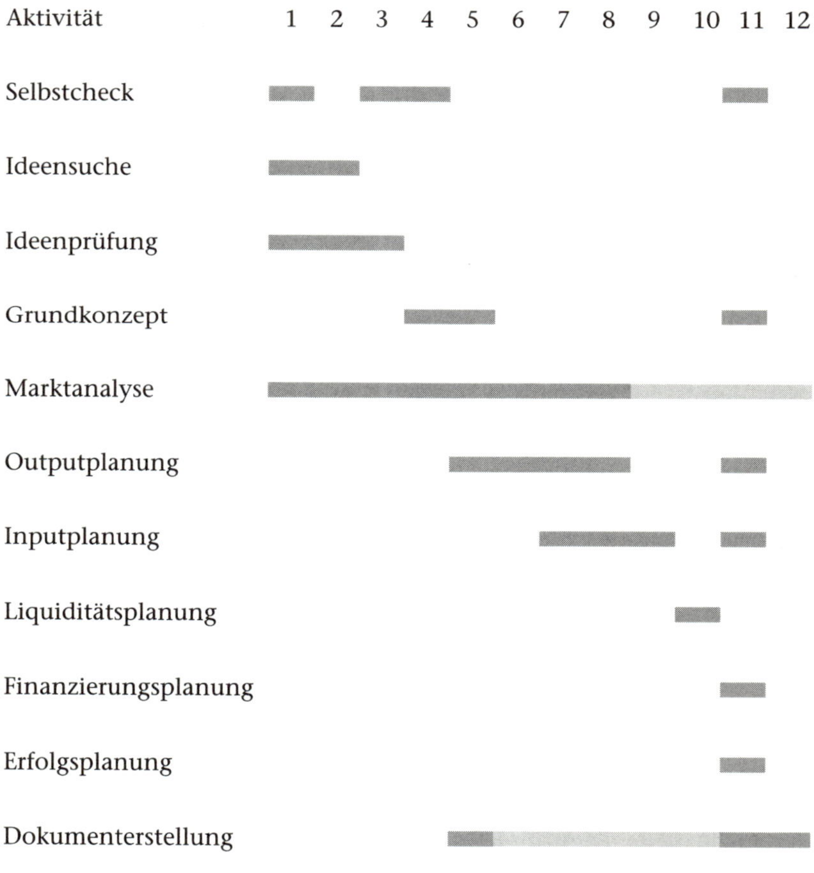

2. Schritt: Planen Sie Ihre Marktanalyse für die Schritte 3 und 4

> Welche Probleme können Sie mit Marktanalysen lösen?
> Wann ist Sekundär-, wann ist Primärforschung sinnvoll?
> Welche Datensammlungstechniken können Sie anwenden?
> Wie wählen Sie Ihre Stichprobe aus?
> Was müssen Sie bei der Erstellung Ihres Fragebogens beachten?
> Woran müssen Sie bei der Datenauswertung denken?

Nachdem Sie in einem ersten Schritt die Grundvorstellungen zu Ihrem Unternehmen festgehalten haben, müssen Sie nun mit konkreten Planungen beginnen, die sich am Ende in Zahlen ausdrücken lassen. Auf diese Weise entsteht ein detaillierter Plan über die betriebswirtschaftlichen Größen Ihres Unternehmens in den ersten Jahren der Gründung. Damit Ihre Planungen auch möglichst realistisch ausfallen und Ihr Unternehmenskonzept abgesichert werden kann, sollten Sie Ihre Planungen auf der Basis einer profunden Marktforschung durchführen. Das bedeutet, daß Sie eine systematische empirische Analyse der Märkte vornehmen müssen, die Ihr Unternehmen umgeben. Wenn Sie umfangreichere Marktanalysen wie z.B. Konsumentenbefragungen planen, sollten Sie weitere Literatur hinzuziehen. Empfehlungen hierzu finden Sie im Abschnitt »Informationsquellen für Ihre Gründungsplanung«.

Welche Probleme können Sie mit Marktanalyse lösen?

Gegenstand der Marktforschung können sowohl die Beschaffungsmärkte als auch die Absatzmärkte Ihres Unternehmens sein. Ihre Beschaffungsmärkte sind die Märkte für Rohstoffe, Halb- und Fertigerzeugnisse (Waren), aber auch die Märkte für Kapital und Arbeitskräfte. Diese Märkte sind normalerweise einfacher zu erschließen als die Absatzmärkte, da Sie einfach bei den vorhandenen Anbietern entsprechende Angebote einholen können. Wenn Sie noch nicht wissen, woher Sie etwas beziehen können, helfen Ihnen die Kammern und auch Publikationen wie »Wer liefert was« oder »Hoppenstedt« entsprechende Bezugsquellen zu finden. Im Abschnitt »4. Schritt: Planen Sie den erforderlichen Input« können Sie hierzu mehr Tips finden.

Es ist dagegen sehr viel schwieriger, den Absatzmarkt zu überblicken und abzuschätzen. Wenn Sie an Konsumenten (Endverbraucher) verkaufen wollen, so müssen Sie die Kaufgewohnheiten, die Motive und Einstellungen und das wahrscheinliche Kaufverhalten Ihrer zukünftigen Kunden einschätzen. Solche Merkmale sind sehr schwierig zu erfassen.

Insgesamt sollten Sie die Marktanalyse bei Ihrer Unternehmensgründung dazu nutzen, die notwendigen Daten zu beschaffen für

die Umsatzplanung:

In welchen regionalen Märkten sind bei welchen Zielgruppen bezüglich einzelner Produkte/ Waren/ Dienstleistungen etc. welche Umsatzmengen/-höhen zu erwarten?

das Absatzmarketing:

Welche Wirkungen sind bezüglich unterschiedlicher Preispolitik, Absatzkanäle, Kommunikationspolitik zu erwarten?

die Standortanalyse:

Welcher der denkbaren Standorte ist am attraktivsten, läßt den größten Gewinn erwarten etc.?

den Beschaffungsmarkt:

Welche Lieferanten sind am günstigsten und am besten in bezug auf Preise, Lieferzeiten, Qualität und Zuverlässigkeit? Welche Kreditinstitute bieten welche Konditionen etc.?

Für den Planungsbedarf Ihrer Unternehmensgründung reichen wahrscheinlich Näherungswerte aus. Es ist nicht so einfach, das richtige Maß an Marktanalyse zu finden. Auf der einen Seite sollten Sie so viele Informationen wie möglich einholen, um die wichtige Entscheidung Ihrer Gründung so gut wie möglich abzusichern, auf der anderen Seite darf Ihr Aufwand natürlich nicht zu hoch sein. Eine klassische Marktanalyse durch ein professionelles Marktforschungsinstitut kommt für Ihre Unternehmensgründung nur dann in Frage, wenn die Größenordnung der Gründung eine solch teure und differenzierte Arbeit erfordert.

Nutzen Sie persönliche Kontakte

Eine preiswerte und oft sehr wertvolle Möglichkeit ist es, mit unterschiedlichen Menschen zu sprechen. Nutzen Sie das Wissen und die Erfahrungen anderer. Dazu müssen Sie Ihre Umgebung aufmerksam betrachten und aktiv nach Experten für verschiedene Fragen suchen.

Nutzen Sie das Know-how Ihres bisherigen Arbeitgebers
Wenn Sie sich in der gleichen Branche selbständig machen wollen, können Sie schon während Ihrer Tätigkeit dort Informationen sammeln. Nicht immer verstoßen Sie damit gegen die Interessen Ihres Arbeitgebers.

Sprechen Sie mit potentiellen Kunden
Wenn Sie konkrete Abnehmer, z.B. bestimmte Unternehmen, im Auge haben, können Sie diese direkt ansprechen und nach Ihren Bedürfnissen, Ärgernissen und anderen wichtigen Informationen fragen. Bei Zielgruppen im Konsumbereich sprechen Sie mit Vertretern Ihrer Zielgruppe in Ihrem Bekanntenkreis oder suchen Sie diese gezielt auf.

Sprechen Sie mit zukünftigen Lieferanten
So erfahren Sie schnell etwas über Konditionen und Beschaffungsmöglichkeiten, aber vielleicht auch Wertvolles über Ihre Konkurrenz.

Sprechen Sie mit zukünftigen Konkurrenten
Eventuell müssen Sie solche Gespräche verdeckt führen, um mehr Informationen zu bekommen, aber auch, um sich mit Ihrem Vorhaben nicht zu offenbaren und damit dem Konkurrenten die Möglichkeit zu geben, frühzeitig Gegenmaßnahmen zu ergreifen.

Besuchen Sie Messen und Ausstellungen

Auf entsprechenden Veranstaltungen finden Sie meist Experten aus verschiedenen der angegebenen Gruppen.

Nutzen Sie Ihr privates Umfeld

Vielleicht befinden sich in Ihrem Freundes- und Bekanntenkreis Personen, die potentielle Kunden, Lieferanten oder Konkurrenten sind. Die Möglichkeiten, schneller und preiswerter an bessere und mehr Informationen zu gelangen, sind Gründe, unbedingt private Kontakte zu nutzen, wenn Sie sie haben. Haben Sie Freunde und Bekannte, die sich ebenfalls selbständig gemacht haben? Diese können Ihnen bestimmt wertvolle Tips geben und Sie auf Probleme aufmerksam machen, an die Sie noch gar nicht gedacht haben.

Überlegen Sie dann auch gleich, ob Sie einen Steuerberater, Rechtsanwalt oder Unternehmensberater kennen. Solche Kontakte machen Beratung oft sehr günstig bis kostenlos. (Private Kontakte sollten Sie nicht nur als Informationsquelle nutzen, sondern auch im Rahmen anderer Leistungen bei Ihrer Gründung. Kennen Sie Handwerker, die Ihnen bei der Renovierung preiswerter helfen können? Oder ist ein Bekannter von Ihnen Computerexperte und greift Ihnen bei der Beschaffung und Installation Ihrer Hard- und Software unter die Arme?)

Zufall

Wenn Sie aufmerksam Ihre Umgebung studieren, sich für andere Menschen interessieren und viele Fragen stellen, werden Sie zuweilen auch zufällig an Informationen gelangen, mit denen Sie in der betreffenden Situation gar nicht gerechnet haben. Führen Sie daher immer etwas zu schreiben mit sich (oder vielleicht ein handliches Diktiergerät), so daß Sie sich entsprechende Namen, Adressen, Fakten etc. auch merken können.

Sekundärforschung

In der Marktforschung unterscheidet man die Begriffe Primär- und Sekundärforschung. Wenn speziell für die Forschungsfrage neue Daten erhoben werden, spricht man von Primärforschung. Wenn bereits vorliegende Daten ausgewertet werden, die ursprünglich für andere Zwecke erhoben wurden, dann handelt es sich um Sekundärforschung. Oft werden dafür auch die Begriffe Feldarbeit und Schreibtischarbeit benutzt.

Sie sollten beide Möglichkeiten der Marktforschung kennen und nutzen. Dem Wort »primär« entgegengesetzt, sollten Sie Ihre Marktanalyse eigentlich immer mit Sekundäruntersuchungen beginnen, also mit der Auswertung bereits vorhandenen Materials. Vielleicht stellen Sie dabei sogar fest, daß die geplante Primärerhebung gar nicht mehr notwendig ist, weil Sie mit dem vorhandenen Material bereits alle Ihre Fragen beantworten können. Selbst wenn Sie aber Ihre Probleme durch die Sekundärforschung nur zum Teil lösen können, haben Sie den Vorteil, daß die anschließende Primäruntersuchung kostengünstiger werden kann, weil Sie vielleicht nicht mehr so umfangreich zu sein braucht.

Wenn Sie systematisch Sekundärmaterial auswerten wollen und die Informationen auch immer schnell greifbar halten wollen, sollten Sie von Anfang an ein passendes Ordnungssystem entwickeln. Sortieren Sie Ihre Informationen so, daß Sie sie problemlos ergänzen können und das System nach der Gründung weiter nutzen können.

Primärforschung

Erst wenn alle Möglichkeiten der Sammlung und Verarbeitung von Sekundärmaterial erschöpft sind, sollten Sie systematische Primäruntersuchungen durchführen. Auch wenn Sie ein Marktforschungsinstitut mit der Durchführung beauftragt haben, ist es für Sie bei den Besprechungen von Vorteil, wenn Sie wesentliche Methoden und Fachbegriffe kennen. Wenn Sie Primäruntersuchungen planen, sollten Sie sich in jedem Fall noch weiter über verschiedene Techniken informieren.[13]

Welche Datensammlungstechniken Sie anwenden sollten, hängt von mehreren Faktoren ab. Von wem wollen Sie etwas wissen? Wollen Sie Meinungen, Einstellungen oder Fakten erheben? Wie erreichen Sie die Personen, von denen Sie etwas wissen wollen? Grundsätzlich können Sie entweder Menschen befragen oder Ihre Verhaltensweisen beobachten. Sie können auch andere Vorgänge und Abläufe beobachten und Ihre Schlüsse daraus ziehen.

Bei der **Befragung** von mehreren Personen, z.B. wenn Sie potentielle Kunden nach dem Image Ihrer Konkurrenz fragen wollen, werden üblicherweise Fragebögen eingesetzt, die bereits vorformulierte Fragen und Antwortmöglichkeiten enthalten. Solche standardisierten Befragungen haben den Vorteil, daß man die Antworten verschiedener Personen gut miteinander vergleichen kann, und auch, daß man keine wichtigen Fragen vergißt. Solche Befragungen kann man dann nicht nur persönlich im Interview, sondern zeitsparender auch per Post durchführen (häufiges Problem: schlechte Rücklaufquoten) oder per Fax (vor allem bei Unternehmen). Eine gute Möglichkeit sind Telefoninterviews, da sie oft relativ günstig durchzuführen sind und Menschen sich am Telefon erfahrungsgemäß häufig zum Interview bereit erklären.

Bei einer Befragung sind zwei Aspekte wesentlich für die Qualität der Ergebnisse: zum einen die Qualität des Fragebogens selbst und zum anderen die Auswahl der Stichprobe. In den seltensten Fällen ist es möglich und sinnvoll, eine Vollerhebung zu machen, also alle diejenigen zu befragen, über die man etwas wissen will. Sie können nicht jeden potentiellen Kunden in Ihrem Einzugsgebiet fragen, was er von Ihrer neuen Dienstleistung »Computertastaturreinigung« hält und was er dafür bezahlen würde. Also werden Sie eine Stichprobe auswählen, einige Personen, die Sie stellvertretend für alle anderen befragen wollen. Diese Stichprobe sollte dann aber möglichst die Meinung und Haltung der Gesamtheit Ihrer potentiellen Kunden widerspiegeln. Fragen Sie nicht nur Ihre Bekannten oder nicht nur Ihre Kommilitonen oder eine andere Sondergruppe. So verfälschen Sie das Ergebnis, und Ihr ganzer Aufwand war umsonst. In der Marktforschung werden im allgemeinen folgende zwei Auswahlverfahren eingesetzt:

Zufallsverfahren

Dafür brauchen Sie eine Liste aller Personen oder Unternehmen, aus denen Sie Ihre Auswahl treffen wollen. Also z.B. ein Telefonbuch Ihrer Stadt, wenn Sie sich mit Ihrem Geschäft an alle Privatpersonen in diesem Einzugsgebiet wenden wollen. Wenn Sie wirklich zufällig Namen und Adressen daraus ziehen, z.B. auf jeder 30. Seite die fünfte Adresse in der zweiten Spalte, dann hat jeder Haushalt mit einem Telefon die Chance, in diese Stichprobe zu kommen. Dabei bekommen Sie einen besseren Querschnitt über die Meinungen der Personen Ihrer Stadt, als wenn Sie die gleiche Anzahl an Studenten befragen.

Quotaverfahren

Dieses Verfahren ist dann sinnvoll, wenn Sie wissen, welche Merkmale in der Zielgruppe wie verteilt sind. Also wie viele Männer und Frauen, wie sind die Berufsgruppen verteilt usw. Dann wählen Sie für Ihre Stichprobe solche Personen aus, die zusammen die gesamte Zielgruppe (= Grundgesamtheit) widerspiegeln. Ihre Zielgruppe sind z.B. die Studenten an Ihrer Universität, weil Sie dort ein Reisebüro eröffnen wollen. Nach dem Quotaverfahren müßten Sie dann eine Stichprobe wählen, in der z.B. die Merkmale Studienrichtung, Geschlecht, Alter, Semesterzahl und Staatsangehörigkeit genau so verteilt sind wie an der gesamten Universität. Hier ist es wahrscheinlich gar nicht so schwierig, an entsprechende Zahlen zu kommen, bei anderen Zielgruppen dürfte dies oft schwieriger sein.

Was müssen Sie bei der Erstellung Ihres Fragebogens beachten?

- Vermeiden Sie unklare Formulierungen. Fragen Sie genau das, was Sie wissen wollen, und drücken Sie dies klar aus.
- Vermeiden Sie zu abstrakte Fragestellungen. Denken Sie sich in die Situation des Befragten hinein.
- Gestalten Sie Ihren Fragebogen übersichtlich. Stellen Sie Einzelfragen zu Fragenkomplexen zusammen.
- Stellen Sie keine Suggestivfragen. Sie wollen Informationen, nicht Bestätigungen Ihrer Vermutungen.
- Machen Sie deutlich, wie geantwortet werden soll. Sollen die Befragten sich entscheiden, oder sind Mehrfachantworten möglich? Soll angekreuzt, durchgestrichen oder ausgefüllt werden?
- Denken Sie an die Kenntnisse der Befragten in bezug auf Sprache, Fachbegriffe und Vorwissen.
- Stellen Sie persönliche und intime Fragen nur wenn notwendig, und formulieren Sie diese sehr sorgfältig.
- Fragen Sie nach statistischen Angaben zur Person (Alter, Geschlecht, Beruf etc.) erst am Ende des Fragebogens. Erst sollte der Befragte sehen, worum es geht.
- Lassen Sie Platz für Anmerkungen und Anregungen der Befragten.

- Wenn der Fragebogen zu lang ist, ist die Antwort- und Durchhaltebereitschaft meist schlechter.
- Bevor Sie die Befragung durchführen, sollten Sie den Fragebogen auf Verständlichkeit testen (= Pretest). Dazu können Sie ein paar Probebefragungen machen und die Befragten um ihre Meinung zu dem Fragebogen bitten. Sie merken in der Anwendung oft schnell, wenn Fragen nicht eindeutig formuliert sind oder Antwortalternativen fehlen und können diese Fehler noch ausbügeln.

Eine weitere Möglichkeit sind **Gruppendiskussionen**, bei denen man gleich mehrere Personen zu einem Thema gleichzeitig hören kann. So könnten Sie, wenn Sie mit Ihrer Tanzschule z.B. Schüler ansprechen möchten, eine Gruppe Schüler über das Thema Tanzen und Tanzschule diskutieren lassen, um so herauszufinden, welche Meinungen und Wünsche die Schüler haben.

Beobachtungen kommen für Sie dann in Frage, wenn Sie z.B. Kundenverhalten oder die betrieblichen Abläufe bei der Konkurrenz untersuchen wollen. Dazu können Sie auch Testkäufe machen und dabei Abwicklung des Geschäftes, Freundlichkeit der Mitarbeiter, Serviceleistungen, Produktqualität und anderes beobachten.

Datenauswertung

Unabhängig davon, wie Sie Ihre Daten gewonnen haben – Sie müssen sie in irgendeiner Form aufbereiten und auf Ihre Fragestellung bezogen auswerten. Wenn Sie Befragungen in kleinem Umfang durchgeführt haben und keine aufwendigen statistischen Methoden planen, können Sie Ihre ausgefüllten Fragebögen per Hand auszählen. Sie können Strichlisten machen und erhalten so relativ schnell und einfach eine Übersicht über die Häufigkeiten, mit der bestimmte Antworten gegeben wurden. Wenn Sie sich mit Tabellenkalkulationsprogrammen auskennen, wie z.B. Excel, dann können Sie auch einfache Computerauswertungen durchführen. Umfangreichere Untersuchungen, bei denen auch kompliziertere statistische Verfahren durchgeführt werden sollen, können mit statistischen Auswertungsprogrammen, wie z.B. SPSS, ausgewertet werden. Hierbei sind jedoch entsprechende Kenntnisse erforderlich. Wenn Sie diese nicht haben und auch kein Marktforschungsinstitut einschalten wollen, dann nutzen Sie doch Ihre Kontakte zur Universität und das Potential der Studenten. Vielleicht kennen Sie jemanden, der einen kennt, der einen kennt ..., der Ihnen günstig eine solche Untersuchung insgesamt planen oder zumindest auswerten kann.

Wenn Ihre Ergebnisse vor allem aus verbalen Ausführungen zu bestimmten Themen und Problemkreisen bestehen, ist der Einsatz von Computern nur selten geeignet. Studieren Sie Einzelmeinungen und -äußerungen Ihrer Befragten genau und versuchen Sie, daraus Schlüsse für Ihr Ausgangsproblem zu ziehen.

Sie sollten Ihre Vorgehensweise und Ihre Ergebnisse in einem Abschlußbericht dokumentieren. So können Sie die Schlüsse, die Sie daraus ziehen, die Entscheidungen, die Sie daraufhin treffen, und die Maßnahmen, die Sie daraufhin ergreifen, jederzeit wieder herleiten und begründen. Dieses gilt für Sie selbst, aber auch für die Zielgruppe Ihres Gründungsplanes. Die Zahlen, die Sie in Ihrem Plan verwenden, können und müssen Sie durch die Ergebnisse Ihrer Marktforschung begründen. Der Bericht über Ihre Marktforschung sollte daher in jedem Fall in den Anhang Ihres Business Plans. Wenn er sehr umfangreich ist, kann er eventuell in einem gesonderten Anhangband beigefügt werden.

3. Schritt:
Planen Sie den Output Ihres Unternehmens

> Warum sollten Sie mit der Planung Ihres Absatzes anfangen?
> Welche Faktoren spielen bei Ihrer Outputplanung eine Rolle?
> Wie stellen Sie die Ergebnisse Ihrer Planung im Business Plan dar?
> Wie können Sie die Marktnachfrage beurteilen?
> Wie beurteilen Sie die existierende Konkurrenz?
> Welche Marketingaktivitäten planen Sie?
> Wie beurteilen Sie die Chancen und Risiken des Marktes?
> Wie setzen Sie Ihre Absatzplanung in Zahlen um?

Beginnen Sie Ihre Planungen mit dem Absatzplan

Der Unternehmensgesamtplan, den Sie für Ihr Gründungsvorhaben erstellen wollen, besteht aus verschiedenen Teilplänen, wie z.B. dem Absatzplan, dem Investitionsplan, dem Personalplan und dem Finanzierungsplan, die Sie zusammenführen, miteinander verknüpfen und aufeinander abstimmen müssen. Dabei sollten Sie unbedingt auch die Abhängigkeiten zwischen den einzelnen Plänen berücksichtigen. Sie können die Pläne nicht einzeln betrachten und erstellen. So ist zum Beispiel der Absatzplan vom Investitionsplan abhängig. Wenn Sie eine Produktionsanlage mit einer bestimmten Kapazität planen, legen Sie damit in jedem Fall mittelfristig die Höchstabsatzmenge fest. Mehr als Sie produzieren, können Sie schließlich in keinem Fall verkaufen (wenn Sie nicht noch Handelswaren dazukaufen). Wenn Sie also Größen in den zuerst erstellten Plänen festlegen, geben Sie damit Bedingungen auch für die anderen Pläne vor. Daher kann es sein, daß Sie zu anderen Gesamtresultaten kommen, je nachdem, in welcher Reihenfolge Sie die Erstellung der Pläne vornehmen.

Aus diesem Grund stellt sich für Sie die entscheidende Frage, mit welchem Teilplan Sie die Gesamtplanung Ihres Unternehmens beginnen sollen bzw. in welcher Reihenfolge Sie die Größen in den einzelnen Teilplänen festlegen. Ein sinnvoller Lösungsansatz ist die Überlegung, zunächst festzuhalten, wo Sie den Engpaßbereich Ihres Unternehmenskonzeptes vermuten. Mit der Planung dieses Bereiches können Sie dann anfangen und von dort ausgehend die anderen Pläne erstellen und Größen festschreiben.

Bei der Gründung der meisten Unternehmen ist der Absatzmarkt der Engpaßfaktor, der üblicherweise hart umkämpft ist. Dies ist die Standardsituation, von der auch bei der Gliederung dieses Buches ausgegangen wurde. Wenn auch Sie für Ihr Gründungsvorhaben hier den kritischen Faktor sehen, dann beginnen Sie sinnvollerweise Ihre Gründungsplanung, wie hier beschrieben, über eine Abschätzung des Marktgesamtvolumens, der Konkurrenzsituation und der auf dieser Basis daraus zu erwartenden eigenen Umsätze. Allerdings sollten Sie je nach Branche und Gründungskonzept überprüfen, ob dies auch für Ihr konkretes Vorhaben so zutrifft, und im anderen Fall eine passendere Reihenfolge wählen. So könnte es z.B. sein, daß Kapital oder zur Verfügung stehendes qualifiziertes Personal für Sie einen Engpaß darstellt. Dann sollten Sie mit dem entsprechenden Plan anfangen.

Wenn Sie mit der Absatzplanung beginnen möchten, werden Sie feststellen, daß es oft die schwierigste Aufgabe ist, eine realistische Schätzung der Umsatzmöglichkeiten vorzunehmen. Notwendige Ausgaben und Aufwendungen lassen sich dagegen durchweg wesentlich einfacher ermitteln. Deshalb wird in der Realität eine Umsatzschätzung meist umgangen. Dann wird der Umsatz oft so geplant, daß zunächst die gegebenen Finanzmittel für die Unternehmensgründung betrachtet werden und die daraus folgenden Produktionskapazitäten dann den Umsatz bestimmen. Dabei geht man meist davon aus, daß man alles, was man produziert, auch absetzen kann. Wenn Sie davon nicht überzeugt sind, sollten Sie zunächst Ihre zukünftigen möglichen Umsätze abschätzen.

Ihre Umsatzerwartung

Ihre zukünftige Umsatzentwicklung ist von drei wesentlichen Faktoren abhängig. In einem stark vereinfachten Modell wird dieser Zusammenhang deutlich. Auf der einen Seite müssen Sie von einer bestimmten Marktnachfrage ausgehen, die das Gesamtvolumen des Marktes bestimmt, in dem Sie agieren möchten. Auf der anderen Seite ist der Wettbewerb von Bedeutung. Wenn es auf diesem Markt bereits Wettbewerber gibt, so ist ein Teil des Marktvolumens ja bereits »vergeben«. Sie können also nur noch ein übriggebliebenes Stück vom Kuchen bekommen. Für Ihr Unternehmen bleibt dann also die Differenz zwischen Marktpotential und Wettbewerbsvolumen als Grundlage für Ihre Umsatzerwartungen. Dieser Zusammenhang ist in der folgenden Abbildung dargestellt. Der dritte Faktor ist die eigene betriebliche Kapazität. Sie können das Stück vom Marktkuchen nur dann ganz für sich in Anspruch nehmen, wenn Sie auch über die erforderlichen Kapazitäten verfügen. Zunächst gehen wir aber davon aus, daß Sie Ihre betrieblichen Kapazitäten an die Marktverhältnisse anpassen können und somit das Potential des Marktes voll ausnutzen können.

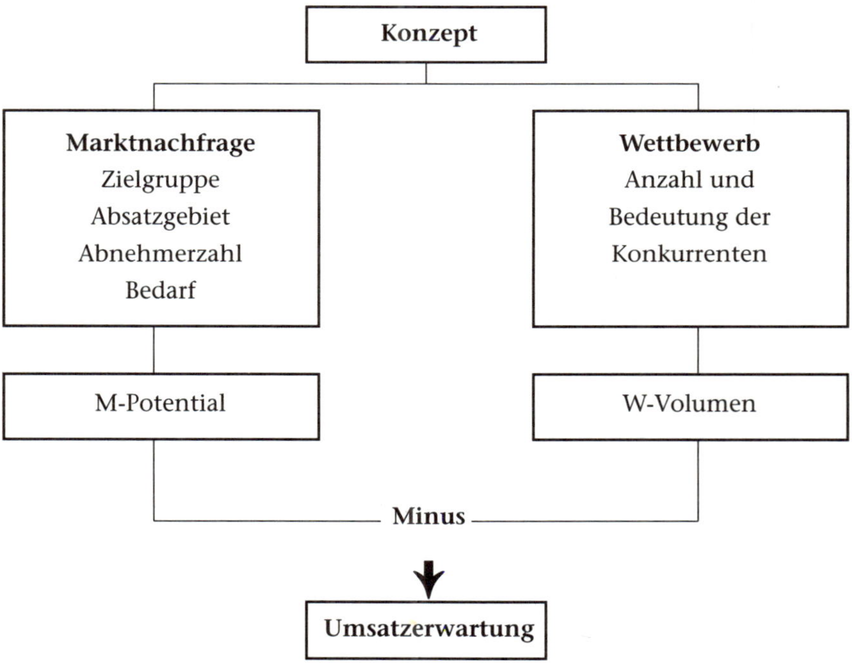

In diesem Modell sind die Zusammenhänge zum besseren Verständnis und zur einfacheren Handhabung sehr vereinfacht dargestellt.[14] Natürlich sind weder die Marktnachfrage noch das Wettbewerbsvolumen starre Größen. Wenn Sie z.B. viel Werbung für Ihr Produkt machen, können Sie eventuell die Nachfrage vergrößern. Die Nachfrage und der Wettbewerb können auch ohne Ihren Einfluß aus anderen Gründen im Zeitablauf Veränderungen erfahren. Durch erfolgreiche Werbung, bessere Leistung oder günstigere Preise können Sie dem Wettbewerb vielleicht auch Marktanteile abtrotzen. Es ist jedoch einfacher, in einem wachsenden Markt Umsatzanteile zu gewinnen, als den Wettbewerbern Marktanteile abnehmen zu müssen. Denn dann müßten Sie die Kunden der Konkurrenz davon überzeugen, in Zukunft bei Ihnen zu kaufen, Ihr Produkt zu kaufen oder Ihre Dienstleistung in Anspruch zu nehmen.

Outputplanung für Ihren Business Plan

Sie müssen in Ihrem Absatzplan Aussagen machen über die zu erwartende Marktnachfrage und über die Konkurrenz sowie über Ihre geplanten Marketingaktivitäten. Was werden Sie tun, um Ihre Umsätze zu fördern? Schließlich sollten Sie die Chancen und Risiken des Vorhabens in bezug auf den Absatzmarkt erläutern. Die Ergebnisse Ihrer Outputplanung stellen Sie in Ihrem Business Plan dar:

= verbale Beschreibung im Textteil (Punkt B3: Absatzplan)
= Untermauern Ihrer Aussagen im Zahlenteil mit entsprechenden Umsatzzahlen, zeitlich differenziert in Tabellen dargestellt (Punkt C1: Erfassungsbereich – Umsatzplan)
= Korrektur und Überarbeitung des Textteils als Zusammenfassung des Zahlenteils
= Sortieren der Belege für Ihre Planungen im Anhang des Plans (D), z.B. Informationen, Zahlen, Tabellen, Ergebnisse Ihrer Marktforschungsaktivitäten, aufgrund derer Sie Ihre Absatzplanung gemacht haben

Beurteilen Sie Ihre Absatzmarktnachfrage

Markt

Es wurde schon erwähnt, daß die Beurteilung der Nachfrage keine leichte Aufgabe ist. Das erste Problem ist schon der Begriff »Markt«, wenn man ihn auf den konkreten Einzelfall eines Unternehmens beziehen will. Was ist denn nun Ihr Markt? Wie läßt sich der Markt abgrenzen, den Sie bearbeiten wollen? Wie läßt sich Ihr Produkt von anderen Produkten abgrenzen, damit Sie wissen, mit welchen Produkten es konkurriert?

Wenn Sie z.B. Skischuhe herstellen, konkurriert Ihr Produkt sicherlich mit allen anderen Skischuhmodellen, denn für jemanden, der Skischuhe sucht, kommt Ihr Modell grundsätzlich in Betracht. Wenn Ihr Modell ein Schuh eher für Skianfänger ist, dann konkurriert es jedoch wohl vorrangig mit anderen Modellen für die gleiche Zielgruppe. Schließlich müssen Sie überlegen, ob Ihr Schuhmodell sich nicht auch durch die rote Farbe so unterscheidet, daß es ein eigenständiges Produkt im Gegensatz zu schwarzen Skischuhen ist. Vielleicht ist Ihr Markt der für »rote Skischuhe für erwachsene Anfänger«?

Nehmen wir an, Sie möchten einen Schnellimbiß für chinesisches Essen gründen. Konkurrieren Sie dann mit anderen chinesischen Restaurants? Oder gehört Ihr Angebot zum Markt »Schnellimbisse«? Das hängt natürlich stark davon ab, wen Sie mit Ihrem Angebot ansprechen möchten. Sie konkurrieren natürlich im Prinzip mit allen Gastronomieangeboten, denn wer beim Italiener nebenan schon gegessen hat, wird Ihr Angebot heute nicht mehr in Anspruch nehmen. In der Extremvorstellung würden Sie mit allen angebotenen Produkten und Leistungen eines Wirtschaftsraumes konkurrieren, denn Ihre Kunden können jede Mark nur einmal ausgeben. Warum sollten sie ihr Geld gerade für Ihre Speisen ausgeben statt ein Käsebrot zu Hause zu essen und sich statt dessen eine neue CD leisten zu können?

Eine Abgrenzung des regionalen Einzugsgebietes ist ebenfalls nicht immer ohne weiteres möglich. Ein brauchbarer Ansatz vor allem für den stationären Einzelhandel und Dienstleistungen mit Zielrichtung auf Endverbraucher ist das Modell, das in der folgenden Abbildung dargestellt ist.[15] Hierbei ziehen Sie um den Standort Ihres Unternehmens konzentrische Kreise. Kunden in äußeren Kreisen der Zeichnung müssen eine weitere und somit längere oder teurere Anfahrt in Kauf nehmen, um zu Ihnen zu gelangen. Sie müssen also davon ausgehen, daß mit zunehmender Entfernung ein immer geringer werdender Prozentsatz von prinzipiell denkbaren Kunden als tatsächliche Abnehmer in Frage kommen. Im Versandhandel oder im Produktionsbereich ist ein solches Modell jedoch nicht geeignet, da andere Faktoren dabei eine Rolle spielen.

Einzugsgebiet: konzentrische Kreise um Ihren Standort

Prozent der potentiellen erreichbaren Kunden

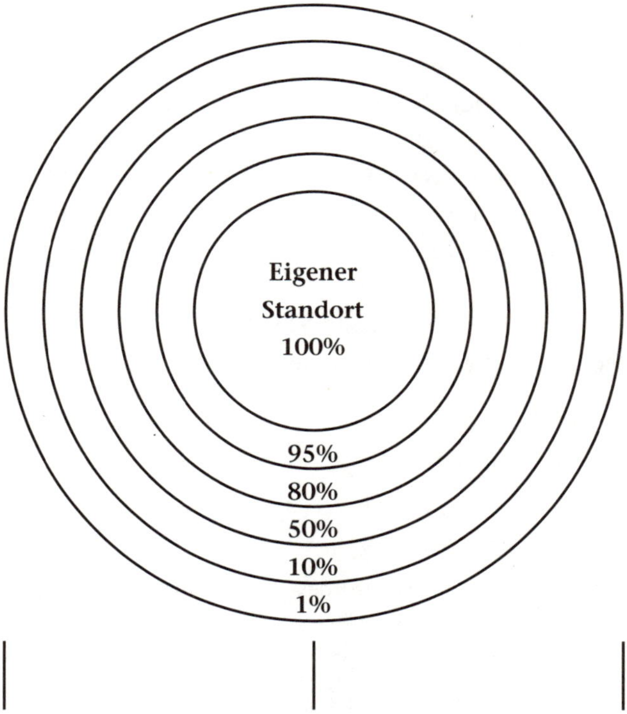

Distanz zwischen Unternehmen und Kunden

= in Entfernungseinheiten

= in Zeiteinheiten

= in Kosteneinheiten

Bei der Abschätzung der zu erwartenden Marktnachfrage sind die folgenden fünf Schritte wesentlich:

- die Definition des Leistungsprofils
- die Definition der Zielgruppe
- die Definition der Zielregion
- auf dieser Basis: Schätzung der Zielgruppengröße und des Nachfragevolumens
- Betrachtung zukünftiger Entwicklungen: Perspektive des Nachfragevolumens

Leistungsprofil

Zunächst sollten Sie die Leistung, die Sie anbieten wollen, genau definieren. Wenn Sie ein Produkt herstellen, können Sie in der Regel die Leistung anhand des verwendeten Materials, des Produktionsverfahrens oder auch anhand der Funktionseigenschaften des Produktes beschreiben. Eine Dienstleistung leiten Sie am besten von bestimmten Zielgruppen und ihren speziellen Bedürfnissen her ab. Definieren Sie, wie für wen welches Problem gelöst werden soll.

- Was werden Sie im einzelnen anbieten?
- Auf welche Bereiche Ihres Angebotes werden Sie Ihren Schwerpunkt legen?

Zielgruppe

Die Zielgruppe definieren Sie am besten, indem Sie einen idealtypischen Kunden beschreiben. Berücksichtigen Sie mehrere Zielgruppen, wenn Sie verschiedene ansprechen möchten.

An wen genau wollen Sie verkaufen?

- Wie sieht Ihr idealer Kunde aus?
- Bei Verkauf an Unternehmen: idealer Kunde z.B. nach Branchenzugehörigkeit, Unternehmensgröße, Alter, Ruf
- Bei Verkauf an Endverbraucher: idealer Kunde z.B. nach Geschlecht, Alter, Einkommen, Einstellung

Zielregion

Die Zielregion kann sehr unterschiedliche Größenordnungen haben. Bei einer Bäckerei oder einem Kiosk ist das Einzugsgebiet meist auf wenige Straßenzüge beschränkt. Für ein gehobenes Speiserestaurant kann die Zielregion den Raum einer Großstadt darstellen und für einen Versandhandel z.B. einen nationalen oder sogar internationalen Einzugsbereich. Sie sollten die Zielregion genau bestimmen, da Sie nur dann die Marktnachfrage abschätzen können und vor allem auch Ihre Absatzwerbung darauf einstellen können. Wenn Sie ein sehr großes mögliches Einzugsgebiet planen, besteht vielleicht die Möglichkeit, die einzelnen Teilregionen nacheinander in mehreren Stufen zu bearbeiten. Zum Beispiel ist es denkbar, erst den nationalen Markt und dann in einem zweiten Schritt verschiedene Exportregionen in die Planung einzubeziehen.

= Wo wollen Sie Ihr Angebot anbieten?
= Welche geographischen Grenzen markieren aus realistischer Sicht Ihr potentielles Absatzgebiet?
= Gibt es Exportmöglichkeiten?
= Planen Sie, diese Möglichkeiten zu nutzen?

Zielgruppengröße, Nachfragevolumen

Um auf der Basis der bisher gemachten Definitionen die Zahl der potentiellen Kunden in den Zielregionen zu ermitteln, sollten Sie Recherchen und Marktforschungsaktivitäten durchführen. Nutzen Sie hierbei Informationsquellen der amtlichen Statistik, der Kammern, der Verbände. Wenn Sie ein größeres Gründungsvorhaben planen, insbesondere im technologischen Bereich, sollten Sie überlegen, ob Sie diese Recherchen nicht an ein professionelles Marktforschungsinstitut vergeben können. In diesem Fall sollten Sie sich nach Fördermöglichkeiten erkundigen (bei innovativen technologieorientierten Unternehmen zum Teil möglich), um die Kosten, typischerweise 25.000 DM bis 100.000 DM, nicht vollständig alleine tragen zu müssen.

Wenn Sie wissen, wie viele potentielle Kunden Sie in Ihrem Zielgebiet vorfinden, überlegen Sie, wie hoch der durchschnittliche Bedarf eines Kunden in einem bestimmten Zeitraum (Monat, Jahr) sein könnte. Wenn Sie Glück haben, gibt es für Ihre Branche bereits solche Zahlen, so daß Sie auf diese Ergebnisse zurückgreifen können (z.B. Lebensmittel, Möbel). Im anderen Fall müssen Sie entweder potentielle Kunden direkt befragen oder bei Konkurrenten das Kaufverhalten beobachten, um zu Schätzwerten zu kommen. Ihre Absatzmarktforschung sollte im Ergebnis vor allem die folgenden Fragen beantworten:

= Wie hoch schätzen Sie die Kundenzahl innerhalb des geplanten Hauptabsatzgebietes?
= Wie hoch setzen Sie den durchschnittlichen Bedarf Ihrer Kunden an?
= Welche Aufträge (Anzahl und Volumen) erwarten Sie von den einzelnen Kunden im Durchschnitt?

Perspektive des Nachfragevolumens

Sie dürfen nicht davon ausgehen, daß die Verhältnisse auf dem Absatzmarkt so bleiben, wie sie sind. Überlegen Sie immer sorgfältig, wie der Markt sich für die einzelnen Leistungssegmente, Zielgruppen und Zielregionen in Zukunft verändern könnte. Beobachten Sie, welche generellen Trends in näherer und weiterer Zukunft zu erwarten sind. Verändert sich die Altersstruktur der Bevölkerung (zu erwarten: Zunahme des Seniorenanteiles an der Bevölkerung), oder ändern sich Familienstrukturen (zu erwarten: Zunahme von Singlehaushalten)? Welche technologischen Entwicklungen sind zu erwarten? Was könnte sich noch ändern?

Wenn Sie Ihre Umsatzerwartungen im Hinblick auf verschiedene Restriktionen (z.B. vorhandenes Eigenkapital, Verkaufsfläche, Personal) definiert haben, so sollten Sie auch überlegen, welche Konsequenzen eine Aufhebung dieser Beschränkungen haben könnte für das Leistungsspektrum, die Zielregion und die Zielgruppe.

Beurteilen Sie die existierende Konkurrenz!

Die Bedeutung der Konkurrenz für die Abschätzung der zukünftigen Umsätze wurde ja bereits anhand eines Modells erläutert (vgl. S. 98). Im Anschluß an die Überlegungen zur Marktnachfrage sollten Sie jetzt eine Bestandsaufnahme der Konkurrenz durchführen. Wenn es existierende Konkurrenzbetriebe gibt, können Sie dort auch Teilaspekte Ihres eigenen Konzeptes im Vorfeld überprüfen. Überlegen Sie, was Sie an Ihren Konkurrenten gut finden und was nicht, und lernen Sie aus deren Fehlern. Schätzen Sie Ihre Konkurrenz ein. Ihre Konkurrenzanalyse sollte zumindest die folgenden Fragen beantworten:

= Wer sind Ihre Konkurrenten?
= Wie unterscheidet sich Ihr Angebot von dem der Konkurrenz?
= Was würden Sie von der Konkurrenz übernehmen?
= Was würden Sie nicht übernehmen?
= In welchen Angebotsbereichen rechnen Sie mit einem besonders harten Wettbewerb?
= Welche Wettbewerber sind die schärfsten Konkurrenten?
= Ist Ihr Leistungsangebot dem der Konkurrenz überlegen? Wenn ja, warum?
= Welchen subjektiven Nutzenzuwachs bringt Ihr Angebot für den Kunden?
= Wo haben Ihre potentiellen Kunden bisher ihren Bedarf gedeckt? (Warum sollten diese das demnächst bei Ihnen tun?)

Versuchen Sie auch, Ihre Konkurrenz in bezug auf Umsatzzahlen einzuschätzen. Wenn die Betriebe nicht gerade publikationspflichtig sind, dann ist diese Aufgabe mit größerem Aufwand verbunden. Sie werden dazu direkte eigene Erhebungen bei den Konkurrenzbetrieben durchführen müssen. Um möglichst viele Informationen zu erhalten, die die Konkurrenz jedoch vielleicht gar nicht so gern preisgeben möchte, werden Sie in den meisten Fällen verdeckt recherchieren müssen.

= Telefonische oder schriftliche Anfragen (dabei müssen Sie wahrscheinlich Auftragsperspektiven vorschwindeln, wenn Sie etwas erfahren möchten)
= Begehungen der Konkurrenzbetriebe
= Beobachtungen der Kaufaktivitäten: Wie viele Kunden betreten die Geschäftsräume? Welchen durchschnittlichen Einkaufswert realisieren die Kunden, wieviel Geld lassen die Kunden also in der Regel bei Ihrem Einkauf im Geschäft?
= Eigene Testkäufe verdeutlichen Qualität der Leistungen, Preise, Zahlungskonditionen, Qualifizierung der Verkäufer und Berater, die Präsentation der Leistungen etc.

- Direkter Kontakt mit der Geschäftsleitung, leitenden Angestellten oder anderen Mitarbeitern der Konkurrenzbetriebe und Erfragen der Informationen im persönlichen Gespräch (evtl. verdeckt in der Rolle eines Journalisten, Marktforschers; hierbei hilft Ihnen auch Ihr Studentenstatus evtl. weiter, bitten Sie um Auskunft und Hilfe bei einer imaginären Seminararbeit)
- Analyse von Anzeigen, Katalogen, Handzetteln, Presseberichten über die Konkurrenz

Planen Sie Ihre Marketingaktivitäten!

Marketing ist nicht einfach nur Werbung. Ihr Marketingkonzept ist ein wichtiger und zentraler Bestandteil Ihrer Unternehmenskonzeption. Dabei geht es darum, alle Aktivitäten Ihres Unternehmens konsequent auf das Marktgeschehen und Ihre potentiellen Kunden auszurichten. Ihr Unternehmenserfolg hängt in hohem Maße davon ab, wie Ihre Zielgruppe Ihr Unternehmen, Ihre Produkte, Ihre Preise usw. beurteilt. Sorgen Sie dafür, daß Sie gut beurteilt werden, besser als Ihre Konkurrenz!

Wenn Sie sich als Gründer am Markt orientieren wollen, dann müssen Sie also den Kunden mit seinen Bedürfnissen und Problemen in den Mittelpunkt Ihrer betrieblichen Prozesse und Entscheidungen stellen. Ihr Marketingkonzept muß Strategien und Werkzeuge beinhalten, mit denen Sie diese Kundenorientierung erreichen können. Versetzen Sie sich in die Situation des Kunden und versuchen Sie dann folgende Fragen zu beantworten:

- Welches Bedürfnis können die Kunden durch den Erwerb Ihres Produktes oder Ihrer Dienstleistung befriedigen?
- Wie muß Ihr Angebot beschaffen sein, um dieses Bedürfnis besser auszugleichen als die Konkurrenz?
- Wie können Sie also im Wettbewerb um den Kunden Lösungen anbieten, die den Lösungen der Wettbewerber vorgezogen werden?

Je eher es Ihnen gelingt, mit Ihrem Angebot die spezifischen Bedürfnisse der Zielgruppe zu erfüllen, um so eher wird sich Ihr Konzept durchsetzen.

Sie wollen durch Ihr Marketingkonzept den Markt aus Ihrer Sicht positiv beeinflussen und damit Ihr Absatzvolumen vergrößern? Dann beachten Sie diese Tips und Hinweise:

Recherchieren Sie gründlich, bevor Sie Ihre Marketingkonzeption entwickeln (Marktanalyse). Es nützt nichts, wenn Sie etwas für den Kunden tun, von dem Sie nur glauben, daß es gut für ihn ist. Sie sollten **wissen**, was Ihr Kunde will.

Legen Sie **generelle Marketing-Verhaltensweisen** fest. Also z.B.: Wie soll Ihr Unternehmen grundsätzlich der Umwelt entgegentreten?

In einem Softwarehaus könnte es z.B. die folgenden Regeln geben: »Für einen Dienstleistungsbetrieb ist der Dienst am Kunden wesentliche und hervorragende Aufgabe. Wir verpflichten uns daher

= zu einer korrekten und fachlich einwandfreien Bedienung
= zu einem freundlichen und entgegenkommenden Verhalten
= zu einer angemessenen Kalkulation und Berechnung unserer Leistungen ...«

Stimmen Sie die einzelnen Instrumente des Marketings aufeinander ab. Im sogenannten **Marketing-Mix** sollten alle Ihre Aktivitäten gemeinsam Ihre Marketingziele unterstützen:

Produktpolitik

= Welche Produkte, Waren und/oder Dienstleistungen wollen Sie anbieten? (Sortiment)
= Wie sollen diese Produkte gestaltet werden? (Produktgestaltung)
= Denken Sie auch an begleitende Service-Leistungen, vor allem bei technologieorientierten Gründungen.

Preispolitik

= Welche Strategie soll bezüglich der Preise verfolgt werden?
= Bieten Sie niedrige Preise, oder wollen Sie ein teures Prestigeprodukt verkaufen?
= Sie müssen sich in der Regel am Wettbewerb orientieren. Wenn Sie höhere Preise haben als Ihre Wettbewerber, sollte Ihr Produkt sich auch für den Kunden erkennbar positiv vom Angebot Ihrer Konkurrenz unterscheiden.
= Preisrücknahmen sind einfacher durchzusetzen als Preisanhebungen. Man sollte also eher etwas zu hoch ansetzen.
= Ihre Kostenkalkulation sollte die Preisuntergrenze darstellen. Was kostet Sie die Herstellung eines Stücks oder die Erstellung einer Dienstleistung?

- Legen Sie auch die Zahlungskonditionen fest (Zahlungsfristen, Skonti etc.).

Distributionspolitik

- Auf welchen Wegen, über welche Absatzkanäle werden Sie Ihre Produkte und Dienstleistungen vertreiben?
- Legen Sie fest, wie Sie Ihre Verkaufsaktivitäten organisieren und durchführen werden.
- Legen Sie fest, auf welche Weise die Ware physisch zum Abnehmer transportiert wird.
- Diese Entscheidungen sind auch von den Produkteigenschaften abhängig. So spielt etwa die Lagerbarkeit eine große Rolle, für frischen Fisch gelten z.B. besondere Anforderungen an Schnelligkeit des Transportes, kurze Lagerdauer und niedrige Lagertemperatur.

Kommunikationspolitik

Die zentrale Frage der Kommunikationspolitik ist: Wie informiere ich die potentiellen Kunden und die gesamte Öffentlichkeit über mein Unternehmen und mein Angebot? Es gibt verschiedene Instrumente, mit denen eine solche gezielte Informationspolitik betrieben werden kann:

Werbung

Werbung betreiben Sie, wenn Sie durch den Einsatz spezieller Kommunikationsmittel (z.B. Fernsehspots, Zeitungsanzeigen etc.) Ihre Zielgruppe dazu bringen möchten, Ihre Produkte zu kaufen.

- Machen Sie in Ihrem Marketingkonzept detaillierte Angaben über Ihre geplanten Werbemaßnahmen, insbesondere über die Eröffnungswerbung.
- Setzen Sie sich klare Werbeziele.
- Setzen Sie ein Budget fest.
- Planen Sie die Überprüfung der Erreichung der Werbeziele.
- Stimmen Sie die Wahl des Werbemediums auf Ihre Zielgruppe ab.

Verkaufsförderung (Sales Promotion)

Mit Verkaufsförderung werden außergewöhnliche Maßnahmen der Kommunikation bezeichnet, die das Ziel verfolgen, den Verkauf kurzfristig zu steigern. Interessante Beispiele für Sie:

- Geschäftseröffnung:
  Sie können z.B. einen Tag der offenen Tür veranstalten mit Rahmenprogramm, Live-Musik, freien Getränken und viel Information über Ihr Konzept.
- Teilnahme an einer Messe:
  Das ist eine Möglichkeit für Sie, Ihr Produkt vorzustellen, gerade wenn es sehr erklärungsbedürftig ist. Informieren Sie sich vorher bei der Messegesellschaft, ob sich eine (meist kostspielige) Beteiligung für Sie lohnt. Nutzen Sie Möglichkeiten, sich auf preiswerteren Gemeinschaftsständen zu präsentieren, die zum Teil von verschiedenen Organisationen angeboten werden (evtl. von den Industrie- und Handelskammern, von der regionalen Wirtschaftsförderung oder von Verbänden).
- Je nach Ihrer speziellen Situation bieten sich vielfältige Möglichkeiten an wie z.B. Preisausschreiben, Proben, Gutscheine und verschiedenste Veranstaltungen, um auf Ihr Unternehmenskonzept aufmerksam zu machen.

Öffentlichkeitsarbeit (Public Relations)

Planen Sie systematisch Ihre Beziehungen zur Öffentlichkeit. Mit wem wollen Sie worüber kommunizieren? Bei der Öffentlichkeitsarbeit geht es weniger darum, Ihre Zielgruppe zum konkreten Handeln (Kaufen) zu bringen, als vielmehr darum, insgesamt bei Ihrer Umwelt Vertrauen und Verständnis zu erlangen. Es geht also um Ihre Imagepflege.

Hierfür ist vor allem die Pflege von Kontakten zu Journalisten wichtig. Gerade bei Ihrer Gründung ist es von Vorteil, wenn über Sie auch im redaktionellen Teil einer Zeitung berichtet wird. Vielleicht ist Ihr Konzept innovativ und ungewöhnlich und deshalb für die Medien interessant. Wenn Sie eine technische Innovation bieten, interessieren sich vielleicht die Fachmedien für Ihr Konzept. Die lokale Presse interessiert sich auch für weniger spektakuläre Gründungen von Einzelhandelsgeschäften und Dienstleistungen vor Ort. Nehmen Sie daher unbedingt Kontakt zu Vertretern der jeweiligen Presseorgane auf.

Es gibt eine Vielzahl von Möglichkeiten, ein Unternehmensimage aufzubauen oder aufzupolieren, z.B. über Stiftungen, Kundenclubs, eine eigene Zeitschrift Ihres Unternehmens etc. Ihrer Phantasie sind keine Grenzen gesetzt.

Sie müssen in Ihrem Marketingkonzept nicht zwangsläufig sämtliche Marketing-Instrumente berücksichtigen. Vielleicht ist es für Sie sinnvoll, sich vorerst auf den Einsatz einiger Instrumente zu beschränken. Wichtig ist, daß Ihre einzelnen Aktivitäten aufeinander abgestimmt sind und nicht gegensätzliche Botschaften an den potentiellen Kunden kommuniziert werden.

Beurteilen Sie die Chancen und Risiken des Marktes

Schließen Sie die verbale Darstellung Ihrer Outputplanung mit einem Resümee, in dem Sie die wesentlichen Marktaspekte des Gründungsvorhabens zusammenfassen. Stellen Sie die Chancen und Risiken des Vorhabens gegenüber. Auch wenn Sie in Ihrer optimistischen Gründerstimmung sehr von Ihrem Konzept überzeugt sind, sollten Sie die Marktrisiken noch einmal klar überdenken. Stellen Sie sich die folgenden Fragen:

= Worin sehen Sie die zentralen Stärken und Schwächen des Vorhabens in bezug auf den Absatzmarkt?
= Welche Entwicklungen erwarten Sie in Ihrem Markt in den nächsten Jahren?
= Gibt es für Ihr Unternehmen gute Chancen, an positiven Entwicklungen teilzunehmen?
= Welche Risiken können Ihnen und Ihrem Unternehmen in den nächsten Jahren Sorge bereiten?
= Haben Sie schon Pläne, die über das jetzige Vorhaben hinausgehen? Haben Sie Ideen für weitere Projekte oder Leistungsangebote, die Sie evtl. angehen wollen, wenn das jetzige Konzept verwirklicht ist?

Ein häufiges Problem bei Unternehmensgründungen ist die Unterschätzung des Marktwiderstandes. Auch Sie werden bei Ihrer Gründung Schwierigkeiten haben, die Akzeptanz Ihres Produktes oder Ihrer Dienstleistung realistisch einzuschätzen. Wahrscheinlich haben Sie sich bei der Vorbereitung Ihrer Gründung monatelang mit Ihrem Leistungsangebot beschäftigt, und da Sie alle Merkmale Ihrer Leistung gut kennen, sind Sie von der besonderen Qualität Ihrer Dienstleistung oder Ihres Produktes überzeugt. Es ist oft schwierig, in solch einer Situation kritische oder gegenteilige Meinungen aufzunehmen. Vielleicht können Sie sich gar nicht mehr vorstellen, daß ein potentieller Kunde sich gegen Ihr Angebot entscheidet und die Leistung der Konkurrenz in Anspruch nimmt? Es ist natürlich von Vorteil, wenn Sie von der Qualität Ihrer Leistung überzeugt sind, nur so können Sie auch Ihre Kunden überzeugen. Aber Sie tun sich auch einen großen Gefallen, wenn Sie die Akzeptanz Ihrer Leistung realistisch einschätzen.

Es kann sein, daß Ihr Produkt nicht in dem Maße akzeptiert wird, wie Sie es sich wünschen. Oft ist es aber auch so, daß sich die potentiellen Käufer erst an das neue Angebot gewöhnen müssen und es erst später, mit erheblicher zeitlicher Verzögerung, annehmen. Bei innovativen Produkten und Dienstleistungen ist es häufig schwierig, den natürlichen Widerstand vieler Menschen gegen Neues und Ungewohntes zu überwinden.

Kurzfristiger Markterfolg ist auch fraglich, wenn Sie sich mit Ihrem Produkt an Unternehmen wenden. Die Entscheidungsprozesse in großen Unternehmen dauern oft sehr lange, weil verschiedene Gremien daran beteiligt sind, und so kann Ihre erste Bestellung evtl. in weite Ferne rücken. Unterschätzen Sie auch nicht die Vorbehalte eines angestellten Einkäufers, bei einem noch wenig bekannten neuen Unternehmen wie dem Ihren zu kaufen. Er muß sich schließlich vor seinem Vorgesetzten verantworten, wenn Sie die Erwartungen enttäuschen. Der Einkäufer, der bei einem renommierten Unternehmen ordert, läuft dagegen kaum Gefahr, deshalb einen Vorwurf zu erhalten.

Setzen Sie Ihre Absatzplanung in Zahlen um

Sie haben jetzt viele Informationen über Ihren zukünftigen Absatzmarkt zusammengetragen und Ihre zukünftigen Umsätze abgeschätzt. Sie haben Ihre Vorstellungen über den erwarteten Output Ihres Unternehmens im Textteil Ihres Business Plans erläutert (und zwar in B3 der Mustergliederung). Nun müssen Sie diesen Absatzplan im Zahlenteil Ihres Business Plans (C1 der Mustergliederung) zeitlich differenziert darstellen.

Beachten Sie dabei unbedingt die vorher bereits erläuterten Anforderungen an Ihren Business Plan. Denken Sie vor allem daran:

- Der Zeithorizont Ihrer Darstellung sollte mindestens drei Jahre betragen.
- Schätzen Sie lieber auf der »sicheren Seite«.

Zeitliche Differenzierung

Wie detailliert müssen die Aussagen in zeitlicher Hinsicht sein? Dies betrifft nicht nur den Absatzplan, sondern auch die übrigen quantitativen Teilpläne (mehr darüber in den folgenden Abschnitten). Möglich sind z.B. Teilplanungen in Monatsschritten, Quartalsschritten bis hin zu Jahresschritten. Da Sie die Zahlen aus Ihrem Absatzplan später in andere Berechnungen überführen, sollten Sie Ihre Einnahmen und Erträge zumindest für das erste Jahr in Monatsschritten darstellen.

Übersicht: Ertrags- und Einnahmenplanung[16]

Betrieblicher Bereich	Zeitdifferenz Zahlungseingang (Bsp.)	Monat 1	Monat 2	Monat 3	etc.
Umsatz					
Produktgruppe A					
– Region a					
– Zielgruppe *a*	3 Monate	Betrag *a* 1	Betrag *a* 2		
– Zielgruppe *b*	sofort	Betrag *b* 1			
– Region b					
– Vertriebsweg x	1 Monat				
– Vertriebsweg y	2 Monate				
Produktgruppe B					
etc.					

Kreditauszahlungen (Fremdkapital)					
– Bank Darlehen A					
– Bank Darlehen B					
– öffentlicher Zuschuß C					
– Kontokorrentkredite D					
– Gesellschafterkredit E					
Einlagen (Eigenkapital)					
– Bareinlage Gesellschafter A					
– Bareinlage Gesellschafter B					
– Sacheinlage Gesellschafter A					
USt.-Rückerstattung					
– für Kfz					
– für Anlage A	3 Monate				
– für Immobilie	3 Monate				
– für Diverse	3 Monate				
Privater Bereich					
– Einkommen des Lebenspartners					
– Zinseinkünfte					
– Mieteinkünfte					
– sonstige Zuflüsse					

Positionen Ihres Outputplanes

Die Hauptkategorien Ihrer Planung sind Umsatz, Kreditauszahlungen, Einlagen und Umsatzsteuerrückerstattung. In der Abbildung finden Sie diese Kategorien weiter differenziert.

Umsatz

Sie sollten möglichst jedes einzelne Produkt (also Ihre Ware oder Dienstleistung) einzeln aufführen oder, wenn Sie ein sehr großes Leistungsspektrum anbieten, zumindest eine angemessene Zahl von Produktgruppen berücksichtigen. Als Unterpunkte der Produkte oder Produktgruppen bietet sich eine Aufteilung des Marktes (Marktsegmentierung) nach verschiedenen Aspekten wie z.B. Regionen, Vertriebswegen und Zielgruppen an. Überlegen Sie gut, welche Aufteilung für Ihr Vorhaben passend ist.

Denken Sie daran, auch bei der Schätzung der Zeitpunkte der Zahlungseingänge möglichst auf der »sicheren Seite« zu liegen. Bei der Veranschlagung der Umsatzerlöse sollten Sie immer auch an mögliche Zahlungsausfälle denken. Dieses Risiko ist in verschiedenen Branchen sehr unterschiedlich. Vielleicht können Sie für Ihre Branche über Kammern oder Verbände typische Ausfallquoten erhalten.

Kreditauszahlungen

Hier führen Sie Ihre Fremdkapitalpositionen differenziert nach den verschiedenen Quellen der Mittel auf. Denken Sie daran, daß durch verschiedene Fristen und Verfahren das Fremdkapital nicht unbedingt vollständig am ersten Tag Ihrer Unternehmung zur Verfügung steht. Schätzen Sie daher die Auszahlungszeitpunkte möglichst genau und wiederum »auf der sicheren Seite«.

Einlagen

Hier führen Sie die Eigenkapitaleinlagen der Gesellschafter auf. Differenzieren Sie hier nach Gesellschaftern. Einlagen können auch in Sacheinlagen bestehen. Vielleicht bringt Ihr Partner einen Firmenwagen, einen Computer oder sogar eine Immobilie mit ein. Sacheinlagen müssen Sie bewerten und in Ihren Plan mit aufnehmen.

Umsatzsteuerrückerstattung

Diese Positionen sollten Sie nicht vergessen. Gerade in der Gründungsphase mit relativ hohen Investitionen gehen Sie stark in Vorleistung mit Ihren Vorsteuerzahlungen an die Lieferanten. Daher können Rückerstattungen der Umsatzsteuer vom Finanzamt in diesem Zusammenhang erhebliche positive Wirkung haben. Denken Sie jedoch auch daran, daß Sie dabei meist mit erheblichen Verzögerungen seitens des Finanzamtes rechnen müssen (ca. 2-3 Monate). Vgl. folgende Erläuterungen zur Umsatzsteuer.

Erläuterungen zur Umsatzsteuer (Mehrwertsteuer)[17]

Alle verkauften Produkte, Waren und Dienstleistungen sind grundsätzlich beim Verkauf, d.h. zum Zeitpunkt der Rechnungsstellung, mit dem vereinbarten Nettoentgelt dem Kunden gegenüber mit einem Umsatzsteuersatz zu belasten (auf Antrag kann auch das tatsächlich vereinnahmte Entgelt zugrundegelegt werden, also bei Zahlungseingang). Der Umsatzsteuersatz beträgt zur Zeit 16% (seit April 1998); einige Leistungen sind nur mit einem verminderten Steuersatz von zur Zeit 7% belastet (seit April 1998), wie z.B. Lebensmittel im Einzelhandel (Gastwirtschaft jedoch 15%!) oder Bücher. Andere Leistungen unterliegen gar nicht der Umsatzsteuer (z.B. Unterrichtsleistungen an Hochschulen sowie Versicherungen, jedoch gibt es dort eine spezielle Versicherungssteuer). Von der Umsatzsteuer als Mehrwertsteuer können sich Kleinunternehmer bis zu einem Umsatz von 32.500 DM im Vorjahr und einer Umsatzerwartung von nicht mehr als 100.000 DM im Bezugsjahr befreien lassen; diese Werte kann man bei vielen Gründungen dem Finanzamt gegenüber plausibel machen. Die Befreiung macht im allgemeinen aber nur dann Sinn, wenn man Konsumenten als Kunden hat, da die Umsatzsteuer für gewerbliche Kunden nicht ertragsrelevant ist.

Die eingenommene Umsatzsteuer ist in der Regel mit dem Finanzamt monatlich im nachhinein abzurechnen (mtl. USt.-Voranmeldung). Bei einer Zahllast unter 1.000 DM kann auf Voranmeldungen ganz verzichtet werden, man hat nur eine Jahreserklärung im nachhinein abzugeben. Wenn die Zahllast im Vorjahr unter 12.000 DM lag, dann genügt eine vierteljährliche Voranmeldung. Der Name «Mehrwertsteuer« beruht darauf, daß grundsätzlich effektiv auf jeder Wirtschaftsstufe bei einem Produkt nur der Mehrwert (im einfachsten Fall: Verkaufspreis minus Einkaufspreis) mit der Umsatzsteuer zusätzlich belastet werden soll. Mit dem Finanzamt können daher bei der Anmeldung der Umsatzsteuer gleichzeitig die Vorsteuerbeträge, die auf Vorleistungen Dritter beruhen (Eingangsrechnungen), verrechnet werden. Die Vorsteuer fällt in der Regel z.B. bei Wareneinkäufen an. Berechnungsgrundlage der bis zum 10. des Folgemonats zu erstellenden Umsatzsteuer-Voranmeldung (Verlängerung um einen Monat per Option möglich) sind normalerweise die vereinbarten Entgelte (Eingangs- bzw. Ausgangsrechnungen). Für den Gründer kann bei hohen Anfangsinvestitionen und damit verbundenen Umsatzsteuerzahlungen an Lieferanten eine zügige Abwicklung der Rückforderung gezahlter Vorsteuer liquiditätsmäßig interessant sein.

Liquidität und Erfolg

Wie schon im Abschnitt »So sollte Ihr Business Plan aussehen« erläutert wurde, müssen Sie in Ihrem Plan deutlich unterscheiden zwischen Liquiditätswirksamkeit von Vorgängen (= Einnahmen oder Einzahlungen) und Erfolgswirksamkeit von Vorgängen (= Erträge). Umsatzerlöse sind immer erfolgsrelevant und liquiditätsrelevant. Nicht immer trifft dies jedoch zeitlich zusammen. Wenn Sie z.B. eine Rechnung an einen Kunden schreiben, weil Sie die Leistung erbracht oder geliefert haben, beeinflußt dieser Vorgang Ihren Unternehmenserfolg. Sie haben ja ein Anrecht auf die Bezahlung Ihrer Rechnung. Eine Einnahme ist jedoch erst dann gegeben, wenn Sie das Geld auch auf dem Konto haben und es Ihnen so für Ihre Geschäfte zur Verfügung steht. Bei einer sofortigen Bezahlung, z.B. einer Zeitung am Kiosk, fällt der Ertrag mit der Einnahme zusammen bzw. entstehen Erfolg (Gewinn) und Liquiditätszuwachs zeitgleich.

Die übrigen Positionen Ihrer Outputplanung sind nicht erfolgsrelevant und beeinflussen nur Ihre Zahlungsfähigkeit. Kreditauszahlungen der Bank sind Einnahmen, aber keine Erträge. Ihnen steht das Geld zur Verfügung, Ihr geschäftlicher Erfolg wird dadurch jedoch nicht erhöht. Das gleiche gilt für Eigenkapitaleinlagen und Umsatzsteuerrückerstattung.

Die Zahlen, die Sie jetzt in Ihrem Absatzplan aufführen, überführen Sie später sowohl in Ihren Liquiditätsplan als auch in Ihren Erfolgsplan. Wichtig ist deshalb, bereits bei der Erfassung der einzelnen Positionen darauf zu achten, daß Sie diese Unterscheidung später vornehmen können. Eine Möglichkeit ist die Spalte »Zeitdifferenz, Zahlungseingang«, die in der Beispielabbildung für Ihre Ertrags- und Einnahmeplanung eingefügt ist.

Privater Bereich

Berücksichtigen Sie auch Ihre private Situation (und die Ihrer Gründungspartner). Analysieren Sie genau Ihre private Vermögenslage. Welche weiteren Einkünfte haben Sie oder Ihr Ehepartner bzw. Lebensgefährte während des Planungszeitraumes zu erwarten (Arbeitseinkommen, Zinseinkünfte, Mieterträge)? Erfassen Sie solches Vermögen, das Sie leicht liquidieren können (Girokonten, Sparbücher, marktgängige Wertpapiere oder Kapitallebensversicherungen). So können Sie evtl. Puffer- und Nachschußmöglichkeiten bestimmen.

4. Schritt: Planen Sie den erforderlichen Input

> Wie hoch müssen Ihre Kapazitäten sein?
> Welche Informationen brauchen Sie über Ihren Beschaffungsmarkt?
> Wo soll sich Ihre Betriebsstätte befinden?
> Welche Anlagen, Waren und sonstigen Stoffe brauchen Sie?
> Wie hoch ist Ihr Personalbedarf?
> Wie setzen Sie Ihre Inputplanungen in Zahlendarstellungen um?

Leisten Sie die erforderlichen Kapazitäten ab

Nachdem Sie Ihre Umsatzmöglichkeiten ermittelt haben, leiten Sie daraus nun Ihr Kapazitätssoll ab. Wieviel müssen Sie für die geplanten Umsätze an Leistung bringen, und was brauchen Sie, um diese Leistung zu erstellen? Dieser Zusammenhang ist in der folgenden Abbildung vereinfacht dargestellt.[18] Wie vorher bereits erläutert, ist diese Vorgehensweise dann eine sinnvolle Reihenfolge für Sie, wenn die Möglichkeiten des Marktes für Ihr Gründungsvorhaben einen Engpaßfaktor darstellen.

Für die Inputbetrachtung Ihrer Planung sind vor allem die folgenden Faktoren von Bedeutung:

= Betriebsstätte: Standort, Fläche
= Anlagen
= Waren, Roh-, Hilfs- und Betriebsstoffe
= Halbfertigprodukte, Dienstleistungen
= Personal
= Kapital

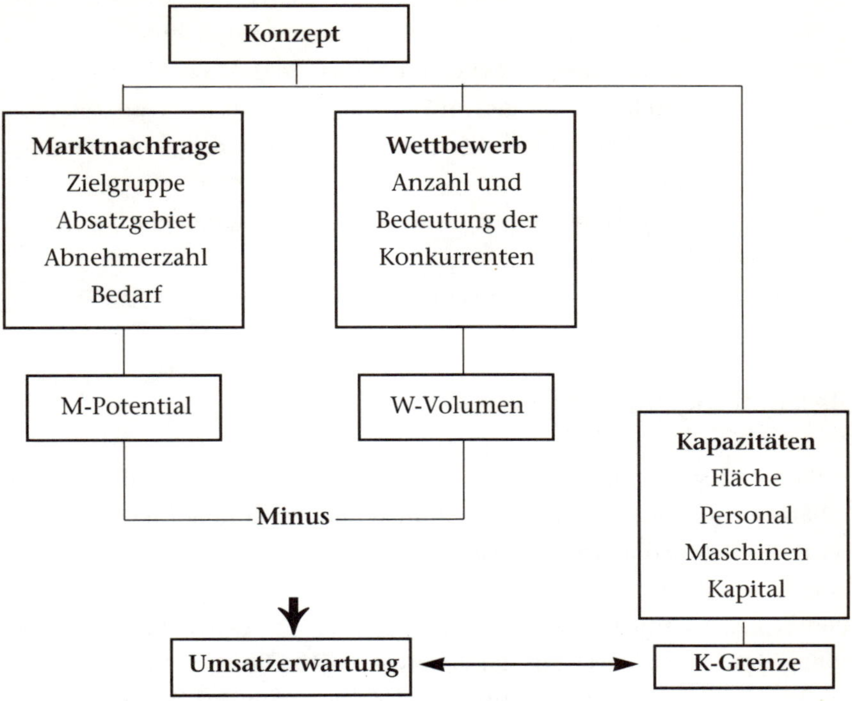

Der Bereich der Inputfaktoren ist in den einzelnen Wirtschaftsstufen und Branchen sehr unterschiedlich in bezug auf Art und Bedeutung. Für Ihr spezielles Unternehmenskonzept müssen Sie daher sorgfältig überlegen, welche dieser Aspekte für Sie besonders wichtig sind. Wenn Sie z.B. ein Produktionsunternehmen gründen möchten, sind für Sie die erforderlichen Produktionsanlagen wesentlich, die einen kapitalintensiven Posten darstellen. Bei der Gründung eines Hotels werden Sie sich vor allem um die Immobilie und die Standortwahl kümmern müssen. Die einzelnen Faktoren hängen eng zusammen und sind in der Regel nicht isoliert voneinander zu betrachten.

Inputplanung für Ihren Business Plan

Sie müssen in Ihrem Produktionsplan Aussagen über die notwendige Kapazität für Ihre Leistungserstellung und über die daraus abgeleiteten Anforderungen an die oben angesprochenen Produktionsfaktoren machen. Die Ergebnisse Ihrer Inputplanung stellen Sie in Ihrem Unternehmensplan dar:

= verbale Beschreibung im Textteil (Punkt B4: Produktionsplan)
= Untermauern Ihrer Aussagen im Zahlenteil mit entsprechenden Kostenaufstellungen, zeitlich differenziert in Tabellen dargestellt (Punkt C1: Erfassungsbereich)
= Korrektur und Überarbeitung des Textteils, als Zusammenfassung des Zahlenteils
= Sortieren der Belege für Ihre Planungen im Anhang des Plans (D)

Beschaffungsmarktanalyse

Wenn Sie sich in Ihrer Branche auskennen, ist für Sie sicherlich die Abschätzung der erforderlichen Investitionen und der Kosten Ihres Vorhabens sehr viel leichter durchzuführen als die Abschätzung Ihrer Umsätze. Sie können aufgrund von Angeboten verschiedener Anbieter mit konkreten, detaillierten Zahlen arbeiten. Zur Recherche der verschiedenen Informationen sollten Sie die Hinweise zur Marktanalyse im Abschnitt »Schritt 2: Planen Sie Ihre Marktanalyse für Schritt 3 und 4« beachten. Bei den Lieferanten und Anbietern sollten Sie nicht nur auf günstige Preise achten. Ebenso wichtig sind z.B. Lieferzeiten, Qualität, Zuverlässigkeit und Zahlungskonditionen.

Betriebsstätte und Standort

Betriebsflächen

Von den Soll-Kapazitäten leiten Sie Ihren Bedarf an Betriebsflächen ab. Je nach Vorhaben brauchen Sie unterschiedliche Flächen der folgenden Art:

Produktionsflächen

Diese sind meist abhängig von dem Platzbedarf der benötigten Anlagen.

Lagerflächen

Berechnen Sie die sinnvolle Lagergröße auf Basis eines geschätzten typischen Lagerumschlages, der Lieferzeiten und der Kapitalbindung. Vielleicht gibt es für Ihre Branche Betriebsvergleichszahlen.

Büroräume

Der Bedarf an Bürofläche leitet sich vor allem von Ihrem Bedarf an Büropersonal ab – wie viele Arbeitsplätze welcher Art brauchen Sie?

Verkaufsfläche oder Kundenbereiche

Auch für Verkaufsflächen oder Servicebereiche gibt es in traditionellen Bereichen, insbesondere dem Einzelhandel und konsumorientierten Dienstleistungsbereich, oftmals Betriebsvergleichszahlen, die eine direkte Relation zwischen Umsatz und Fläche herstellen. Im anderen Fall müssen Sie selber detaillierte Überlegungen ohne diese Hilfe anstellen. Was wollen Sie ausstellen? Wieviel Platz brauchen Sie wofür?

Unterstellmöglichkeiten für Kraftfahrzeuge

Je nach Größe Ihres Fuhrparks kann dieser Posten auch einen erheblichen Umfang einnehmen. Brauchen Sie auch Kundenparkplätze?

Sonstige Räumlichkeiten für Mitarbeiter und Kunden

Was benötigen Sie an Sanitärbereichen, Sozialräumen, Warteräumen, Eingangsbereichen, Besprechungszimmern und sonstigen Flächen?

Sie sollten nicht nur die benötigte Größe der entsprechenden Fläche festlegen, sondern auch andere Ansprüche an die Räumlichkeiten formulieren. Aufteilung, Helligkeit, Lage innerhalb eines Gebäudes, technischer Standard, baulicher Zustand, Vorhandensein von Versorgungsleitungen, Sicherheitstechnik etc. Für die meisten Gründungsvorhaben ist der Standort der Betriebsstätte ein wichtiger Faktor, und daher wird dieser Punkt im folgenden gesondert behandelt.

Standortwahl

Für Ihr Unternehmen müssen Sie gleich zu Beginn eine schwerwiegende Entscheidung treffen. Wenn Sie nicht zu Hause im Kellerbüro starten, brauchen Sie eine geeignete Betriebsstätte. Diese Entscheidung hat Auswirkungen auf Ihren Unternehmenserfolg und ist kurzfristig meist nur mit erheblichem Aufwand revidierbar.

Strenggenommen beginnt Ihre Standortentscheidung auf globaler Ebene, da Sie sich zunächst einmal für die Wirtschaftsregion (z.B. Westeuropa statt Nordamerika) entscheiden müssen. Die darauffolgende Entscheidung treffen Sie eventuell für ein staatliches Wirtschaftsbündnis (z.B. EU) und für ein konkretes Land (z.B. Deutschland). Sie wählen ein bestimmtes Bundesland (z.B. Nordrhein-Westfalen statt Bayern), eine bestimmte Region (wie z.B. das Ruhrgebiet) und eine bestimmte Stadt oder Gemeinde (z.B. Dortmund). Die meisten Gründer jedoch stellen diese sogenannten Makro-Standortüberlegungen nicht an. Mehr als 90 % aller Unternehmensgründungen finden mehr oder minder am oder in der Nähe des bisherigen Wohn- oder Studienortes statt. Das ist gar nicht so unprofessionell, wie es auf den ersten Blick scheint. Durch das bisherige private und berufliche Netzwerk des Gründers oder des Gründerteams besitzt der bekannte Standort nicht zu unterschätzende Vorteile. Überlegen Sie, wie wichtig diese Vorteile für Sie und Ihr Unternehmenskonzept sind, z.B. detaillierte Kenntnis des regionalen Marktes, vorhandene Beziehungen zu Banken und Sparkassen, Kenntnis der Infrastruktur von der Straßen-, Eisenbahnstruktur bis hin zur Vertrautheit mit Behörden und Ämtern. Vielleicht kennen Sie durch die räumliche Nähe zum bisherigen Arbeitgeber Beschaffungsquellen, können Kundenkontakte nutzen und evtl. bewährte Kollegen oder ehemalige Kommilitonen in Ihr Gründungsvorhaben mit einbeziehen. Bedenken Sie jedoch auch, ob nicht doch Gründe für eine räumliche Umorientierung bestehen.

Die Standortentscheidung hört jedoch bei der Entscheidung für eine bestimmte Stadt oder Gemeinde nicht auf. Sie müssen wählen zwischen Stadtteilen, der Lage in der Innenstadt, in einem Wohn- bzw. Mischgebiet oder in einem Gewerbegebiet und sich schließlich für eine einzelne Immobilie entscheiden.

Anforderungen des Marktes

Wenn Sie ein konsumorientiertes Unternehmen gründen wollen, wie z.B. ein Schuhgeschäft, ist für Sie wahrscheinlich die Nähe zum Absatzmarkt ein zentraler Faktor. Es hängt von Ihrem Leistungsangebot und von der Zielgruppe ab, ob für Sie z.B. eine teure Innenstadtlage wichtig ist. Ihr Leistungsangebot sollte in die Umgebung und das sonstige Angebot passen. Wie ist das Image des Viertels? Beachten Sie ggf. die Passanten- oder die Autofrequenz. Wie groß ist das Einzugsgebiet? Wie viele Haushalte gibt es dort? Wie ist die Alters- und Einkommensstruktur?

Weiterhin sollten Sie die Konkurrenzsituation berücksichtigen. Wenn Sie z.B. Ihr Geschäft in der Nähe der direkten Konkurrenz eröffnen, sind Ihre Absatzmöglichkeiten evtl. geringer, und es sind auch direkte Preisvergleiche für den Kunden möglich. Bei bestimmten Branchen kann jedoch eine Konzentration sinnvoll sein. Ein großes Kaufhaus in der Nähe kann als »Magnet« vorteilhaft sein.

Beschaffungsaspekte sind vor allem für Industrieunternehmen oft wichtig (z. B. Transportkosten von Rohstoffen). Wenn Sie großen oder speziellen Bedarf an Personal haben, prüfen Sie auch den Standort in dieser Hinsicht.

Infrastruktur

Fragen Sie sich, wie wichtig die Verkehrssituation ist. Ist es notwendig, daß Ihre Kunden das Geschäft oder den Betrieb gut und bequem erreichen? Wie wichtig ist ausreichender Parkraum in der Nähe? Sollte der Standort mit öffentlichen Verkehrsmitteln leicht zu erreichen sein? Denken Sie auch an die Situation für Lieferanten in bezug auf An- und Abfahrt der Fahrzeuge und Be- und Entlademöglichkeiten. Wie wichtig sind Autobahnanschlüsse, Schienenverkehr, Flughafen und Wasserwege? Welchen Versorgungsbedarf hat Ihr Betrieb (Gas, Wasser, Strom, Internetprovider etc.)? Welche Dienstleistungsbetriebe und Institutionen sollten Sie in Ihrer Nähe haben?

Immobilie

Wenn Sie Ihre Betriebsstätte nicht bauen wollen oder können, müssen Sie ein vorhandenes Objekt finden, welches vermietet oder verkauft wird und Ihren Ansprüchen (siehe oben) gerecht wird. Weiterhin ist vor allem der Miet- oder Kaufpreis relevant und evtl. Erweiterungsmöglichkeiten bei Vergrößerung des Betriebes.

Gehen Sie bei Ihrer **Standortanalyse** schrittweise vor:

1. Sammeln Sie möglichst alle Faktoren, die für Ihre Entscheidung wichtig sein könnten. Wählen Sie davon die wichtigsten zehn bis zwanzig Faktoren aus. Wichtig sind solche Faktoren, die einen großen Einfluß auf den Unternehmenserfolg haben und auch tatsächlich an verschiedenen Standorten unterschiedlich sind. Formulieren Sie die Kriterien so, daß Sie sie auch messen können. »Verkehrsgünstigkeit« sollten Sie z.B. detaillierter formulieren. Meinen Sie damit günstige Erreichbarkeit mit dem Pkw oder mit öffentlichen Verkehrsmitteln? Formulieren Sie Ihre Ansprüche genau: Wie weit darf die nächste öffentliche Haltestelle von Ihrem Ladenlokal entfernt sein? Wie viele Parkplätze sollen in einem Umfeld von 200 m zu einer bestimmten Tageszeit verfügbar sein?
2. Gewichten Sie diese Kriterien. Nicht alle Kriterien sind gleich wichtig für Ihr Unternehmen. Sie können z.B. Gewichtungsfaktoren festlegen oder für einzelne Kriterien Mindestwerte, Mindest- oder Höchstausprägungen definieren. Ein Über- oder Unterschreiten dieser Werte können Sie als Knock-out-Kriterium definieren.
3. Suchen Sie nun nach Standortalternativen. Für Kauf und Vermietung können Sie Ihre konkrete Suche vor allem über entsprechende Anzeigen in Tageszeitungen, Fachzeitschriften oder Makleranfragen durchführen. Ihre Vorgehensweise hängt stark davon ab, wieviel Zeit Sie für diesen Suchprozeß veranschlagen.
4. Bewerten Sie einige vorausgewählte Standortalternativen anhand Ihres Kriterienkataloges mit entsprechenden Punktwerten. Nachdem Sie die Punktwerte der einzelnen Kriterien mit den Gewichtungsfaktoren multipliziert haben, ermitteln Sie dann einen Gesamtpunktwert pro Alternative. Hieraus können Sie eine Rangfolge ableiten.

Ein Problem bei der Auswahl Ihres Standortes ist meist der Zeitbezug. Sie werden nicht am Tag X alle Alternativen vorliegen haben, um sich dann die beste Alternative aussuchen zu können. Je nach Lage auf dem lokalen Immobilienmarkt sind Angebote evtl. nur kurzfristig verfügbar. Vielleicht müssen Sie sich für ein besonders gutes Angebot schnell entscheiden, ohne noch auf andere Alternativen warten zu können. Mit Hilfe Ihres Punktesystems können Sie entsprechende Angebote jedoch relativ schnell einschätzen.

Im Zusammenhang mit der Standortanalyse sind zum Teil verschiedene einfache Datenerhebungen sehr nützlich. Hierbei können Sie auf die bereits dargestellten Ausführungen zur Marktanalyse zurückgreifen. So können Sie z.B. relevante Faktoren auf der Basis branchenspezifischer Literatur, im Rahmen eines Brainstormings oder durch Befragungen von Experten und potentiellen Kunden ermitteln. Sie können Passantenfrequenzen feststellen, indem Sie Zählungen über jeweils eine Stunde zu unterschiedlichen Wochentagen und Tageszeiten vor verschiedenen Standortalternativen machen. Sie können Passanten über verschiedene Merkmale befragen (Alter, Familienstand, Schulabschluß etc.), um die Struktur zu erfassen.

Anlagen: Ihre notwendigen Anfangsinvestitionen

Zur Errichtung eines neuen Unternehmens sind verschiedene Anfangsinvestitionen notwendig. Sie müssen Ihren Betrieb so ausstatten, daß Sie von Anfang an leistungsfähig sind und im Wettbewerb bestehen können. Auf der anderen Seite sollten Sie Ihre Kosten und Ihren Finanzbedarf zu Beginn möglichst gering halten. Meist bleiben die Einnahmen in den ersten Monaten eines Unternehmens deutlich hinter den Ausgaben zurück, und Sie müssen diese »Durststrecke« möglichst gut überstehen. Denken Sie daran, daß Sie auch vieles gebraucht kaufen können (aus Betriebsauflösungen, von Freunden und Bekannten, über lokale Anzeigenblätter etc.). Vielleicht können Sie zunächst aus Ihrem privaten Besitz einiges nutzen z.B. Computer, Schreibmaschine oder Fahrzeug. Prüfen Sie auch Leasingmöglichkeiten.

Die Anforderungen verschiedener Branchen und Unternehmenskonzepte an die Unternehmensausstattung sind sehr unterschiedlich. Prüfen Sie anhand der aufgeführten Beispiele, welche Investitionen für Sie wesentlich sind:

Büroeinrichtung

Hierzu gehören Arbeitsplätze (Schreibtische, Stühle, Schränke, Regale), die Renovierung der Räume, Bodenbeläge, Möblierung des Empfangs (Stühle, Auslagen, Tische, Pflanzen, Bilder), Kücheneinrichtungen, Leuchten usw. Die Anforderungen hängen davon ab, ob Sie auf repräsentative Einrichtung angewiesen sind. Wenn Sie z.B. Kundenbesuche haben und in Ihrer Branche ein ansprechendes Äußeres der Einrichtung üblich ist, wie z.B. in einer Werbeagentur, dann werden Sie für Ihre Einrichtung mehr ausgeben müssen als bei anderen Vorhaben.

Produktionsanlagen

Brauchen Sie komplexe Fertigungsanlagen, so stellen sich an diesen Aspekt sehr hohe Anforderungen. Hierbei müssen Sie spezielle ingenieurmäßige und betriebswirtschaftliche Aspekte berücksichtigen und evtl. auch entsprechende bautechnische Voraussetzungen schaffen. Nach den Angaben der Hersteller können Sie auf der Basis Ihrer erforderlichen Kapazitäten (Stückzahl pro Zeiteinheit) ermitteln, welche Anlagen Sie benötigen. Daraus werden sich meist auch Anforderungen an den Flächenbedarf ergeben.

Sonstige Betriebseinrichtungen

Brauchen Sie Computer, Fax, Fotokopierer, Telefonanlage, Präsentationstechnik, Fernseher? Werden Sie Firmenwagen anschaffen? Oder brauchen Sie als Handwerksbetrieb komplett eingerichtete Werkstätten mit Möbeln, Werkbänken, technischen Anlagen, Geräten? Für einen Gastronomiebetrieb brauchen Sie wieder ganz andere Anschaffungen: Kücheneinrichtungen, die Einrichtung Ihrer Gasträume, Geschirr, Besteck etc. Versuchen Sie, Ihren Investitionsbedarf so genau wie möglich zu kalkulieren. Denken Sie auch an Kleinigkeiten, die sich meist erst in der Summe bemerkbar machen. Gehen Sie die Sache auf verschiedene Weise an. Zunächst vielleicht intuitiv, indem Sie alles aufschreiben, was Ihnen einfällt. Sie können auch systematisch zunächst Oberbegriffe finden und diese dann ausfüllen. Vielleicht besuchen Sie die Geschäftsräume der Konkurrenz und gehen Sie jedes Ausstattungsstück im Geiste durch, ob Sie dies schon auf der Liste haben oder ob Sie es überhaupt brauchen. Bei manchen Vorhaben bietet es sich an, den Prozeß der Leistungserstellung als Grundlage zu nehmen und sich daran »entlangzuhangeln«. Was brauche ich für Schritt 1, für Schritt 2 etc.? Lassen Sie sich Prospekte und Angebote schicken, um einen Überblick zu gewinnen.

Waren, Roh-, Hilfs- und Betriebsstoffe

Sie kennen Ihren geplanten Absatz und evtl. Ihre maschinelle Ausstattung. Um Ihre Ausgabenplanung zu erstellen, müssen Sie auf dieser Basis nun bestimmen, wann Sie welche Waren einkaufen. Sie legen also Mengen und Lieferzeitpunkte fest. Dabei müssen Sie auch berücksichtigen, wie Ihre Lagerhaltung geplant ist. In den meisten Branchen kann man ein bestimmtes Verhältnis zwischen Lagerbeständen und Umsatz erkennen. Welcher Lagerumschlag ist für Ihre Branche charakteristisch? Versuchen Sie, solche Branchenvergleichszahlen bei Ihrem Verband oder der Kammer zu recherchieren.

Wenn Sie ein Handelsunternehmen gründen wollen, geht es bei dieser Aufstellung vor allem um Handelswaren, die Sie zum Weiterverkauf einkaufen und in einer bestimmten Menge vorrätig halten müssen. Bei einem Produktionsunternehmen stehen meist die Rohstoffe, die für die Produktion benötigt werden, als kostenmäßig starke Positionen im Vordergrund. Eventuell ist für Ihr Vorhaben die Beschaffung von Hilfsstoffen von großer Bedeutung (diese gehen in die Produktion mit ein, ohne ein maßgeblicher Teil des Produktes zu werden, z.B. Schrauben) oder die Beschaffung von Betriebsstoffen (sie werden zum Betreiben von Maschinen benötigt, gehen nicht in das Produkt ein, z.B. Öle, Fette, Energie).

Sie sollten in Ihrer Planung vor allem solche Waren und Stoffe besonders beachten, die entweder einen verhältnismäßig großen Kostenfaktor darstellen oder besonders schwer zu beschaffen sind. Bedenken Sie auch, unter welchen Bedingungen Waren und Stoffe gelagert werden müssen.

Arbeitsleistungen

Von den geplanten Umsätzen können Sie auch Ihren Bedarf an Personalkapazitäten ableiten. Auch für diesen Bereich gibt es evtl. Branchenvergleichszahlen, die Ihnen die typische Relation zwischen Personal und Umsatz aufzeigen. Überlegen Sie, für welche Funktionen in Ihrem Unternehmen Sie wie viele Personen mit welchen Qualifikationen brauchen. Zu Beginn ist es oft sinnvoll, zunächst nicht zu viele Personen fest anzustellen, um die laufenden Kosten niedrig zu halten. Bei kleineren Vorhaben lohnt es sich evtl., einzelne Leistungen wie Buchhaltung oder auch Sekretariatsdienste von entsprechenden Dienstleistern zuzukaufen, bis der Umfang des Geschäftsbetriebes eigenes Personal erfordert und ermöglicht. Weitere Lösungen für den Anfang sind Teilzeitkräfte und freiberufliche Mitarbeiter. Letztere verschaffen Ihnen Flexibilität, und Sie brauchen vielleicht zunächst weniger Arbeitsplätze auszustatten.

Informieren Sie sich über das Personalangebot und über die marktübliche Bezahlung. Für viele Branchen gibt es für Verbandsmitglieder verbindliche Tarifverträge, in denen Entgelt und Einstufungen geregelt sind. Solche Informationen bekommen Sie meist bei Fachverbänden oder Kammern. Informieren Sie sich auch beim Arbeitsamt. Weitere Recherchen können Sie anstellen, indem Sie Personalanzeigen vor allem in regionalen und überregionalen Tageszeitungen und Fachzeitschriften auswerten. Aus dem Verhältnis von Gesuchen und Angeboten können Sie in etwa ableiten, ob für Ihr Unternehmen bei der Personalbeschaffung Engpässe entstehen könnten. Sprechen Sie mit Experten, Unternehmern, Freunden und Bekannten.

Bedenken Sie auch, welche Leistungen von Ihrem Lebenspartner oder von anderen Familienangehörigen erbracht werden können. Schließlich müssen Sie bei einer Kapitalgesellschaft auch die Höhe Ihres Geschäftsführergehaltes festlegen.

Kapitalbeschaffung

Kapital ist einer der wichtigsten Faktoren, über die Sie bei der Gründung Ihres Unternehmens nachdenken müssen. Bevor Sie jedoch die Planung der übrigen Inputfaktoren und Ihre Liquiditätsplanung nicht abgeschlossen haben, können Sie nicht festlegen, zu welchem Zeitpunkt Sie wieviel Kapital für Ihr Unternehmen brauchen. Deshalb werden Erläuterungen zu Ihrer Finanzbedarfsplanung hier erst im Abschnitt »6. Schritt: Planen Sie die Finanzierung Ihres Vorhabens« gegeben.

Setzen Sie Ihre Inputplanung in Zahlen um

Nachdem Sie umfangreiche Informationen über Ihre notwendigen Investitionen und laufenden Kosten zusammengetragen haben, notieren Sie Ihre Vorstellungen über die Inputplanung verbal im Textteil Ihres Business Plans (B4 der Mustergliederung, Produktionsplan). Nun müssen Sie diesen Inputplan, wie zuvor auch Ihren Outputplan, im Zahlenteil Ihres Geschäftsplanes zeitlich differenziert in Tabellen darstellen (C1 der Mustergliederung). Bezogen auf die Anforderungen an den Plan gelten hier die gleichen Grundsätze wie bei der Outputplanung.

Liquidität und Erfolg

Die meisten Positionen Ihres Planes sind sowohl liquiditäts- als auch erfolgswirksam, wobei Sie, wie auch bei der Ertrags- und Einnahmenplanung, die Zeitdifferenz berücksichtigen müssen.

Bei langfristig genutzten Gütern ist dies anders. Zum Zeitpunkt der Anschaffung fällt dabei durch das Bezahlen der Rechnung eine einmalige Ausgabenposition an (liquiditätswirksam). Der Wert dieser Anschaffungen bleibt Ihnen jedoch zunächst für Ihr Unternehmen erhalten und vermindert sich nur allmählich im Laufe der Nutzungszeit. Man berücksichtigt diesen Wertverlust, in dem man eine bestimmte **Abschreibung** für Abnutzung (AfA) für jedes dieser Güter festlegt. Dazu ist auf der einen Seite wichtig, wie lange Sie die Nutzung planen, und andererseits, welchen Restwert die Investition am Ende der geplanten Nutzung noch hat. Sie können von einem einfachen Modell ausgehen und die Investition gleichmäßig über den gesamten Nutzungszeitraum abschreiben. Meist ist der Wertverlust der Güter jedoch am Anfang wesentlich höher als zu späteren Zeitpunkten, und so können Sie einen degressiven Abschreibungsverlauf wählen. In diesem Fall werden die Abschreibungsbeträge über die gesamte Nutzungsdauer kontinuierlich geringer. Für Abschreibungen gibt es steuer- und handelsrechtliche Richtlinien. Diese Richtlinien können Ihnen für Ihre Planungsarbeit als Hilfestellung dienen, sind aber in diesem Zusammenhang nicht als verbindlich anzusehen. Betriebswirtschaftliche Überlegungen (tatsächliche Nutzungsdauer, erzielbarer Veräußerungspreis, technischer Fortschritt etc.) sollten für Sie bei der Erstellung Ihres Unternehmensplans stets im Vordergrund stehen. Die Abschreibungsbeträge sind erfolgs-, aber nicht liquiditätswirksam, da die Auszahlung ja bereits vorher erfolgt ist.

Kalkulatorische Kosten

In Ihrer Aufwandsplanung sollten Sie auch Positionen berücksichtigen, die keine Wirkung auf Ihren Kassenbestand haben, jedoch einen »kalkulatorischen« Wert darstellen, der Ihren Unternehmenserfolg verringert. Diese Denkweise ist für einen »Nicht-Betriebswirt« etwas gewöhnungsbedürftig, und so wird dieser etwas abstrakte Zusammenhang hier an einigen üblicherweise vorkommenden Beispielen näher erläutert.

Ihr Unternehmerlohn

Wenn Sie eine GmbH gründen, so brauchen Sie sich hierüber keine weiteren Gedanken zu machen, da Sie dann bereits ein realistisches Geschäftsführergehalt festgelegt haben. Dieses Gehalt geht in jedem Fall mit den anderen Löhnen und Gehältern mit in die Berechnung ein, es wird ja von der GmbH auch an Sie ausgezahlt. Bei der Gründung z.B. einer Personengesellschaft dagegen sollten Sie einen rechnerischen oder kalkulatorischen Unternehmerlohn ansetzen. Sie erbringen eine bestimmte Leistung als Geschäftsführer, die auf dem Markt einen bestimmten Wert hat. Rechnerisch ist das ein Inputfaktor (»Eigenleistung«), den Sie später bei Ihrer Erfolgsrechnung mit berücksichtigen sollten.

Miete und Pacht für private Immobilien

Die gleichen Überlegungen gelten, wenn Sie private Immobilien für Ihren Betrieb nutzen. Für Ihre Erfolgsrechnung sollten Sie eine marktübliche Miete ansetzen, da Sie ja Räumlichkeiten anmieten müßten, wenn Sie die Möglichkeit der Nutzung nicht hätten.

Zinsen für Ihr Eigenkapital

Sie haben Ihr Kapital in das Unternehmen eingebracht, statt es gewinnbringend anzulegen und Zinsen zu kassieren. Sie haben damit an Ihr Unternehmen einen zinsfreien Kredit vergeben. Sie sollten diese Zinsen jedoch in Ihrer Erfolgsplanung berücksichtigen, und zwar zu marktüblichen Zinsen für Fremdkapital.

Übersicht: Aufwands- und Ausgabenplanung[19]

Betrieblicher Bereich	e/l	Zeitdifferenz Aufwand/ Ausgabe	Monat 1	Monat 2	Monat 3	etc.
gründungsbezogen (einmalig, selten)						
– Notar/Gericht/Gewerbemeldung/ Rechtsanwalt	e/l					
– Corporate Layout, Logo etc.	e/l					
– Erwerb Standortimmobilie	l					
– AfA Standortimmobilie	e					
– Erwerb Geschäftsausstattung	l					
– AfA Geschäftsausstattung	e					
– standortbezogene Marktanalyse	e/l					
– Eröffnungswerbung	e/l					
– Gründungsberatung	e/l					
– etc.						
wiederkehrend						
– fixe Kosten						
– Miete, Versicherungen	e/l					
– Löhne und Gehälter für Festangestellte	e/l					
– Zinsen	e/l					
– Kfz-Versicherung	e/l					

– Steuervorauszahlung	l				
– Investitionen	l				
– AfA Investitionen	e				
– etc.					
– variable Kosten					
– Wareneinkauf	l				
– Wareneinsatz	e				
– Roh-, Hilfs-, Betriebsstoffe	e/l				
– Aushilfen, Überstunden	e/l				
– Kfz-Treibstoff	e/l				
– etc.					
Privater Bereich					
– Wohnung/Haus					
– Nahrung/Kleidung					
– Versicherungen					
– Ratenzahlungen					
– etc.					

e – erfolgswirksam

l – liquiditätswirksam

e/l – erfolgswirksam und liquiditätswirksam (evtl. Zeitdifferenz beachten)

Gründungsbezogene Kosten

Sie sollten eine grundsätzliche Unterscheidung treffen zwischen den Kosten, die sich direkt auf Ihre Gründung beziehen und daher nur einmalig (oder nur sehr selten) auftreten, und solchen Kosten, die wiederkehrend für Ihr Unternehmen eine Rolle spielen. Diese Gliederung wurde auch in der Abbildung vorgenommen, in der Sie einige Beispiele für mögliche Positionen Ihrer Inputplanung finden können. In einer separaten Spalte wurde zu Ihrer besseren Übersicht vermerkt, ob die Positionen jeweils erfolgswirksam (e), liquiditätswirksam (l) oder beides (e/l) sind.

Es hängt von der Rechtsform Ihres Unternehmens ab, ob und in welcher Höhe für Sie Kosten für den Notar und das Registergericht, für die Gewerbemeldung oder eine Rechtsberatung anfallen. Die Kosten für die Entwicklung und Umsetzung Ihres Unternehmenslayouts (Logo, Briefkopf, Firmenschild, dauerhafte Außenwerbung etc.) sowie Ihre Eröffnungswerbung (Ersteintragung ins Branchentelefonbuch, Sonderaktionen der Eröffnung, Blumenschmuck, Bewirtung, Werbegeschenke etc.) gehören zu den einmaligen Kosten. Denken Sie auch daran, Kosten der Gründungsberatung und Marktforschung aufzunehmen. Diese Positionen sind durchweg sowohl liquiditäts- als auch erfolgswirksam (evtl. Zeitverzögerung beachten!). Ausgaben für die gesamte Geschäftsausstattung, mit der Sie Ihr Unternehmen starten wollen, gehören zu den gründungsbezogenen Positionen ebenso wie der Erwerb einer Immobilie für Ihre Betriebsstätte oder für ein Grundstück bzw. die Baukosten. Hierfür gelten die oben erläuterten Überlegungen zur Abschreibung.

Wiederkehrende Positionen (fix und variabel)

Die Unterteilung der wiederkehrenden Aufwands- und Ausgabenpositionen Ihres laufenden Betriebes sollten Sie in Ihrer Aufstellung anhand der üblichen Unterscheidung in fixe und variable Kosten getrennt aufführen. Fix sind solche Kosten, die von Ihrem Umsatz unabhängig sind und also auch anfallen, wenn Sie im Extremfall gar keinen Umsatz machen. Dazu gehören Mietkosten für Ihre Geschäftslokale, Versicherungen, die Löhne und Gehälter für Ihre festangestellten Mitarbeiter usw. Als variabel werden solche Positionen verstanden, die von der Umsatzhöhe abhängig sind, wie zum Beispiel Ihr Wareneinsatz. Wenn Sie für Verkaufsspitzen, z.B. vor Weihnachten, zusätzliche Aushilfskräfte beschäftigen, so sind dies variable Personalkosten. Die Trennung in fixe und variable Positionen ist so deutlich in der Realität nicht möglich, denn Sie können z.B. mittelfristig fixe Mietkosten für Ihre Geschäftsräume natürlich langfristig auch an steigende oder sinkende Umsätze anpassen, indem Sie weitere Räume dazumieten, Flächen untervermieten oder mit Ihrer Betriebsstätte umziehen. In Ihrer Aufstellung sollten Sie aber aus praktischen Gründen alle Positionen in die beiden Kategorien fix oder variabel vereinfachend einsortieren.

Für die wiederkehrende Aufwands- und Ausgabenplanung gilt, daß die meisten Positionen, abgesehen von Abweichungen des Zeitpunktes, sowohl liquiditäts- als auch erfolgswirksam sind. Ausgenommen sind, wie bereits erläutert, Anlageinvestitionen, die langfristig genutzt werden sollen. Auch bei der Behandlung von Waren, Roh-, Hilfs- und Betriebsstoffen müssen Sie ähnliche Überlegungen anstellen wie bei der Abschreibung für Abnutzung bei Investitionen. Wenn Sie z.B. Lieferantenrechnungen für Ihre Handelswaren bezahlen, ist dieser Vorgang direkt liquiditätswirksam (Gesamtbetrag: Bruttobetrag inkl. Umsatzsteuer). Da Sie den Gegenwert des Rechnungsbetrages – also die Waren – ja noch in Ihrem Lager haben, wird der Wareneinkauf erst dann erfolgswirksam, wenn Sie die Waren »einsetzen«, also beim Verkauf (dann jedoch netto: ohne Umsatzsteuer). Die bezahlte Vorsteuer führt derweil ein Eigenleben (Saldierung mit Umsatzsteuer, Erstattung ...).

Bei Krediten müssen Sie unterscheiden: Zinszahlungen sind sowohl liquiditäts- als auch erfolgswirksam, die Rückzahlungen von Ihren Krediten (Tilgungszahlungen) jedoch sind nur liquiditätswirksam. Ebenso wirkt sich eine Privatentnahme nur auf Ihre Liquidität, nicht auf den Erfolg Ihres Unternehmens aus.

Privater Bereich

Listen Sie bei der Inputplanung sorgfältig Ihre privaten Zahlungsverpflichtungen auf. Hierzu können Raten für Ihr Einfamilienhaus, Unterhaltsverpflichtungen, Ihre Lebensversicherung und sonstige Versicherungen gehören. Schließlich sollten Sie hier den notwendigen Lebensunterhalt für sich und Ihre Familie definieren, damit Sie die geplanten Entnahmen realistisch abschätzen können.

5. Schritt: Sichern Sie Ihre Liquidität

Im 3. und 4. Schritt haben Sie in einem Output- und einem Inputplan alle wesentlichen Zahlen aufgeführt, die über den Planungszeitraum hinweg für Ihr Unternehmen gelten sollen. Diese »Erfassungspläne« bilden die Grundlage für die nun folgenden nächsten Schritte (6-8), in denen diese Daten ausgewertet werden. Zunächst planen Sie Ihre Liquidität, dann die erforderliche Finanzierung für Ihr Unternehmen und schließlich Ihren Erfolg. Sie können auch weitere Auswertungen machen, wie z.B.

Break-even-Berechnung und Risiko-Analyse.

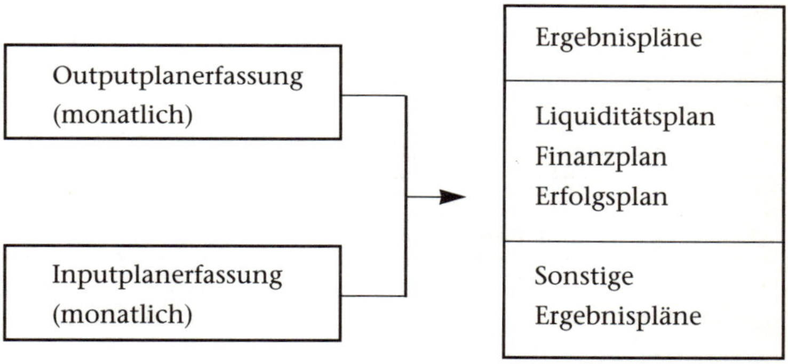

Ihr Liquiditätsplan hat zwei wichtige Aufgaben. Sie können zum einen auf diese Weise die jederzeitige Zahlungsfähigkeit Ihres Unternehmens in der Anfangsphase prüfen. Zum anderen dient der Plan dazu, Ihren genauen Finanzierungsbedarf zu jedem Zeitpunkt zu ermitteln. Die Erhaltung der dauerhaften Zahlungsbereitschaft ist eine essentielle Bedingung für das Überleben Ihres Unternehmens, da ansonsten Konkurs droht.

Sie müssen im Liquiditätsplan alle Einnahmen und Ausgaben berücksichtigen, die im Planungszeitraum (üblicherweise drei Jahre) anfallen. Übertragen Sie diejenigen Zahlen aus Ihren Erfassungsplänen (Outputplan und Inputplan), die liquiditätswirksam sind, also Ihren Bestand an Zahlungsmitteln tatsächlich beeinflussen. Da es bei der Zahlungsfähigkeit auf den genauen Zeitpunkt ankommt, sollten Sie zumindest für das erste Jahr mit *monatlichen Schritten* arbeiten. Für das zweite und dritte Jahr können Sie dann quartalsweise unterteilen. Auch wenn Sie Ihre Geschäftstätigkeit aufgenommen haben, ist dieser Liquiditätsplan für Sie eine gute ständige Kontrolle. Sie sollten die Planung jeden Monat korrigieren oder evtl. neu aufstellen, um immer auf dem aktuellen Stand zu sein.

Die Grobgliederung Ihrer Liquiditätsplanung ist in der folgenden Abbildung dargestellt. Für jeden Zeitabschnitt, also zunächst monatsweise, gehen Sie von einem *Anfangsbestand* aus, der sich aus Kasseninhalten, Unternehmensgirokonten und evtl. vorhandenen schnell liquidierbaren Wertpapieren zusammensetzt. Zu diesem Anfangsbestand addieren Sie die Einnahmen des jeweiligen Monats, ziehen die Ausgaben ab und erhalten so einen Endbestand. Dieser Endbestand stellt wiederum den Anfangsbestand des nächsten Monats dar.

Die Grobgliederung Ihres Liquiditätsplanes

	Monat 1	Monat 2	Monat 3	Monat 4	etc.
Anfangsbestand (Übertrag aus dem Vormonat)					
Einnahmen: = Umsatz (Zahlungseingang!), incl. vereinnahmte MWSt = erhaltene MWSt/Umsatzsteuer-Rückerstattungen = Einlagen und Darlehensauszahlungen					
+ Summe Einnahmen					
Ausgaben: = Mieten, Zinsen, Löhne, Werbung etc. = Tilgung, Entnahmen = Wareneinkauf, Investitionen = Vorsteuer/MWSt.- Vorauszahlungen					
– Summe Ausgaben					
= Endbestand					

Bei den Einnahmen berücksichtigen Sie die zu erwartenden Umsätze zum Zeitpunkt des Zahlungseingangs inkl. der vereinnahmten Mehrwertsteuer und notieren außerdem die evtl. erfolgten Vorsteuerrückerstattungen des Finanzamtes. Sämtliche Eigenkapitaleinlagen und die Darlehensauszahlungen von Kreditgebern gehen ebenso mit in die Berechnung ein, jedoch werden Sie zu diesem Zeitpunkt hierüber noch keine genauen Angaben machen können. Lassen Sie diese Positionen zunächst frei, bis Sie im 6. Schritt Ihre Finanzierungsplanung gemacht haben. Das hat zur Folge, daß Ihre Endbestände negativ werden. Sie sollten sich davon nicht beunruhigen lassen, denn aus diesen Zahlen können Sie dann Ihren Finanzierungsbedarf ableiten.

Bei den Ausgaben berücksichtigen Sie alle liquiditätswirksamen Positionen aus Ihrem Inputplan. Beachten Sie auch hier Vorsteuerzahlungen oder die an das Finanzamt zu leistenden Umsatzsteuerzahlungen auf Basis der Vorausmeldungen (monatlich oder quartalsweise) bzw. der Umsatzsteuer-Erklärung (jährlich). Vergessen Sie nicht die Tilgungszahlungen für bestehende Kredite und Ihre eigenen (Bar-) Entnahmen oder die Ihrer Gesellschafter.

6. Schritt: Planen Sie die Finanzierung

Wenn Sie Ihre Liquiditätsplanung bis zu diesem Zeitpunkt gemacht haben, ohne Eigenkapitaleinlagen und Darlehensauszahlungen zu berücksichtigen, können Sie nun, wie oben beschrieben, Ihren Finanzierungsbedarf zu verschiedenen Zeitpunkten ablesen. Der nächste Schritt besteht für Sie darin, Möglichkeiten zu prüfen, wie Sie diesen Kapitalbedarf decken können. Nach der Herkunft der Finanzmittel unterscheidet man gewöhnlich zwischen Eigenkapital und Fremdkapital.

Eigenkapital

Ihr Eigenkapitalanteil

Grundlage der Finanzierung Ihrer Existenzgründung sind zunächst Ihre Eigenmittel. Je nachdem, wie hoch Ihr Kapitalbedarf ist, müssen Sie diese Mittel durch Fremdkapital ergänzen. Es gibt keine allgemeingültige Regel für einen Mindestanteil an Eigenkapital. Je nach Branche und besonderen Gegebenheiten Ihrer Gründung ist der »angemessene« Eigenkapitalanteil sehr unterschiedlich zu definieren. In der Praxis wird der notwendige Eigenkapitalanteil sicherlich überwiegend von den Anforderungen der Kreditgeber bestimmt. Ein möglichst hoher Anteil ist jedoch aus verschiedenen Gründen von Vorteil:

Risikominderung für den Kapitalgeber

Mit höherem Eigenkapitalanteil am gesamten Finanzierungsbedarf verbessert sich Ihre Verhandlungsposition gegenüber einem potentiellen Kreditgeber bei der Beschaffung von Fremdkapital. Für diesen sind die Risiken bei der Investition in eine Neugründung relativ schwer abzuschätzen, da es von Ihrem Unternehmen ja keine Vergangenheitsdaten gibt, die Aufschluß über Ihr Vorhaben geben könnten. Eine hohe Eigenkapitalquote verringert die Risiken der Kapitalgeber.

Risikopuffer für das eigene Unternehmen

Ein hoher Verschuldungsgrad (Verhältnis von Fremdkapital zu Eigenkapital) ist immer ein großes Risiko für Ihr Unternehmen. Sie müssen die Zins- und Tilgungszahlungen regelmäßig leisten, auch wenn die Situation Ihres Unternehmens gerade mal nicht so rosig ist. Diese starre Bindung kann Sie schnell sehr stark belasten, und es droht Konkurs. Mit einer höheren Eigenkapitalquote ist Ihr Unternehmen daher insgesamt widerstandsfähiger.

Mögliche Quellen für Eigenkapital

Prüfen Sie bei Ihrem »Kassensturz« zunächst die folgenden Quellen:

Eigene Mittel

- Bareinlagen: kurzfristig verfügbare Ersparnisse, Wertpapiere und beleihungsfähige Gegenstände: Lebensversicherungen, Immobilien
- Sacheinlagen: z.B. vorhandenes Kfz, Büromöbel, Computer, Immobilie

Partner und Beteiligungen

- Mittel von Teilhabern, in der Regel gegen Mitspracherecht, möglich ist aber evtl. auch Beteiligung ohne persönliches unternehmerisches Engagement
- Mittel von Freunden und Verwandten als Beteiligungen

Sonstige Möglichkeiten

- Venture Capital oder Wagniskapital: Dies ist eine sehr aufwendige Finanzierungsmöglichkeit. Eine Kapitalbeteiligungsgesellschaft beteiligt sich mit einem Anteil an dem Gründungsunternehmen in der Hoffnung, diesen nach einem längeren Zeitraum (ca. 10 Jahre) mit einem erheblichen Wertzuwachs wieder zu veräußern. Diese Finanzierung ist allerdings nur für besonders wachstumsstarke, gewinnträchtige Vorhaben praktikabel. In der Bundesrepublik ist Wagniskapital deutlich weniger verbreitet als in den USA, in England und in den Niederlanden.

- Eigenkapitalhilfeprogramme des Bundes: Hierbei werden eigenkapitalähnliche Mittel vergeben, mit denen die eigenen Mittel des Gründers aufgestockt werden. Mehr Informationen zu diesem Programm und anderen Fördermöglichkeiten finden Sie weiter unten (vgl. S. 144 ff.).

Fremdkapital

Darlehen:
mittel- oder langfristige Kredite zur Finanzierung des Anlagevermögens

Fremdkapital wird mit unterschiedlicher zeitlicher Perspektive dem Unternehmen prinzipiell nur vorübergehend zur Verfügung gestellt. Mittel- oder langfristige Darlehen sind zur Finanzierung des Anlagevermögens Ihres Gründungsunternehmens gedacht (Grundstücke, Gebäude, Maschinen, Möbel etc.). Darlehen können Sie entweder privat erhalten (von Freunden, Bekannten und Familie), oder Sie wenden sich an ein Kreditinstitut. Die Konditionen der Institute weichen meist voneinander ab, so daß Sie Vergleiche anstellen sollten. Bevor sich ein Kreditgeber für das Risiko entscheidet, Ihnen als Jungunternehmer einen Kredit zu geben, wird er wahrscheinlich wissen wollen, welche Sicherheiten Sie zur Verfügung stellen können, oder ggf. auch Bürgschaften von Dritten verlangen. Eine weitere Prüfung kann das Unternehmenskonzept betreffen, um Ihre zukünftige Ertragssituation abschätzen zu können.

Kontokorrentkredit:
kurzfristige Finanzierung des laufenden Zahlungsverkehrs

Zur kurzfristigen Finanzierung stellen die Kreditinstitute den Unternehmungen üblicherweise einen Kreditrahmen für ihr Betriebskonto zur Verfügung, innerhalb dessen dann frei verfügt werden kann. Die Konditionen für einen solchen Kontokorrentkredit sind sehr unterschiedlich und hängen von Ihren konkreten Vereinbarungen mit Ihrer Hausbank ab. Die Zinsen für einen solchen Kontokorrentkredit liegen meist deutlich höher als für die lang- und mittelfristigen Darlehen, allerdings fallen meist keine zusätzlichen Bearbeitungsgebühren an. Ein Vorteil dieser Finanzierung ist, daß jeweils nur für den in Anspruch genommenen Teil Zinsen bezahlt werden müssen. Es ist von seiten der Bank erwünscht, daß dieses Kontokorrent in einem gewissen zeitlichen Rahmen immer wieder auf Null zurückgeführt wird. Als persönlicher Kredit sind meistens ca. 30.000,- DM auch in der Gründungssituation zu erhalten.

Lieferantenkredite: teure Zahlungsziele

Beim Lieferantenkredit räumt Ihnen der Lieferant eine bestimmte Zahlungsfrist nach Erhalt der Ware ein, so daß Sie die Rechnung z.B. erst einen Monat später bezahlen müssen. Ein solcher Lieferantenkredit ist jedoch ein relativ teures Finanzierungsinstrument. Wenn Ihnen z.B. bei einem Wareneinkauf von 10.000 DM ein Zahlungsziel von einem Monat angeboten wird, Sie auf der anderen Seite dagegen bei sofortiger Zahlung 2% Skonto erhalten, so beträgt die Differenz 200 DM für einen Monat Zahlungsaufschub. Das entspricht einem Jahreszins von rund 25 %! Sie sollten diese Finanzierungsalternative daher nach Möglichkeit vermeiden.

Trotzdem werden Lieferantenkredite sehr häufig angeboten und in Anspruch genommen. Üblicherweise ist diese Art der Finanzierung nicht mit irgendwelchen Formalitäten verbunden, und die Ansprüche an die Kreditwürdigkeit des Kunden sind geringer als die von Banken. Trotzdem ist es fraglich, ob Ihnen in der Gründungsphase ohne weiteres ein Lieferantenkredit gewährt wird, da Sie noch nicht bekannt sind. Evtl. können Sie durch die Vorlage eines schlüssigen Unternehmensplans Vertrauen gewinnen.

Öffentliche Fördermöglichkeiten

Seit vielen Jahren verfolgen Bund und Länder mit einer Vielzahl von Förderprogrammen das Ziel, Finanzierungshemmnisse von Existenzgründungen zu mindern und so erfolgreiche Gründungen zu fördern. Die Anzahl an öffentlichen Programmen ist inzwischen geradezu überwältigend (je nach Zählweise schätzungsweise bis zu 800), und so ist es für den Gründer nicht auf Anhieb durchsichtig, welche Programme für ihn in Frage kommen. Manche Programme sind bundesweit gültig, manche länder- oder regionalbezogen. Viele Programme beziehen sich explizit auf die Gründung oder Beteiligung an Unternehmen in den neuen Bundesländern. Zum Teil hängt die Förderung von der Branche des Unternehmens ab oder von den Produkten, um die es geht (z.B. Umweltschutz). Aus der Vielzahl der Fördermöglichkeiten werden Ihnen hier nur die wichtigsten Programme des Bundes, die über die Deutsche Ausgleichsbank abgewickelt werden, vorgestellt. Sie sollten sich jedoch in jedem Fall gründlich informieren, um Vorteile durch die Nutzung dieser Förderungen nicht zu verschenken. Ihr Ansprechpartner ist der Finanzierungsexperte Ihrer Hausbank, der für Sie auch die Anträge stellen muß. Eine kostenlose Finanzierungsberatung können Sie auch beim Beratungszentrum der Deutschen Ausgleichsbank in Bonn erhalten (siehe Adresse im Abschnitt »Informationsquellen für Ihre Gründungsplanung«).

Finanzierungsprogramme des Bundes

Je nach Zielsetzung des entsprechenden Programmes werden Gründer bei Neugründung, Übernahme oder auch bei tätiger Beteiligung gefördert. Zum Teil ist es auch möglich, Investitionen in den ersten Jahren nach Gründung zu finanzieren (zur Existenzfestigung bzw. für Wachstum). Die Programme sind personenbezogen, es werden also Gründer und nicht die Unternehmen gefördert. Bei diesen Personen muß die selbständige Tätigkeit der Haupterwerb sein. Es werden hauptsächlich Investitionen gefördert, zum Teil bestehen aber auch Möglichkeiten zur Finanzierung von Betriebsmitteln (laufende Kosten für Miete, Personal etc.) oder Markterschließungskosten (z.B. Eröffnungswerbung, Messepräsentationen). Beachten Sie auch, daß die Konditionen einiger Programme für Aktivitäten in den alten und den neuen Bundesländern unterschiedlich sind. Förderprogramme können an unterschiedlichen Problemen der Existenzgründer ansetzen:

Risikokapital

Für die meisten Gründer besteht die Schwierigkeit, genügend Eigenkapital zu beschaffen. Eine ausreichende Basis an haftendem Kapital ist jedoch notwendig für die Akquisition von Fremdkapital. Verschiedene Programme helfen dabei, diese Basis zu schaffen. Hierzu gehört insbesondere das ERP-Eigenkapitalhilfeprogramm (EKH), das weiter unten ausführlicher beschrieben wird. Spezielle Programme stellen Beteiligungskapital für kleine Technologieunternehmen zur Verfügung (BTU) oder fördern Aktivitäten in den neuen Bundesländern.

Kredite

Ein üblicher Ansatz der Finanzierungsförderung besteht in Krediten mit niedrigen, unter dem Marktniveau liegenden Zinssätzen sowie langen Laufzeiten und tilgungsfreien Jahren, um den Gründer in der kritischen Anfangsphase zu entlasten. Hierzu gehören insbesondere das ERP-Existenzgründungsprogramm und das Existenzgründungsprogramm der Deutschen Ausgleichsbank (DtA), die noch näher erläutert werden.

Garantien

Ein weiteres Problem bei der Finanzierungsplanung von Existenzgründern ist oft das Fehlen von Sicherheiten. Für Vorhaben in den neuen Bundesländern kann für einige Programme der DtA eine 50prozentige Haftungsfreistellung beantragt werden. Außerdem gibt es für solche Gründungen eine Möglichkeit, das DtA-Bürgschaftsprogramm in Anspruch zu nehmen.

Beratungsförderung

Es besteht die Möglichkeit, für die Kosten einer Existenzgründungsberatung durch einen selbständigen Untenehmensberater öffentliche Zuschüsse zu beantragen. Beratungen vor der Gründung können zur Zeit mit einem Zuschuß in Höhe von 60 % der Beratungskosten (maximal 3.000 DM) gefördert werden. Weiterhin werden auch Beratungen nach der Existenzgründung, sogenannte Existenzaufbauberatungen, gefördert (ebenfalls 60 %, jedoch bis max. 4.000 DM). Den Antrag müssen Sie nach Abschluß der Beratung stellen und der für Sie zuständigen sogenannten Zuwendungsleitstelle für öffentliche Beratungshilfen einreichen. Sie müssen die Beratungskosten also zunächst vorstrecken und haben auf den Zuschuß auch keinen Rechtsanspruch. Informieren Sie sich über die aktuellen Konditionen, die sich häufig ändern können, bei den zuständigen Kammern und Verbänden. Denken Sie daran, daß Beratungen durch die Kammern und Verbände für Sie kostenlos sind.

Die hier zur Illustration dargestellten Konditionen der einzelnen Programme beruhen auf dem Stand Februar 1998. Informieren Sie sich in jedem Fall über aktuelle Konditionen bei ihrer Hausbank oder per Faxabruf bei der Deutschen Ausgleichsbank: 0228/831-3300 oder im Internet: http://www.dta.de informieren.

ERP-Eigenkapitalhilfeprogramm (EKH)

Wie weiter oben bereits erläutert, soll die Eigenkapitalhilfe dem Existenzgründer eine breitere Eigenkapitalbasis schaffen und so die weitere Beschaffung von Fremdkapital ermöglichen. Die Eigenkapitalhilfe ist ein Darlehen mit eigenkapitalähnlichem Charakter für den Gründer, denn die Tilgung erfolgt erst nach zehn Jahren, und in den ersten fünf Jahren fallen keine bzw. nur sehr niedrige Zinsen an. Es sind keine Sicherheiten erforderlich. Eigenkapitalhilfe ist haftendes Kapital. Die Förderung können sowohl gewerbliche als auch freiberufliche Existenzgründer erhalten, auch für die Übernahme eines Betriebes oder eine tätige Beteiligung. Üblicherweise gilt die Regel, daß mindestens 15 % der geplanten Investitionssumme als Eigenmittel vorhanden sind (Ausnahmen: innovative Vorhaben in den neuen Bundesländern sowie größere Vorhaben ab einer Million DM). Die eigenen Mittel können bis auf 40 % der Investitionssumme aufgestockt werden. Sie sollten sich unbedingt über die jeweils aktuellen Konditionen informieren (bei Ihrer Hausbank oder in den Veröffentlichungen der Deutschen Ausgleichsbank, siehe auch Adressenteil).

Zinsen:
Die Zinsen werden in den ersten zwei Jahren vom Bund voll übernommen.
Nach dem 10. Jahr der Laufzeit wird der Zins den Marktbedingungen angepaßt und gilt dann bis zum Laufzeitende.

1. und 2. Jahr
3. Jahr
4. Jahr
5. Jahr
6. – 10. Jahr 0 %
3 %
4 %
5 %
7,5 % (alte Länder), 7,0 % (neue Länder)

Laufzeit:
Die Laufzeit beträgt 20 Jahre, die Eigenkapitalhilfe muß jedoch stets bis zur Vollendung des 70. Lebensjahres zurückgezahlt werden.
Tilgungsfreiheit:
Die Eigenkapitalhilfe ist 10 Jahre tilgungsfrei.
Höchstbetrag:
Der Höchstbetrag beträgt 1 Million DM. Bereits früher für Gründungs- oder Festigungs—/Wachstumsinvestitionen gewährte Eigenkapitalhilfe wird auf den Höchstbetrag angerechnet.
Rückzahlung:
Diese ist ab dem achten Jahr jederzeit ohne Mehrkosten möglich. Wenn das Darlehen früher zurückgezahlt wird, muß die bis dahin in Anspruch genommene Zinsverbilligung zurückerstattet werden. Dies gilt jedoch nicht für den Fall, daß die Existenz aufgegeben wird.

ERP-Existenzgründungsprogramm

Bei diesem Programm handelt es sich um Darlehen mit langer Laufzeit und günstigen und festen Zinsen. Dies erleichtert den Existenzgründern die Finanzierung und schafft eine verläßliche Planungsgrundlage. Gefördert werden gewerbliche und freiberufliche Existenzgründungen mit Ausnahme der Heilberufe. Der Finanzierungsanteil der ERP-Mittel kann bis zu 50 % der Investitionssumme betragen. Insgesamt soll jedoch mit anderen öffentlichen Fördermitteln (z.B. EKH, Landesdarlehen) zusammen nicht die Obergrenze von 67 % überschritten werden (in den neuen Bundesländern 85 %). Für ERP-Darlehen müssen banküblichen Sicherheiten bereitgestellt werden, wobei die Hausbank gegenüber der Deutschen Ausgleichsbank für die fristgerechte Verzinsung und Rückzahlung des ERP-Darlehens haftet. Für Vorhaben in den neuen Bundesländern kann die Hausbank eine 50prozentige Haftungsfreistellung beantragen. Die folgenden Konditionen beruhen auf dem Stand Februar 1998. Sie sollten sich in jedem Fall über die aktuellen Bedingungen informieren.

Zinsen:
5,25 % in den alten Ländern und Berlin (West)
4,75 % in den neuen Ländern und Berlin (Ost)
Der stets günstige Zinssatz, der bei der Darlehenszusage festgelegt wird, gilt bis zum Ende des 10. Jahres der Laufzeit. Wenn eine längere Laufzeit vereinbart

ist, wird der Zins ab dem 11. Laufzeitjahr an den dann geltenden ERP-Zinssatz angepaßt.

Laufzeit:

Die Laufzeit beträgt in den alten Ländern bis zu 10 Jahre, bei Bauvorhaben bis zu 15 Jahre. In den neuen Bundesländern und Berlin (Ost und West) dagegen bis zu 15 Jahre und bei Bauvorhaben bis zu 20 Jahre.

Tilgungsfreiheit:

Die Tilgungsfreiheit ist in den alten Ländern bis zu 3 Jahre möglich, in den neuen Ländern und Berlin (Ost und West) bis zu 5 Jahre.

Höchstbetrag:

In den alten Ländern ist der Höchstbetrag 1 Mio. DM, in den neuen Ländern und Berlin (Ost und West) beträgt er 2 Mio. DM.

Rückzahlung:

Eine Rückzahlung ist jederzeit ohne Mehrkosten möglich.

DtA-Existenzgründungsprogramm

Die DtA-Darlehen sind gut geeignet, um ERP-Mittel weiter aufzustocken. Sie bieten dem Gründer eine lange Laufzeit und günstige Zinsen. Das Programm läßt sich mit allen anderen öffentlichen Mitteln kombinieren, wobei DtA-Mittel selbst nicht als öffentliche Mittel gelten. Gefördert werden gewerbliche und freiberufliche Existenzgründer einschließlich der Heilberufe. Die Darlehen in diesem Programm können auch auf das Gründungsunternehmen laufen und müssen nicht personenbezogen sein. Bankübliche Sicherheiten werden verlangt, wobei auch hierbei in den neuen Ländern eine 50prozentige Haftungsfreistellung beantragt werden kann, in den alten Bundesländern 40 Prozent. Für diesen Fall wird jedoch ein Risikoaufschlag von 0,5 Prozent pro Jahr auf den Zins erhoben. Auch für dieses Programm sind hier die Konditionen von Februar 1998 aufgeführt. Beachten Sie bitte stets die aktuellen Zinskonditionen.

Zinsen:

alte Länder 4,75% (Laufzeit 10 Jahre) und 5,05% (Laufzeit 30 Jahre)

neue Länder 4,50 % (Laufzeit 10 Jahre) und 4,80% (Laufzeit 20 Jahre)

Bereitstellungsprovision:

Diese beträgt 0,25% pro angefangenem Monat, sofern die Darlehen nicht spätestens bis zum Ultimo des folgenden Monats bei der DtA abgerufen werden.

Laufzeit:

Die Laufzeit beträgt bis zu 10 bzw. bis zu 20 Jahre.

Tilgungsfreiheit:

Bei einer Laufzeit von bis zu 10 Jahren ist das Darlehen bis zu 2 Jahre tilgungsfrei, bei einer Laufzeit von bis zu 20 Jahren besteht Tilgungsfreiheit bis zu 3 Jahre.

Beträge:

Der Mindestbetrag ist 5.000 DM, der Höchstbetrag beläuft sich in der Regel auf 4 Millionen DM.

Was Sie noch beachten sollten

Rechtzeitige Antragstellung

Ganz wichtig ist, daß Sie bei den oben dargestellten Programmen vor der Antragstellung keine wesentlichen finanziellen Verpflichtungen eingehen dürfen. Die Darlehensanträge müssen bei den meisten öffentlichen Fördermaßnahmen vor Beginn des Investitionsvorhabens gestellt werden. Sie dürfen also keine Kauf- oder Lieferverträge abschließen oder Bauaufträge erteilen. Der Abschluß eines Mietvertrages und die Gewerbeanmeldung dagegen haben keinen Einfluß.

Anträge für öffentliche Mittel können zum Teil längere Bearbeitungszeiten erfordern. Kümmern Sie sich daher rechtzeitig um Förderungen, damit die Finanzierung für Ihr Vorhaben gewährleistet ist.

Hausbankprinzip

Insgesamt gilt, daß Sie Ihren Antrag auf Förderdarlehen nicht direkt bei der Deutschen Ausgleichsbank stellen, sondern sich an Ihre Hausbank wenden. Die DtA arbeitet mit allen Banken und Sparkassen zusammen. Ihre Bank kann Sie über aktuelle Konditionen aufklären, Sie beraten und leitet Ihren Antrag an die DtA weiter. Bei den meisten Förderprogrammen trägt sie das Kreditrisiko. Nicht immer sind die Mitarbeiter der Banken über die Vielzahl an Programmen und über die Antragsmodalitäten ausreichend informiert. Zum Teil sind die Kreditinstitute auch relativ wenig interessiert daran, Ihnen bei der Beschaffung günstiger Förderdarlehen zu helfen, da sie selbst keine Vorteile davon haben. Seien Sie deshalb hartnäckig, und drängen Sie auf entsprechende Beratung. Im Zweifelsfall wechseln Sie lieber den Berater oder das Institut.

Beratung und Information

Vor allem wegen der großen Anzahl an unterschiedlichen Fördermöglichkeiten sollten Sie sich gründlich informieren und beraten lassen. Sie sollten nicht auf günstige Finanzierungsmöglichkeiten verzichten, weil Sie nichts von ihnen wissen. Ihre Hausbank ist ein erster Ansprechpartner, da diese ja auch Ihre Anträge entgegennimmt. Weitere Informationen über Bundesförderprogramme erhalten Sie direkt bei der Deutschen Ausgleichsbank, bei der Kreditanstalt für Wiederaufbau und beim Bundeswirtschaftsministerium. Holen Sie weitere Informationen bei regionalen Wirtschaftsförderungsinstituten, den Wirtschaftsministerien der Länder sowie bei den für Sie zuständigen Kammern und Verbänden ein. Beachten Sie dazu den Adressenteil im Anhang.

7. Schritt: Planen Sie Ihren Erfolg

Unabhängig davon, welche Ziele Sie mit Ihrer Unternehmensgründung verfolgen, werden wahrscheinlich auch für Sie vor allem die Gewinnaussichten wichtig sein. Mit betrieblichem Erfolg ist gemeint, ob ein Unternehmen in einem bestimmten Zeitraum, also z.B. in einem Jahr, Verluste oder Gewinne macht. Ihr Erfolg sollte also langfristig möglichst hoch, zumindest nicht negativ sein, um Ihr Unternehmen auf Dauer überlebensfähig zu halten. Eine Erfolgsrechnung ist daher unbedingt Bestandteil Ihres Business Plans. Vor allem potentielle Kreditgeber wollen sehen, ob die Unternehmenssubstanz langfristig gesichert werden kann und das Unternehmen Gewinne abwirft. Auf der anderen Seite wollen auch sicher Sie persönlich wissen, ob sich das Vorhaben für Sie lohnt.

Der Erfolgsplan: Gewinn-und-Verlust-Rechnung

Auch Ihr Erfolgsplan sollte, parallel zu den Aussagen des gesamten Unternehmensplanes, mindestens eine Zeitspanne von drei Jahren umfassen. Jedoch müssen Sie die Zahlen hier in zeitlicher Hinsicht nicht so detailliert darstellen wie bei den vorherigen Plänen. Für die Erfolgsplanung reicht es, wenn Sie für das erste und das zweite Jahr Ihrer Geschäftstätigkeit in Quartalsschritten oder halbjährlich planen und im dritten Jahr Aussagen für das gesamte Jahr machen.

Im Handelsbereich hat sich eine einfache Struktur eines Erfolgsplanes bewährt, die mit einigen Abweichungen auch für Dienstleistungs- und Produktionsunternehmen geeignet ist. Die Struktur einer solchen **Staffelrechnung** ist in der folgenden Abbildung dargestellt. Die Basis dieser Rechnung sind Ihre Umsatzerlöse (netto, d.h. ohne Mehrwertsteuer). Bei Handelsunternehmen ziehen Sie davon den Wareneinsatz ab, also das, was Sie ausgegeben haben, um die verkauften Waren zu beschaffen. Das Ergebnis ist der

Rohertrag. Hiervon müssen Sie alle weiteren Aufwendungen abziehen, die in Ihrem Betrieb entstanden sind (Personalkosten, Versicherungen etc.) und die Sie bei der Berechnung Ihres Wareneinsatzes noch nicht berücksichtigt haben. Das Ergebnis ist Ihr Gewinn vor Steuern.

	Jahr 1				Jahr 2
	I	II	III	IV	I
+ Nettoumsatzerlöse					
- Waren-/Materialeinsatz					
= Rohertrag					
- Aufwand					
= Gewinn vor Steuern					
- Betriebliche Steuern					
= Betriebsergebnis					

Nachdem Sie die betrieblichen Steuern abgezogen haben, erhalten Sie das Nettoergebnis. Dieses Betriebsergebnis kann Ihnen als Grundlage für die Berechnung Ihres persönlichen Einkommens dienen. Jedoch sind die Steuern, die Sie persönlich oder Ihre Partner zu zahlen haben, abhängig von Ihren sonstigen Einkommensarten und -verhältnissen.

Weitere Erfolgsüberlegungen

Risikoanalyse

Planzahlen sind immer mit einer Vielzahl von Unwägbarkeiten verbunden. Bei der Zusammenstellung aller Zahlen, die in die Erfolgsrechnung mit eingehen, haben Sie überwiegend Schätzungen vorgenommen. Auch wenn Sie insgesamt vorsichtig vorgegangen sind und stets »auf der sicheren Seite« geschätzt haben, so müssen Sie sich die Frage stellen, wie stabil Ihr geplantes Vorhaben ist. Damit ist gemeint, wie stark der Erfolg abhängig ist von eventuellen Änderungen der Bedingungen, von denen Sie bei Ihrer Planung ausgegangen sind, die dann zu Abweichungen auf der Input- oder Outputseite führen können.

Um Ihr Vorhaben in dieser Hinsicht abzusichern, sollten Sie daher eine

Analyse dieser Risiken vornehmen. In bezug auf die Sicherung der Liquidität und des Erfolges sollten Sie folgende Fragen an Ihre Planzahlen stellen:

Was wäre, wenn ...

... die Ausgaben um x % höher liegen?
... die Einnahmen um x % niedriger liegen?
... die Ausgaben um x Perioden früher erfolgen?
... die Einnahmen um x Perioden später erfolgen?
... der Ertrag um x % niedriger ausfällt?
... der Aufwand um x % höher liegt?
... die Verkäufe um x Perioden später erfolgen?

Break-Even-Ermittlung

Diese Rechnung wird in der Praxis relativ häufig angewandt und soll darüber Auskunft geben, ab wann ein Gründungsvorhaben aus der Zeit der Anlaufverluste in die Zone dauerhafter Gewinne gelangt. Es wird dabei berechnet, ab wann die kumulierten Erträge die kumulierten Aufwände übersteigen. Meist wird dieser Zusammenhang graphisch dargestellt, wobei der

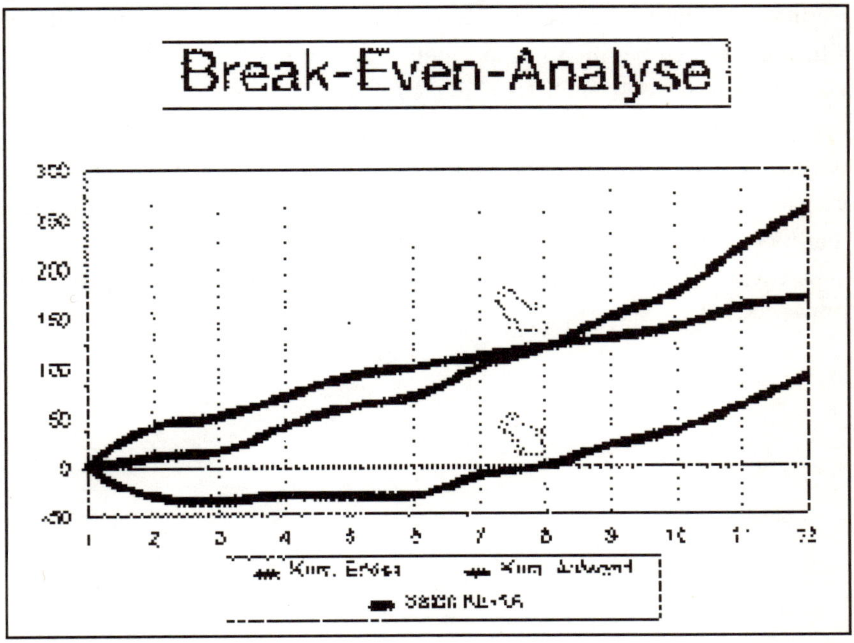

Schnittpunkt der Aufwandslinie mit der Ertragslinie den Break-Even-Point darstellt (vgl. Abbildung Seite 151).[20]

Bei diesem Ansatz geht man generell davon aus, daß es einen bestimmten Zeitpunkt gibt, ab dem die aufsummierten Erträge dauerhaft und endgültig stabil über den aufsummierten Aufwänden liegen. Das muß jedoch in der Praxis nicht unbedingt so sein, es kann durchaus noch weitere Schnittpunkte geben, wenn die Aufwendungen zu einem späteren Zeitpunkt noch einmal die Erträge übersteigen. Die Aussage der Break-Even-Rechnung ist daher eher plakativ.

Sonstige Berechnungen

In der Betriebswirtschaftslehre sind eine Vielzahl von Berechnungskonzepten für Unternehmenserfolg entwickelt worden, von denen sich die Mehrzahl auch auf Planzahlen anwenden lassen. Vielleicht haben Sie schon einmal etwas von Kostenträgerrechnung, Stückkostenrechnung oder Deckungsbeitragsrechnung gehört. Bei der Anwendung solcher Verfahren sollten Sie in Ihrer Gründungsplanung allerdings sehr vorsichtig sein. Auch wenn die Methode noch so ausgefeilt ist, mit der Sie Rechnungen anstellen – Ihre Basisdaten beruhen nur auf mehr oder weniger groben Schätzungen! Das müssen Sie sich auch bei Ihrer einfachen Gewinn-und-Verlust-Rechnung stets bewußt machen, aber bei komplizierteren Methoden ist es gefährlicher, daß man sich durch »genaue« Zahlen eine hohe Aussagefähigkeit vorgaukeln läßt. Denken Sie daran, daß unabhängig von der Berechnungsmethode immer gilt: »garbage in, garbage out« – was frei übersetzt soviel bedeutet wie: »Die Eingabe von Unsinn kann nur zu unsinnigen Ergebnissen führen.«

8. Schritt: Überarbeiten Sie Ihre Planungen

Zu Beginn dieses Abschnitts wurde Ihnen bereits nahegelegt, mit jedem neuen Planungsschritt Ihre vorherige Planung noch einmal anzuschauen und gegebenenfalls zu überarbeiten. Das ist auf der einen Seite notwendig, weil Sie im Laufe Ihrer Recherchen auf Informationen stoßen können, die eine Um- oder Neuplanung notwendig machen. Auf der anderen Seite besteht das Problem, daß alle Ihre Teilpläne (Output- und Inputpläne, Erfolgsplan etc.) ineinandergreifen und so Ihre Teilentscheidungen voneinander abhängig sind. Schauen Sie also stets auf vorausgegangene Planungsentscheidungen zurück und überdenken Sie sie.

Wenn Sie bisher der Gliederung dieses Buches entsprechend vorgegangen sind, haben Sie inzwischen

= Ihre Grundvorstellungen im Textteil dargestellt,
= Marktanalysen durchgeführt,
= auf dieser Grundlage Ihre Output- und Inputplanung erstellt,
= diese Planungen jeweils in Erfassungspläne überführt
= und schließlich in Form von Liquiditäts- und Erfolgsplanungen ausgewertet.

Nun gilt es, Ihre Planungen insgesamt so zu überarbeiten, daß am Ende ein stimmiges Gesamtkonzept entsteht. Dazu sind vor allem die folgenden Schritte notwendig:

Überarbeiten und präzisieren Sie Ihren Zeitplan

Es wurde Ihnen vorgeschlagen, zu Beginn Ihrer Planungsaktivitäten bereits einen groben Zeitrahmen zu definieren und diesen kontinuierlich zu präzisieren und an Ihre Planungen anzupassen. Wenn Sie jetzt Ihren Business Plan inhaltlich fertigstellen wollen, müssen Sie diesen Zeitplan endgültig festlegen und für Ihre Leser optisch aufbereiten. Gehen Sie noch einmal alle

Bedingungen durch, von denen Ihre Zeitplanung abhängig ist. Haben die Bedingungen sich geändert, seitdem Sie die Zeitplanung erstellt haben? Werden sich Bedingungen in Zukunft noch ändern? Legen Sie jetzt endgültig fest, wann Sie Ihre Geschäftstätigkeit aufnehmen wollen, wann Sie welche Aktivitäten durchführen und wann Sie welche Ziele erreicht haben wollen.

Überarbeiten und präzisieren Sie Ihren Zahlenteil

Dieselben Überlegungen gelten für Ihren Zahlenteil. Aufgrund der endgültigen Zeitplanung müssen Sie evtl. Tabellen, Daten und Zeitpunkte überarbeiten. Überprüfen Sie noch einmal im Gesamtüberblick, ob die einzelnen Teilpläne zueinander passen und stimmig sind. Positionen in Ihrem Zahlenteil können Sie inzwischen vielleicht detaillierter beschreiben, da Sie mehr oder andere Informationen hinzugewonnen haben.

Überarbeiten und korrigieren Sie Ihren Textteil

Wenn Sie die Überarbeitung Ihres Zahlenteils abgeschlossen haben und für Ihren Business Plan endgültige Planzahlen feststehen, müssen Sie sich Ihren Textteil vornehmen. Dieser war bisher die inhaltliche Basis für die Erstellung der quantitativen Pläne, soll innerhalb des Business Plans jedoch auch die Funktion einer Zusammenfassung des Zahlenteils übernehmen. Also müssen Sie alle Ihre Aussagen erneut durchgehen und sie auf die endgültige Planfestsetzung abstimmen. Prüfen Sie, welche Aussagen Sie noch ergänzen müssen, weil Sie diese bei Ihrer ersten Darstellung des groben Unternehmenskonzeptes noch nicht treffen konnten.

Vielleicht haben Sie bisher Ihre Aussagen nur stichwortartig formuliert. Das ist eine sinnvolle Vorgehensweise, um bei großem Umfang notwendiger Änderungen im Textteil den Arbeitsaufwand gering zu halten. Bei dieser letzten inhaltlichen Überarbeitung jedoch sollten Sie Ihren Plan ausformulieren. Was Sie dabei beachten sollten, wurde Ihnen zu Beginn dieses dritten Kapitels bereits ausführlich dargestellt. Dabei sollten Sie stets daran denken, für welche Zielgruppe Ihr Plan gedacht ist.

9. Schritt: Überarbeiten Sie Ihr Dokument

Nachdem Sie Ihren Plan inhaltlich überarbeitet haben, sollten Sie sich zum Schluß darum kümmern, daß aus Ihrem Plan ein ansprechendes Dokument wird. Beachten Sie die Erläuterungen, die eingangs zu Anforderungen an den Business Plan gemacht wurden. Ihr Plan sollte insbesondere zielgruppengerecht und verständlich sein sowie üblichen Ansprüchen an eine sorgfältige äußere Form genügen. Dazu sollten Sie Ihre Formulierungen, die Interpunktion und die Rechtschreibung überprüfen, Text und Zahlen gliedern und übersichtlich darstellen und für ein ansprechendes Layout sorgen. Sie sollten unbedingt Freunde und Bekannte darum bitten, Ihren Plan korrekturzulesen, um inhaltliche Schwächen, Verständnisprobleme und Formfehler rechtzeitig entdecken und korrigieren zu können.

Stellen Sie die Belege im Anhang zusammen

Die grundsätzliche Aufgabe des Anhangs im Business Plan ist es, Ihre Aussagen anhand von Belegen zu untermauern und mit Detail-Informationen zu ergänzen. Vor allem die von Ihnen angesetzten Zahlen sollten Sie anhand von Unterlagen nachvollziehbar machen. Sammeln Sie also bei Ihren Recherchen und Berechnungen alles, was für den Anhang in Frage kommt. Diese Unterlagen sollten Sie möglichst schon parallel zu Ihrer Planung archivieren und sortieren, damit Sie jetzt bei der Fertigstellung Ihres Plans nur noch die endgültige Zusammenstellung und Gliederung vornehmen müssen. Sortieren Sie die Belege am besten passend zur Gliederung Ihres Business Plans, damit der Leser Ihre Aussagen leicht in der richtigen Reihenfolge überprüfen kann. Als Beleg kann dabei alles dienen, was Ihre Aussagen unterstützt und näher erläutert: Verträge, Rechnungen, Angebote, Berichte, Zeitungsausschnitte, Entwürfe, technische Zeichnungen, Baupläne, Ausdrucke aus dem Internet, evtl. auch Fotografien oder Videoaufzeichnungen.

- Zur näheren Erläuterung Ihres *Unternehmenskonzeptes* können Sie z.B. Berichte über ähnliche Konzepte oder über verwirklichte Projekte in anderen Ländern anführen. Ausführliche Produktbeschreibungen sollten dann in den Anhang, wenn technische Innovationen genau beschrieben werden müssen. Gibt es Gutachten, Testate oder Beratungsberichte über Ihr Vorhaben? Zur Information über den Gründer oder das Gründerteam sollten Sie Lebensläufe und Bescheinigungen über Qualifikationen und Gehalt beifügen sowie evtl. bestehende oder geplante Gesellschafterverträge.
- Für die Ergänzung des *Outputplanes* sollten Sie vor allem die Ergebnisse der Marktforschungsaktivitäten (Ihre eigenen oder die eines beauftragten Institutes) anfügen. Wenn schon Aufträge von Kunden vorliegen, können Sie diese ebenfalls beilegen.
- Auch die von Ihnen angesetzten Zahlen Ihres *Inputplanes* sollten Sie durch entsprechende Anlagen untermauern. Preislisten und Angebote von wichtigen Lieferanten für Anlagen, Waren und Roh-, Hilfs- und Betriebsstoffe gehören hierzu. Wenn Sie schon Verträge geschlossen haben (z.B. Miet-, Arbeits- und Lizenznutzungsverträge), so dokumentieren Sie dies im Anhang. Ebenso sind evtl. Bauvorhaben darzustellen.
- Wenn Sie bereits vorläufige oder feste Zusagen zur *Finanzierung* (Eigen- oder Fremdkapital) haben, so sollten auch diese Angaben in den Anhang.

Kurzfassung: So fangen Sie Ihre Leser

Auch wenn die Kurzfassung (Punkt A in der Mustergliederung) den Auftakt für Ihren Business Plan darstellt, sollten Sie diese sinnvollerweise erst jetzt zum Schluß, nach Abschluß des Gesamtplanes erstellen. Erst wenn Sie alle Planungen gemacht und festgelegt haben, können Sie entscheiden, welche Informationen so wichtig sind, daß Sie diese in der Zusammenfassung darstellen wollen.

Ihr Business Plan sollte mit einer solchen Kurzfassung des Vorhabens beginnen. So können Sie das Interesse des Lesers an Ihrer Unternehmenskonzeption wecken und Ihn hoffentlich dazu veranlassen, die weiteren Ausführungen ebenfalls zu lesen, um Ihr Konzept näher beurteilen zu können.

Geben Sie sich daher gerade bei diesem Teil besondere Mühe, die Formulierungen verständlich und vor allem ansprechend zu gestalten. Je nach Zielgruppe des Business Plans sollten Sie den Inhalt, die Form und auch die verwendeten Begriffe so gestalten, daß der Adressat ohne Mühe und mit Interesse einen Einstieg in die Materie gewinnt.

Die Kurzfassung sollte etwa eine Seite umfassen, aber in keinem Fall länger als zwei Seiten sein. Inhaltlich sollten Sie alle wichtigen Aspekte ansprechen und verdeutlichen:

= Wo liegen die Besonderheiten Ihres Konzeptes? Verspricht es attraktive Gewinne?
= Wer will gründen? Handelt es sich um eine Neugründung oder Übernahme? Welche Funktionen und Aufgaben wollen Sie und Ihre evtl. Partner im Vorhaben übernehmen?
= Woher stammt Ihre Idee, das Konzept, das Vorhaben? Gibt es bereits derartige Unternehmen? Seit wann arbeiten diese mit welchem Erfolg?
= Wann wollen Sie die Errichtung des Unternehmens und die Aufnahme der Geschäftstätigkeit starten? Welchen Stand hat Ihr Vorhaben bis zum aktuellen Zeitpunkt bereits erreicht?
= Was soll in welcher Größenordnung finanziert werden? Welche Vorstellungen haben Sie bisher über die Zusammensetzung der Finanzierungsquellen?
= Welches Eigenkapital kann von Ihrer Seite und von der Seite Ihres Gründungspartners eingebracht werden?
= Welches sind die besonderen Stärken und Schwächen Ihres Managementteams?
= Welches sind die Chancen und Risiken Ihres Konzeptes?

Wichtige Tips und Hilfen zur Erstellung Ihres Business Plans

Organisation Ihrer Informationen

Sie werden im Laufe Ihrer Recherchen mit vielen verschiedenen Ansprechpartnern bei verschiedenen Organisationen sprechen und eine Menge Material zusammensammeln. Sie werden bei Ihren Aktivitäten nicht immer systematisch einer sinnvollen Reihenfolge gemäß vorgehen können, sondern müssen viele Themen und Probleme parallel bearbeiten. Dabei können Sie schnell den Überblick verlieren. Am besten ist es, Sie organisieren Ihre Informationen von Anfang an so, daß Sie trotz der Fülle an Material, Adressen etc. nicht aus den Augen verlieren, was als nächstes zu tun ist, und daß Sie wichtige Daten auch wiederfinden, wenn Sie sie brauchen.

Sie werden mit vielen Menschen telefonieren oder diese aufsuchen. Fertigen Sie in jedem Fall ein kurzes Gesprächsprotokoll an. So haben Sie die Ergebnisse festgehalten, und Details können später erinnert werden. Oft ergeben sich auch nach dem Gespräch durch andere Informationen weitere Fragen, und Sie müssen den jeweiligen Ansprechpartner erneut befragen. Protokollieren Sie auch private Gespräche, bei denen Sie interessante Informationen erfahren haben. Folgende Informationen sollten unbedingt mitprotokolliert werden:

= Mit wem haben Sie gesprochen? Name, Funktion, Organisation, Adresse. Lassen Sie sich am besten eine Visitenkarte geben, die Sie z.B. an das Gesprächsprotokoll anheften können.
= Datum und Ort des Gesprächs
= Welche Fragen haben Sie gestellt? Zu welchen Themen wollten Sie etwas wissen?

- Was wurde Ihnen mitgeteilt? Wobei konnte Ihr Gesprächspartner Ihnen nicht helfen?
- Wie beurteilen Sie diese Informationsquelle? Kompetent? Seriös? Hilfsbereit? Hilfreich für Sie? Wichtigkeit der Information?
- An wen wurden Sie verwiesen? Name, Funktion, Organisation, Adresse? Wie könnte man Ihnen dort helfen?

Sie werden Informationsmaterial bekommen in Form von Broschüren, Katalogen, Prospekten, Büchern, CD-ROMs, Ausdrucken aus dem Internet etc. Alle diese Materialien, auch Ihre Gesprächsprotokolle und eigene Notizen Ihrer Gedanken und Ideen zu verschiedenen Aspekten Ihrer Gründung sollten Sie sorgfältig aufbewahren und sortieren. Informationsbroschüren können Sie z.B. beschriften. Notieren Sie sich, woher Sie das Material haben. Zum Sortieren und Aufbewahren können Sie Ordner anlegen, Ablagekörbe oder vielleicht auch Stapel auf dem Fußboden. Wichtig ist nur, daß zu verschiedenen Problemen die jeweils passenden Informationen zusammengestellt werden können. Es erleichtert Ihre Arbeit sehr, wenn Sie gleich von Anfang an Rubriken erstellen wie z.B. Finanzierung, Personalbeschaffung, Ausstattung der Geschäftsräume. Werfen Sie auch nicht leichtfertig Informationen weg, manchmal stellen Sie erst im Laufe der späteren Planung fest, daß diese doch interessant gewesen wären. Deshalb sammeln Sie Aussortiertes zunächst an einem Extraplatz.

Wenn Sie diese Aktivitäten im Team durchführen, sollten Sie ein Ablagesystem haben, das allen Beteiligten bekannt ist und von allen gleichermaßen eingehalten wird. Die enorme Zeitersparnis durch einen Partner bei der Recherche sollte nicht dadurch geschmälert werden, daß Informationen doppelt beschafft werden oder nicht verfügbar sind. Die Planungsphase Ihrer Gründung ist schon ein erster Test Ihrer Zusammenarbeit. Verteilen Sie Kompetenzen und Aufgaben, aber stimmen Sie sich immer wieder ab und tragen die Informationen zusammen.

Technische Hilfe

Die Nutzung eines Personalcomputers kann Ihnen bei der Erstellung Ihres Business Plans eine deutliche Hilfestellung bieten. In bestimmten Studienfächern werden Sie während Ihres Studiums bereits mit dem Computer und üblicher Software gearbeitet haben, oder vielleicht haben Sie bereits privat Erfahrungen gesammelt. In dem Fall werden Ihnen die Vorteile des Computereinsatzes sicher bewußt sein.

- Zunächst kann Ihnen der Computer bei der Textverarbeitung helfen. So können Sie Ihr Dokument bereits im Entwurf auf dem PC erstellen und flexibel Veränderungen vornehmen durch Streichungen, Korrekturen, Einfügungen etc. Leicht lassen sich so auch Varianten des Gründungsplanes entwickeln (Programme: z.B. Microsoft Word, WordPerfect, StarWrite).
- Durch den Einsatz von Tabellenkalkulationsprogrammen können Sie die Handhabung des quantitativen Teils stark vereinfachen und übersichtlicher machen. Vor allem lassen sich so relativ einfach Varianten durchspielen: Was passiert, wenn man Annahme xy ändert? (Programme: z.B. Microsoft Excel, Borland Quadro).
- Zur Veranschaulichung von komplexen Sachverhalten sind oft Grafiken sehr dienlich, die Sie mit Hilfe von komfortablen Grafikprogrammen erstellen können (Programme: z.B. Corel Draw, Power Point, Lotus Designer, Harvard Business Graphics).
- Schließlich gibt es eine Reihe von Programmen, die die Zeitplanung unterstützen. Wenn Sie mit dem Umgang mit solcher »Projektplanungssoftware« noch nicht so vertraut sind, empfiehlt es sich für Sie wahrscheinlich, ein vergleichsweise einfaches Instrument zu benutzen, wie z.B. MS-Project, und auf umfangreichere und zu professionelle Software zu verzichten.

Wenn Sie nur ein gelegentlicher PC-Benutzer sind, dann helfen Ihnen moderne Oberflächen, wie z.B. Microsoft Windows, relativ schnell in das jeweilige Programm einzusteigen. Wichtig für die Erstellung Ihres Business Plans ist auch, daß Sie unkompliziert zwischen verschiedenen Programmen Daten austauschen können. So können Sie z.B. leicht Tabellen aus Kalkulationsprogrammen in Ihre Textverarbeitung einbinden. Wenn Sie selbst nicht über eine entsprechende Computerausstattung verfügen, überlegen Sie, ob Sie nicht Ihre Kontakte zur Universität, zu Kommilitonen, ehemaligen Arbeitgebern, Freunden, Verwandten und Bekannten nutzen können, um dort Computer, Drucker und evtl. Know-how in Anspruch zu nehmen.

Beratungshilfe

Die wichtige Rolle von Beratern bei einem Gründungsvorhaben wurde bereits angesprochen. Wenn Sie Ihr Unternehmen direkt nach dem Studium gründen, dann gründen Sie nicht nur ein Unternehmen, sondern auch zugleich Ihre Existenz, also Ihre wirtschaftliche Lebensgrundlage. In einer solchen Situation sind Ihre Entscheidungen von großer Bedeutung für Sie, und daher sollten Sie sich nicht auf Ihre eigenen Kenntnisse und Meinungen beschränken. Suchen Sie nach Unterstützung. Sie sollten jedoch immer bedenken, daß jeder Berater, den Sie um Hilfe bitten, Experte für etwas ganz Bestimmtes ist und manche andere Dinge dagegen vielleicht gar nicht weiß. Sie selbst werden in der Regel zu Spezifika Ihrer Branche und Ihrem konkreten Konzept deutlich mehr Kenntnisse haben. Die Entscheidung, wen Sie zu welchem Thema befragen und – bei unterschiedlichen Ansichten wichtig – wen Sie für dieses Thema für kompetent halten, liegt nur bei Ihnen. Ihre Aufgabe ist auch, die verschiedenen Informationen zusammenzubringen, denn niemand hat einen solchen Überblick über das Gesamtvorhaben wie Sie (und vor allem das notwendige Interesse und Engagement). Eine kritische Prüfung Ihrer Berater ist daher sinnvoll.

Es gibt für Sie spezielle Beratungsmöglichkeiten zu einzelnen Problemen Ihrer Gründung wie z.B. Beratung durch einen Steuerberater, Rechtsanwalt, Versicherungsmakler und den Finanzberater Ihrer Bank. Sie können jedoch auch die Leistungen eines möglichst auf Gründungsberatung spezialisierten Unternehmensberaters in Anspruch nehmen. Für eine solche Existenzgründungsberatung besteht die Möglichkeit, öffentliche Zuschüsse in Höhe von 60 % der Kosten zu beantragen (Vgl. den Abschnitt zur öffentlichen Förderung, S. 141 ff.). Wenden Sie sich jedoch vor allem an die für Sie zuständigen Kammern und Verbände, bei denen kostenlose Beratungen möglich sind und vor allem meist umfangreiches Material (Broschüren, Zeitschriften, Daten etc.) erhältlich ist. Oft werden auch Existenzgründerseminare bei Kammern und Volkshochschulen angeboten. Informieren Sie sich über das Angebot.

Zur Vorbereitung auf intensive Beratungsgespräche sollten Sie sich in jedem Fall vorab informieren, damit Sie die richtigen Fragen stellen. Vergleichen Sie dazu die Erläuterungen und Hinweise im folgenden Abschnitt.

Informationsquellen für Ihre Gründungsplanung

Während Ihrer Gründungsplanung werden Sie eine Vielzahl unterschiedlicher Informationen brauchen. Diese Recherche sollte kontinuierlich parallel zur Planerstellung erfolgen und mit der Gründung Ihres Unternehmens nicht aufhören. Auch im laufenden Betrieb Ihres Geschäftes sind Informationen ein sehr wichtiger Erfolgsfakor.

Jede Gründung ist ein Sonderfall mit ganz speziellen Anforderungen an die Art und Menge der Informationen, die zur Planung grundlegend notwendig sind. Als Anregung, wo Sie diese Informationen bekommen können, sind in diesem Abschnitt einige wichtige Organisationen und Institutionen und ein Überblick über nutzbare Medien dargestellt. Abschließend finden Sie einige Literaturhinweise.

Zur allgemeinen Information über Unternehemensgründung und -planung sind Broschüren, Bücher und Zeitschriften mit Tips und Ratschlägen geeignet. Neben der allgemeinen Fachliteratur zur Betriebswirtschaft gibt es eine Anzahl allgemeiner Ratgeber zur Existenzgründung. Vielleicht gibt es für Ihr konkretes Vorhaben auch spezielle Literatur (z.B. Wie gründe ich einen Verlag? ... eine Gaststätte? ... etc.). Als Ratgeber und Hilfe zur Unternehmensgründung gibt es auch Periodika z.B. aus dem Norman Rentrop Verlag, Haufe Verlag oder aus dem Weka Verlag, die sich mit aktuellen Themen beschäftigen. Meist sind solche Zeitschriften und Loseblattsammlungen jedoch wesentlich teurer als entsprechende Buchpublikationen. Die angesprochenen Organisationen, Verbände und öffentlichen Einrichtungen stellen zum Teil sehr gutes Informationsmaterial überwiegend kostenlos zur Verfügung.

Nutzen Sie möglichst viele dieser Quellen. Viele Informationen sind vor allem über elektronische Medien wie Internet inzwischen sehr leicht und schnell zugänglich geworden.

Institutionen und Organisationen

= **Institutionen des Bundes und der Länder**
z.B. Ministerien, insbesondere Wirtschaft, Wissenschaft, Technik; Statistisches Bundesamt Wiesbaden, Landesämter für Statistik

- **Kammern und Verbände**
  z.B. regionale Industrie- und Handelskammern (IHK), regionale Handwerkskammern (HdwK), spezielle Branchen- und Berufsverbände
- **Sparkassen und Banken, Versicherungen, Deutsche Ausgleichsbank**
- **Transferstellen von Universitäten und Technischen Hochschulen**
- **Forschungsinstitute, insbesondere Wirtschaftsforschungsinstitute und Natur- und Ingenieurwissenschaftliche Forschungsinstitute**
- **Marktforschungsinstitute**
- **Bibliotheken, Patentämter**

Informationsmedien

Printmedien

- Publikumszeitungen und -zeitschriften
  (z.B. F.A.Z., Die Zeit, Die Welt, Der Spiegel, Focus, Stern)
- allgemeine Wirtschaftszeitungen und -zeitschriften
  (z.B. Wirtschaftswoche, Handelsblatt, Capital, Managermagazin)
- spezielle Zeitschriften zum Thema Gründung und Selbständigkeit
  (z.B. Impulse, die geschäftsidee, CHEF, Handbuch für Selbständige und Unternehmer)
- spezielle Zeitschriften und Zeitungen der Branche, Veröffentlichungen der entsprechenden Verbände, Fachzeitschriften
- Bücher, Kataloge, Adreßverzeichnisse, Handbücher, Ratgeber
  (Gründungsratgeber, Branchenbücher, Franchisekataloge, Bezugsquellennachweise etc.)

Elektronische Medien

- Fernsehsendungen
  (Wissenschaftssendungen, Wirtschaftssendungen, Messeberichte etc.)
- CD-ROM
  (für viele der o.g. Printmedien, insbesondere Kataloge, Nachschlagewerke, Verzeichnisse)
- T-Online
  (Verzeichnisse, Zeitschriftenarchive, z.B. Capital, Impulse)

- Compuserve
  (Zeitschriftenarchive, Firmenverzeichnisse etc.)
- AOL Bertelsmann Online, Microsoft Network MSN, Europe Online
- elektronische Bibliotheken, Bibliotheksverzeichnisse
- Online-Fakten-Datenbanken
  (Wirtschafts-, Technik-Datenbanken; z.B. GENIOS, Düsseldorf; DATA STAR, Frankfurt; DIALOG, Frankfurt)
- Internet / www
  (insbesondere Unternehmenspräsentationen, Informationsangebote von Organisationen, Verbänden, Banken, Verzeichnisse aller Art, elektronische Zeitschriften, Suchmaschinen zur Recherche)

Hier sind für Sie einige interessante Internetadressen zum Thema Unternehmensgründung zusammengestellt. Bei diesen Adressen werden Sie wichtige Informationen finden und vor allem auch speziellere Adressen für Ihre Bedürfnisse.

DtA-Gründerzentrum im Internet:
http://www.dta.de
Bundeswirtschaftsministerium BMWI
http://www.bmwi.de
Gründungsoffensive NRW – GO
http://www.nrw.de/existenz.htm
Statistisches Bundesamt Wiesbaden
http://www.dsidata.com/german.htm
Deutscher Industrie- und Handelstag
http://www.ihk.de
Betriebswirtschaftliches Institut für empirische Gründungs- und Organisationsforschung e.V.
http://www.bifego.de
G-Forum: Forum für die deutschsprachige Gründungsforschung im Internet
http://www.g-forum.de
Existenzgründerinstitut Berlin e.V.
http://www.existenzgruender-institut.de

Starthilfe
Broschüre des Bundesministeriums für Wirtschaft
enthält viele Adressen und Tips, wo Sie noch mehr Informationen finden können
erhältlich beim: BMWi, Ref. Öffentlichkeitsarbeit
Bestellung im Internet möglich:
http://www.bmwi.de/existenzgruendung.html

Der Existenzgründungsberater
PC-Lernprogramm des Bundesministeriums für Wirtschaft
Ebenfalls erhältlich beim: BMWi, Ref. Öffentlichkeitsarbeit
Nicht nur Bestellung, sondern auch Download im Internet möglich:
http://www.bmwi.de/existenzgruendung.html

Rentrop, Norman:
Tips zur Unternehmensgründung
Bonn et al: Rentrop Verlag,
11. überarbeitete Auflage, 1995

Klandt, Heinz:
Gründungsmanagement: Der integrierte Unternehmensplan
München, Wien: Oldenbourg Verlag, 1998, zur Zeit in Druck

Dieterle, Willi K. M. und Winckler, Eike M. (Hrsg.):
Gründungsplanung und Gründungsfinanzierung
2., völlig überarbeitete Auflage
Reihe: Beck-Wirtschaftsberater im dtv
München: Beck Verlag, 1995

Kirschbaum, Günter und Naujoks, Wilfried:
Erfolgreich in die berufliche Selbständigkeit
Tips und Ratschläge für Existenzgründer
Freiburg im Breisgau: Rudolf Haufe Verlag, 6. aktualisierte Aufl. 1996

Typische Fehler bei der Erstellung eines Business Plans

1. Der Plan ist nicht logisch und voller *interner Widersprüche*. Die Einzelpläne passen nicht zusammen.
2. Es bestehen Widersprüche und *Ungereimtheiten im Hinblick auf externe Daten* (z.B. sind bestimmte Sachverhalte bei bereits existierenden Unternehmen ganz anders), die nicht ausreichend begründet werden (Warum ist das so?).
3. Man verläßt sich für bestimmte Daten aus Bequemlichkeit auf eine Informationsquelle, statt alle Aussagen möglichst mehrfach *abzusichern*.
4. Ebenfalls aus Bequemlichkeit werden Planungen mit solchen Daten begonnen, die leicht zu erfassen sind, wie z.B. notwendige Inputfaktoren, für die meist schnell Angebote recherchiert werden können. Von dieser *Festschreibung* aus werden dann andere Planungen abgeleitet. In jedem Fall sinnvoller ist es jedoch, mit denjenigen Plänen zu beginnen, die für das gesamte Planungssystem von Bedeutung sind, weil sie z.B. einen Engpaßfaktor beschreiben.
5. Es wird aus dem eigenen Blickwinkel geplant oder aufgrund von allgemeinen Normen der Betriebswirtschaftslehre. Die *Realität* ist oft anders. Zum Beispiel kann sich die Zahlungsmoral aufgrund einer schwierigen Konjunkturlage sehr negativ entwickeln, so daß es zu größeren Zahlungsverzögerungen oder gar Ausfällen kommen kann. Starres Festhalten an Branchenvergleichszahlen ist für eine Planung nicht ausreichend, da Faktoren wie Konjunkturentwicklung mitberücksichtigt werden müssen.
6. Oft wird der *Zeitbedarf* falsch eingeschätzt. So kann z.B. in den meisten Fällen eine neue Arbeitskraft nicht vom ersten Tag an produktiv für den Betrieb arbeiten, sondern muß erst geschult und eingearbeitet werden. Solche Zeiten sollten von Anfang an bei der Planung des Personaleinsatzes berücksichtigt werden.
7. Der *private Bereich des Gründers* wird nicht ausreichend berücksichtigt. Dies kann das Gründungsvorhaben erheblich gefährden, weil Privatleben und Betrieb für den Gründer eng zusammenhängen und beide Bereiche voneinander stark beeinflußt werden. Zu berücksichtigen sind die zu erwartenden finanziellen Belastungen der Familie (Unterhalt, Ratenzahlungen, Versicherungsprämien, Miete etc.). Auf der anderen Seite muß jedoch auch an die emotionale und juristische Seite gedacht werden. Gibt

es von seiten des Partners genug Unterstützung für das Vorhaben? Eventuelle zukünftige Scheidungsabsichten des Ehepartners sollten vertraglich berücksichtigt werden.

IV

Aus dem Gründerleben –
Beispiele für Existenzgründungen

Wenn Sie sich selbständig machen wollen und die Ratschläge und Hinweise im ersten Kapitel dieses Buches gelesen haben, werden Sie sagen, daß gerade Ihre Gründung ein Sonderfall ist und sich das alles nicht so einfach auf Ihr Vorhaben anwenden läßt. Sie haben recht! Aber jede Gründung ist ein Sonderfall mit ganz speziellen Bedingungen und Problemen; diese zu meistern ist Ihre unternehmerische Aufgabe, Ihre persönliche Herausforderung. Bis hierher wurden Ihnen relativ abstrakt die wesentlichen Schritte zur Gründungsplanung beschrieben, und es konnte nur sehr allgemein auf eventuell auftretende Problembereiche eingegangen werden. Sie müssen selbst entscheiden, welche Hinweise für Ihr Vorhaben besonders wichtig sind und wie Sie Ihre Gründungsplanung vornehmen müssen.

Um Ihnen die Situation einer Unternehmensgründung und mögliche Problemfelder und Risiken zu veranschaulichen, werden Ihnen in diesem letzten Teil des Buches nun verschiedene Fälle von Unternehmensgründungen vorgestellt. Sie werden in den Geschichten der Gründer viele Aspekte wiederfinden, die im theoretischen Teil des Buches angesprochen wurden. Vielleicht finden Sie bei der einen oder anderen Darstellung Gemeinsamkeiten mit Ihrer eigenen Situation, auch wenn »Ihre« Branche nicht dabei ist. Gemeinsam ist allen Gründern, daß sie ein abgeschlossenes Hochschulstudium haben; die Fachrichtungen und die Gründungskonzepte sind jedoch sehr unterschiedlich.

Jede Gründung hat ihre eigenen Chancen und Risiken. Die Probleme, die bei einer Existenzgründung auftreten können, sind nicht immer typisch für eine bestimmte Branche, wie Sie an den Beispielen erkennen werden. Oft spielen die persönliche Situation des Gründers und bestimmte Umweltbedingungen eine große Rolle. Einige der Gründer haben gar keine Planung durchgeführt, manche dagegen einen sehr detaillierten Gründungsplan aufgestellt. Sie werden sehen, daß auch eine gründliche Planung sich als unrealistisch erweisen kann, wenn sich Bedingungen ändern oder wichtige Aspekte übersehen oder falsch eingeschätzt wurden. Ihre eigene Planung sollte daher unbedingt so flexibel sein, daß Sie auf Änderungen der Bedingungen sofort reagieren können.

Know-how im Team: Elektroniklösungen für Industriebetriebe

Der Ingenieur Thomas S. gründete mit zwei Partnern vor drei Jahren ein Unternehmen, das sich mit einer speziellen optoelektronischen Anwendung für Industrieunternehmen beschäftigt. Das Produkt, das in seinem Unternehmen entwickelt und produziert wird, ist im Markt erfolgreich, vor allem durch anwenderspezifische Software und begleitende Serviceleistungen. Um die Banken von dem Konzept zu überzeugen, wurde ein einfacher Geschäftsplan erstellt und etwas Marktforschung betrieben.

»... und dann stellt sich die Frage nach Arbeitslosigkeit oder Selbständigkeit.«

Thomas S., heute 39 Jahre alt, stand vor drei Jahren mit seinen beiden Gründungspartnern gemeinsam vor der Situation, daß das Unternehmen, bei dem Sie bisher beschäftigt waren, Konkurs anmelden mußte. So stellte sich für alle drei die Frage nach ihrer beruflichen Zukunft. Herr S., Ingenieur mit Fachrichtung Elektrotechnik, war bisher als Entwicklungsleiter beschäftigt und mußte bei der Betrachtung der Arbeitsmarktlage 1994 feststellen, daß seine Aussichten nicht so rosig sein würden. Er kann sich gut daran erinnern *»... daß mein damaliger Sachbearbeiter vom Arbeitsamt mir gleich erzählte, daß er 800 Ingenieure zu betreuen hat. Und da kann man sich leicht ausrechnen, wie groß die Chancen sind, irgend etwas anderes zu finden.«*

Die drei Gründer kannten sich durch die Arbeit im gleichen Betrieb. Schon vor dem Konkurs, angesichts der immer deutlicher werdenden Probleme des Unternehmens mit Kundenbeschwerden und Unstimmigkeiten, spätestens aber, als die ersten Gehälter nicht mehr bezahlt werden konnten, unterhielt man sich über die Folgen, die ein Konkurs für den einzelnen haben würde. Man sprach über die Möglichkeiten und die Lage auf dem Arbeitsmarkt. So wurde in dieser Situation die Idee einer gemeinsamen Unternehmensgründung als Alternative zur drohenden Arbeitslosigkeit geboren. Die Idee zu dem Produkt, einer intelligenten CCD-Zeilen-Kamera für Industrieanwendungen in der Qualitätskontrolle, entstand dadurch, daß die Beteiligten bereits im Konkursunternehmen Erfahrungen mit dem Einsatz dieser Technik sammeln konnten. Herr S. und seine Partner wußten, daß ein solches Produkt gebraucht wurde, daß dafür ein Markt bestand und daß sie gemeinsam das Know-how besaßen, das Produkt zu entwickeln. Sie nahmen sich vor, vieles besser zu machen, als dies das Konkursunternehmen getan hatte, insbesondere im Marketing und im Servicebereich.

Für Herrn S. persönlich war die Entscheidung zur Selbständigkeit vor allem durch die Situation der drohenden Arbeitslosigkeit begründet. Sein Wunsch, möglichst in seiner Heimatgegend bleiben zu können, schränkte seine Chancen noch zusätzlich ein. Für ihn war die Alternative, Unternehmer zu werden, nur eine Möglichkeit unter vielen. Auf der anderen Seite stand er der Selbständigkeit grundsätzlich positiv gegenüber. Er versprach sich vor allem davon, selbständig arbeiten zu können, und genießt heute auch sehr, sein eigener Chef zu sein, seine Arbeitszeit frei einteilen zu können und kommen und gehen zu können, wann er will. *»Solche Dinge spielen für mich eine größere Rolle, als jetzt das große Geld zu verdienen. Natürlich wäre das schön, wenn das auch noch dabei rumkommt. Aber wenn ich erst mal das verdiene, was ich in der Industrie auch verdienen würde, dann, denke ich, bin ich schon einen guten Schritt weiter.«*

»Intelligent werden sie erst durch die Software, die man ihnen einhaucht.«

Das Produkt, das die Kernleistung des Unternehmens darstellt, ist eine intelligente Kamera, die sich in sehr unterschiedlichen Bereichen einsetzen läßt. Im wesentlichen ist sie geeignet zur Oberflächenkontrolle für die verschiedensten Materialien, wie z.B. Papier, Blech, Folie, Holz. Es können kleinste Fehler, wie Risse, Löcher, Flecken, Kratzer auf verschiedenen Oberflächen erkannt werden. So können Industrieunternehmen eine Anlage aus dem Unternehmen des Herrn S. einsetzen, um z.B. durch optische Erkennung von Fehlern Qualitätskontrollen in der laufenden Produktion durchzuführen. Die Kameras werden von den Gründern selbst entwickelt und auch im Unternehmen gefertigt. Dabei werden Teilarbeiten von zwei bis drei anderen Unternehmen ausgeführt, die entsprechende Produktions- und Bearbeitungsmöglichkeiten haben; der eigentliche Zusammenbau der Teilkomponenten geschieht jedoch im eigenen Unternehmen.

Die Intelligenz der Kameras besteht in der Software, die jeweils für den speziellen Anwendungsbereich entwickelt wird. So wird die gleiche Kamera jeweils mit ganz spezieller, auf den Bedarf des Kunden zugeschnittener Software bestückt.

»Wichtig ist die Qualität. Und vor allem auch die Dienstleistung.«

Da Herr S. und seine Partner individuelle Lösungen für ihre Kunden entwickeln, ist eine gute Zusammenarbeit mit den Kunden und eine gute Betreuung für den Unternehmenserfolg sehr wichtig. Der Verkauf geht in erster Linie über die Qualität. Die Kamera muß genau das messen, was sie soll, und das Kundenproblem damit lösen. Für besonders wichtig hält Herr S. jedoch auch die begleitenden Dienstleistungen, die Zusatzleistungen wie Schulung der Mitarbeiter im Umgang mit der Kamera, Ergebnisbericht der Laborentwicklung und Probeinstallation des Systems, aber auch einen insgesamt reibungslosen Ablauf der Geschäftsbeziehung. Seine Erfahrung ist, daß die Kunden gerade diese Bemühungen sehr positiv aufnehmen und auch anerkennen.

»Man kann über alles reden und hat dann drei Meinungen.«

Die Gründung mit zwei Partnern hat Herr S. bisher noch nicht bereut. Er sieht einen großen Vorteil darin, daß nicht nur das finanzielle Risiko verteilt ist, sondern auch insgesamt das Entscheidungsrisiko. Man kann sich über alle Probleme, ob finanzieller, technischer, personeller oder sonstiger Art, austauschen und bei verschiedenen Ansichten oder Lösungsansätzen den für das Unternehmen geeignetsten Weg einschlagen. Herr S. ist sicher, daß auf diese Weise Fehlentscheidungen reduziert werden können.

Wichtig bei dieser Unternehmenskonzeption ist sicher auch die Kompetenz der drei Gründer, die in diesem Fall wohl das größte Startkapital darstellte. Die drei Partner hatten alle Branchenerfahrung und Erfahrung in der Anwendung der Technik, die sie nun verkaufen. Die fachlichen Kompetenzen und Fähigkeiten der Gründer ergänzen sich optimal, da ein Partner, ebenfalls Ingenieur mit Fachrichtung Elektrotechnik, langjährige Erfahrung in Entwicklung und Produktion von Hardware hatte und der andere Partner bereits während seines Informatikstudiums für den gemeinsamen ehemaligen Arbeitgeber in der Softwareentwicklung gearbeitet hatte. Herr S. selbst hatte umfangreiche Erfahrung mit Projektierung. Damit sind die Aufgabenbereiche der Partner bereits festgelegt. Es werden zwar in fast allen wichtigen Fragen gemeinsame Entscheidungen getroffen, aber im Detail ist jeder für seinen Bereich allein verantwortlich. Ein Partner ist für die Kameraentwicklung und -produktion zuständig, einer für die Softwareentwicklung und Herr S. selbst für Projektierung, Vertrieb und kaufmännische Fragen.

Wichtig für die Zusammenarbeit war sicherlich, daß sich die Partner vorher bereits kannten und sich persönlich gut verstanden. Sie sind auch ungefähr im gleichen Alter (39, 41 und 35 Jahre). Trotzdem funktioniert natürlich nicht immer alles reibungslos bei drei verschiedenen Persönlichkeiten, aber *»wichtig ist, daß man eben immer wieder zusammenfindet.«*

Die beiden Ingenieure haben auch in Ihren vorherigen Tätigkeiten bereits Führungserfahrung in verantwortlichen Positionen gesammelt. Bisher brauchten sie sich jedoch über Personalführung und Delegation nicht so viele Gedanken zu machen. Die ersten drei Jahre haben die Gründer ihr Unternehmen bis auf einige freie Mitarbeiter (stundenweise im Elektronik- und Softwarebereich) allein betrieben. Erst im Januar 1998 wurde ein weiterer Ingenieur eingestellt, der die Partner entlasten soll. Herr S. ist der Meinung, daß es von Vorteil ist, daß sowohl er als auch einer seiner Partner vor ihrem Ingenieurstudium eine technische Berufsausbildung abgeschlossen haben, da bei Inbetriebnahmen oft wirkliches technisches Verständnis vor Ort gefragt ist und es gut ist, wenn man *»schon mal einen Schraubenzieher in der Hand hatte ...«* Weiterhin ist Herr S. sicher, daß seine Fähigkeit, mit Menschen umzugehen, für seine Tätigkeit sehr hilfreich ist. Vor allem durch zahlreiche Reisen in fremde Kulturen in früheren Jahren hat er in dieser Beziehung viel gelernt, was er im Umgang mit Kunden, bei der Abwicklung von Aufträgen gut gebrauchen kann.

»Die Deutsche Bank verteilt Peanuts, aber leider nicht an uns!«

Da die drei Gründer nicht in der Situation waren, das erforderliche Kapital für die Gründung aus eigenen Mitteln stellen zu können, waren sie auf Gründungsdarlehen angewiesen. Herr S. beschreibt die Suche nach einer kooperationswilligen Bank als ein zentrales Problem der Gründung. Oft scheiterte eine positive Beurteilung des Unternehmenskonzeptes an der Unkenntnis der Sachbearbeiter. Es ist sicher auch nicht ganz einfach für einen Bankangestellten, den Nutzen einer CCD-Zeilen-Kamera für große Industrieunternehmen einzuschätzen. *»... aber man kann erwarten, daß er das Konzept durchliest und dieses Konzept versteht. ... da haben wir die dollsten Sachen erlebt, daß dann jemand meinte, wir wollten einen PC-Laden aufmachen und davon gäbe es doch schon so viele. Da wurden wir abgelehnt.«*

Herr S. und seine Partner haben ihr Unternehmenskonzept schriftlich festgehalten und mit diesem Konzept die verschiedenen Banken abgeklappert. Schließlich haben sie eine ortsansässige Bank gefunden, die bereit war, die Gründer zu unterstützen. Diese Bank hatte noch keine große Erfahrung mit Existenzgründerdarlehen und mußte sich erst selbst informieren. Dennoch fühlten sich die Gründer dort gut aufgehoben, da sich die Mitarbeiter sehr bemüht und sich auch erfolgreich um eine Förderung der Deutschen Ausgleichsbank gekümmert haben. Weitere Fördermöglichkeiten wurden von den Gründern nicht genutzt, da sie sich in dem aktuellen »Förderdschungel« nicht zurechtfanden. Herr S. bedauert, daß die Fördersituation so undurchsichtig ist, daß man nicht weiß, welche Mittel für einen in Frage kommen und was man tun muß, um sie zu bekommen. Er ist in der Gründungsphase von vielen Unternehmensberatern angesprochen worden, die an dieser undurchsichtigen Situation verdienen wollen und gegen eine Beteiligung an den Fördergeldern diesbezügliche Beratung anbieten. Etwas mehr Transparenz oder preiswerte, kompetente öffentliche Beratung wird von Herrn S. in bezug auf Fördermittel gewünscht.

Eine hilfreiche Förderungsmöglichkeit haben die Partner durch Zufall entdeckt und genutzt. Ein befreundetes Unternehmen hatte sie darauf aufmerksam gemacht, daß eine Möglichkeit besteht, auf einer Fachmesse kostenlos auf einem Gemeinschaftsstand von Nordrhein-Westfalen auszustellen. Die Nutzung dieser Gelegenheit hat dem jungen Unternehmen viel Geld gespart.

»... und so sucht man sich dann Informationen zusammen und entwickelt ein Konzept.«

Um bei den Banken Vertrauen in das Gründungsvorhaben zu gewinnen, haben die Gründer ein Konzept erstellt und dieses schriftlich festgehalten. Ein befreundeter Unternehmensberater hat ihnen dafür sein eigenes Gründungskonzept als Vorlage zur Verfügung gestellt. Damit hatten die Techniker eine Gliederung, an der sie sich orientieren konnten. Eine solche Vorlage schätzt Herr S. als sehr hilfreich ein, denn mit Gründungskonzepten hatte natürlich bisher keiner der drei Erfahrung. Um ihr Konzept zu erstellen, zapften die Gründer verschiedenste Informationsquellen an. Sie nutzten Literatur zur Existenzgründung und besuchten auch ein Existenzgründerseminar der Industrie- und Handelskammer. Von diesem Seminar konnten sie viel Informationsmaterial mit nach Hause nehmen, jedoch konnten die Gründer nach Meinung von Herrn S. für ihr konkretes, sehr spezielles Vorhaben nicht unbedingt Nutzen daraus ziehen. *»Also, das ist eher so etwas für den Bäcker, der sich selbständig machen will, oder die Frau, die eine Boutique aufmachen will ... Aber nicht unbedingt etwas für Leute, die im Industriebereich was tun wollen. Aber ich finde es gut, daß so etwas angeboten wird, und ich würde es auch wieder besuchen.«*

Für besonders wichtig und hilfreich hält Herr S. auch Gespräche mit Freunden und Bekannten, da diese gute Tips, zum Teil aus ihrer eigenen Erfahrung mit Selbständigkeit, geben können.

Etwas Marktforschung haben die drei Gründer auch betrieben, vor allem deshalb, um der Bank gegenüber die Marktfähigkeit der Konzeption zu belegen. Dazu wurden Statistiken ausgewertet, z.B. das statistische Jahrbuch oder Veröffentlichungen der entsprechenden Verbände der interessierenden Branchen (Industrieverband der Kunstoffindustrie, Industrieverband der Papierindustrie etc.). Es wurde recherchiert, wie viele potentielle Abnehmer solcher optoelektronischen Systeme in den einzelnen Branchen zu finden sind, wobei aufgrund der Investitionshöhe nur Betriebe ab einer bestimmten Mitarbeiterzahl in Frage kommen.

Die Ergebnisse der Recherchen wurden im Konzeptpapier für die Bank in grobe Schätzungen des Umsatzes der ersten drei Jahre und unter überschlägiger Abschätzung der Kosten auch in erste Aussagen über mögliche Gewinne umgesetzt. Auf der Kostenseite waren die Hardwarekosten relativ leicht, die Softwareentwicklungskosten dagegen eher schwierig zu kalkulieren. Bei der Erstellung der Berechnungen hat ein befreundeter Steuerberater geholfen. Das Konzept beinhaltet einen groben Investitionsplan, jedoch nur sehr unvollständige Erfolgsrechnungen und keinen Liquiditätsplan. Es wird eine Prognose gegeben über die Anzahl der verkauften Systeme in den ersten drei Jahren. Auf insgesamt acht Seiten des Plans werden unter anderem die Grundkonzeption, ganz kurz auch die grundsätzliche Technik, die Anwendungsgebiete des Produktes und der Kundennutzen der Lösung dargestellt. Als Anhang sind die Lebensläufe der Gründer und Empfehlungsschreiben von ehemaligen Kunden des Konkursunternehmens beigefügt.

Das Konzeptpapier der Gründer ist nur für die Banken erstellt worden. An eine Bedeutung als interne Planungshilfe ist von den Partnern nicht gedacht worden. Für eine genauere Planung und betriebswirtschaftliche Rechnungen wäre sicher auch eine umfangreichere Gründungsberatung notwendig gewesen, da den Technikern die betriebswirtschaftlichen Kenntnisse fehlten.

»Erst mal geht's um die Technik, und dann kommt der Rest.«

Bei der Ausstattung des Unternehmens wurde bei der Gründung und auch im weiteren Verlauf der Entwicklung vor allem Wert darauf gelegt, daß die notwendigen technischen Geräte vorhanden sind. Um Qualität entwickeln und produzieren zu können, ist eine gute technische Ausstattung (spezielle Software, Meßgeräte und eine ausreichende Computerausstattung) zwingend erforderlich. Gespart wurde vor allem an der Büroausstattung und Einrichtung. Die Partner brauchen keine repräsentativen Räume, da selten Kundenbesuch ansteht und für den Besucher vor allem die Technik im Mittelpunkt steht. So wurden Schreibtische und Einrichtung gebraucht vom Secondhandmarkt oder bei Freunden organisiert oder neu, aber preiswert eingekauft. *»Es macht wenig Sinn, sich ganz toll einzurichten und dann hinterher festzustellen, daß dann das Geld für wichtige Meßgeräte fehlt.«*

Der einzige festangestellte Mitarbeiter ist, wie erwähnt, Ingenieur. Die Buchhaltung wird extern durchgeführt, und auch nach drei Jahren haben die Gründer noch keine Schreibkraft eingestellt. Auch hier gilt: Erst die Technik, am Rest wird gespart.

»Wir würden alle gern ein tolles Auto fahren, aber eben erst, wenn wir es bezahlen können.«

Herr S. hört oft von Bekannten, daß er als Unternehmer doch eine Menge Geld verdienen müßte. Tatsächlich ist es jedoch so, daß die Gründer in den letzten Jahren finanziell stark zurückstecken mußten. Die Geschäftsführergehälter wurden sehr bescheiden angesetzt. *»Ja, wenn man also vorher 5500 DM brutto verdient hat und als geschäftsführender Gesellschafter eben nur noch 3500 DM hat, dann ist das schon ein Unterschied. Da muß man dann auch erst mal mit umgehen können.«* Die Gründer hatten sich vorgenommen, sich zunächst auf das Notwendigste zu beschränken und das Unternehmen *»erst mal zum Laufen zu bekommen.«*

Herr S. erzählt, daß er oft bei Kunden von solchen Unternehmern hört, die sich gerade selbständig gemacht haben und mit teuren Autos bei ihren Kunden vorfahren, aber nach einem halben Jahr ihr Geschäft aufgeben müssen. Gerade darauf wollten die Gründer achten und ihr Unternehmen zunächst auf solide Beine stellen und Gewinne erzielen, *»und dann kann man anfangen, sich ein paar Annehmlichkeiten zu verschaffen.«*

Auch wenn finanzielle Interessen bei der Entscheidung zur Selbständigkeit nicht im Vordergrund standen, hat Herr S. doch zum Ziel, langfristig größere Gewinne aus dem Unternehmen ziehen zu können, um seine finanzielle Situation zu verbessern und sich damit für die jetzige Zeit der Einschränkungen zu entschädigen.

»Bildverarbeitung, das ist ein Boom im Moment, und es geht eigentlich erst richtig los in dem Bereich.«

Eine große Chance liegt in dem Produkt selbst, das für eine Vielzahl von Anwendungen geeignet ist. Die Unternehmer sind nicht von einer bestimmten Branche abhängig, sondern lösen ein Problem, das in sehr vielen Bereichen auftritt. Die Technik ist noch relativ neu, und es kommen immer mehr Unternehmen auf die Idee, diese Kamera in ihrer Qualitätskontrolle einzusetzen. Bisher wurden solche optischen Erkennungen meist mit Laserscannern erledigt, die jedoch sehr aufwendig und teuer sind. In vielen Unternehmen werden Kontrollen von Mitarbeitern durchgeführt, die z.B. in der Papierindustrie Blatt für Blatt durchsehen. Die Kamera der drei Gründer ist eine Möglichkeit, Fehler kostengünstiger, sicherer und schneller zu erkennen. Vorreiter bei der Anwendung solcher Systeme war bisher die Papierindustrie, die auf sorgfältige Oberflächenkontrollen angewiesen ist. Aber inzwischen gibt es Anfragen von immer mehr anderen Branchen. Die Erfahrung des Herrn S. zeigt ihm, daß der Markt für alle Beteiligten groß genug ist. Es gibt einen direkten Mitbewerber mit einer vergleichbaren Leistung und zehn weitere Unternehmen, die ähnliche Lösungen anbieten. Wichtig erscheint eine gezielte Ansprache der Vertreter solcher Branchen, die bisher noch nicht an solche Lösungen gedacht haben, es aber sinnvoll und nutzbringend einsetzen könnten.

»Verpackungseinheiten, das ist bei uns so ein rotes Tuch.«

Für die Gründer stellt sich ein unerwartetes Problem auf der Beschaffungsseite. Für die Entwicklung der Kamera sind Musterbauteile notwendig. Es muß probiert und getestet werden. Herr S. macht die DIN ISO 9000 dafür verantwortlich, daß ein kleines Unternehmen kaum noch in der Lage ist, solche Musterbauteile im Halbleitersektor in kleinen Mengen zu bekommen. Die DIN verpflichtet die Halbleiterlieferanten dazu, nur noch Verpackungseinheiten zu verkaufen. Einzelne Teile aus bereits geöffneten Verpackungen könnten beschädigt sein und sind daher nicht mehr DIN-ISO-9000-gerecht. Dies ist für Herrn S. und seine Partner inzwischen ein großes Problem, denn wenn in der Entwicklung nur ein Bauteil für 1,35 DM/Stück benötigt wird, von dem noch nicht einmal klar ist, ob es wirklich geeignet ist, müssen eventuell 100 Stück von diesem Bauteil abgenommen werden, da dies die Verpackungseinheit ist. Hierdurch erhöhen sich die Materialkosten in nicht unerheblichem Maße. Dieses Problem entsteht bei so kleinen Stückzahlen wie im vorliegenden Fall, und nicht nur in der Entwicklung, sondern auch bei der Produktion. Solche Probleme stellen sich oft erst im Laufe der Geschäftstätigkeit heraus und sind nicht immer vorhersehbar.

»Wir freuen uns, daß wir die ersten drei Jahre überstanden haben.«

Die Partner setzen auf langsames, aber solides Wachstum ihres Unternehmens. Das Vorhaben hat sich insgesamt ungefähr so entwickelt, wie Herr S. sich das vorher vorgestellt hatte. Das zeigt, daß der Markt und die eigene Leistungsfähigkeit einigermaßen realistisch eingeschätzt wurden. Durch die vorsichtige Unternehmenspolitik, z. B. erst nach drei Jahren den ersten Mitarbeiter einzustellen, besteht natürlich auch die Gefahr, daß Wachstumschancen verpaßt wurden. Der Markt scheint mit den vielfältigen Anwendungsbereichen des Produktes ja durchaus groß genug zu sein. Diese Möglichkeiten sollten vielleicht schneller genutzt werden.

Insgesamt hat der Einstieg in den Markt, auch durch bereits bestehende Kontakte zu Kunden aus der Arbeit beim ehemaligen Arbeitgeber, relativ gut funktioniert. Das Unternehmen ist inzwischen bekannt und die Leistung auch als qualitativ hochwertig am Markt positioniert. Herr S. betont, daß bisher von Jahr zu Jahr eine gute Umsatzsteigerung erzielt wurde und die Richtung der Entwicklung stimmt.

Die Zufriedenheit der Gründer mit ihrem jungen Unternehmen erwächst aus der Tatsache, daß sie froh sind, die ersten Jahre überstanden zu haben. Überleben wird hier als Minimalziel verstanden und als Voraussetzung, langfristig vielversprechende Gewinne zu erzielen.

» ... bis zu zehn Leute, das ist eine Größenordnung, die ich mir vorstellen kann.«

Die persönlichen Ziele von Herrn S., seine finanzielle Situation zu verbessern, sich seine Arbeitszeit noch besser einteilen zu können oder mal wirklich mit ruhigem Gewissen in den Urlaub zu fahren, lassen sich nur verwirklichen, wenn ein bestimmtes Wachstum mit dem Unternehmen erreicht und eine langfristige Sicherung von Gewinnen erreicht werden kann. *»Sonst macht man sich nicht selbständig. Man will ja etwas davon haben.«*

Geplant ist für die zukünftige Entwicklung des Unternehmens eine grundsätzliche Beibehaltung der Konzentration auf den Markt für Optoelektronik. Vielleicht werden in Zukunft noch ähnliche Produkte entwickelt. Die bisher angebotene Kamera wird in jedem Fall weiterentwickelt.

Um delegieren und ein größeres Auftragsvolumen bewältigen zu können, muß das Unternehmen personell aufgestockt werden. Herr S. stellt sich langfristig vor, mit bis zu zehn Personen im Betrieb zu arbeiten. Sichere Arbeitsplätze zu schaffen und größere Gewinne zu erzielen, das sind die Ziele Gründer.

»Man hat nie den Kopf frei.«

Für Thomas S. hat sich durch die Gründung auch die persönliche Situation stark verändert. Er gibt an, wesentlich weniger Zeit zu haben als vor der Gründung. Aus diesem Grund hält er es auch für sehr wesentlich, daß die Familie dahinter steht und den Unternehmensgründer unterstützt. *»Da muß man schon oft um Verständnis bitten, gerade in der ersten Zeit.«* Herr S. hofft darauf, daß sich in Zukunft das Zeitproblem etwas verringern wird. Bisher ist die Situation diesbezüglich noch nicht besser geworden, eher im Gegenteil. Durch steigende Auftragszahlen ist gerade im letzten Jahr das Problem so stark in den Vordergrund gerückt, daß deshalb auch letztendlich der Mitarbeiter zur Entlastung eingestellt wurde.

Neben der fehlenden Freizeit belastet Thomas S. auch das Risiko und die Verantwortung. Die Probleme des Unternehmens lassen ihn nie vollständig los, und er kann niemals richtig abschalten, wenn er Feierabend hat. *»Ich sehne mich manchmal danach, einen Job zu haben, wo ich um fünf Uhr nach Hause gehe und mich meinen Hobbys widmen kann.«* Als Unternehmer hat er nie den »Kopf frei«, da er davon existentiell betroffen ist, bestimmte Probleme zu lösen.

Durch die Geburt seines Kindes hat sich die Situation für Herrn S. nicht gerade vereinfacht, da er in der Rolle als Vater noch zusätzlich gefordert ist. Für soziale Kontakte und Freunde bleibt für ihn als Unternehmer sowieso schon weniger Zeit, durch den Nachwuchs wird diese Entwicklung noch verstärkt. Die Verantwortung für das Kind ist für den Jungunternehmer jedoch kein Anlaß, sich größere Sorgen um den Erfolg seines Unternehmens zu machen, da er relativ optimistisch scheint, in jedem Fall irgendwie das Leben zu meistern. *»Wenn das halt mit der Firma nicht mehr geht, dann muß man sehen, daß man einen anderen Job findet.«* Aber zunächst hält er es nicht für sinnvoll, sich über ein mögliches Scheitern Gedanken zu machen. Herr S. ist kein Gründer, der euphorisch vom großartigen zukünftigen Erfolg schwärmt, aber er blickt zuversichtlich in seine Unternehmerzukunft.

Balance zwischen Kunst und Markt: Gründung einer Galerie

Der Kunsthistoriker Jörk R. gründete Ende 1996 eine Kunstgalerie in einer ehemaligen Druckerei. Mit geringen Investitionen und kleinem Risiko startete er seine Selbständigkeit als Versuch, ohne einen euphorischen Glauben an den Erfolg auf einem schwierigen Markt für Einsteiger. Die Galerie entwickelte sich besser, als der Gründer erwartet hatte. Zur Gründung erstellte er keine detaillierte Gründungsplanung, berechnete aber überschlägig Umsatzvorgaben.

»Ich träume und setze meine Träume um.«

Deutlicher als bei anderen Gründungen ist bei Jörk R. die Trennung zwischen privaten Interessen und beruflicher Tätigkeit aufgehoben. Er gründete 1996 eine Kunstgalerie, um sich überwiegend mit Kunst zu beschäftigen und in der Hoffnung, auch seinen Lebensunterhalt damit verdienen zu können.

Der bisherige Lebenslauf des Gründers steht ganz im Zeichen der Kunst: Jörk R. ist promovierter Kunsthistoriker mit Assistententätigkeit in Leipzig und St. Petersburg. Seit seiner Promotion 1991 war er freiberuflich als Kunstkritiker und Kurator in Leipzig, Paris, Berlin, Erfurt und St. Petersburg tätig. Bei diesen Tätigkeiten standen weniger wirtschaftliche Erfordernisse im Vordergrund, sondern vielmehr die Kunst selbst und die Vermittlung zwischen Künstlern, Geldgebern und Kunstinteressierten. Jörk R. nutzte während dieser Zeit die Chance, auch experimentelle Kunst ausstellen zu können und Aktionen zu machen, die nicht vorrangig auf Akzeptanz beim breiten Publikum ausgerichtet waren. Auch wenn in seiner Galerie nun die Kunst im Mittelpunkt bleibt, sind bei seiner jetzigen Tätigkeit gewisse wirtschaftliche Überlegungen notwendig, da regelmäßige Betriebsausgaben, z.B.

Kosten für Miete und Ausstellungsflyer, bezahlt werden wollen und sein eigener Lebensunterhalt finanziert werden muß.

Die Gründungsidee und -motivation ergibt sich bei dem Galeristen durch sein großes persönliches Interesse an der Kunst und nicht aus der Vorstellung, ein wirtschaftlich besonders tragfähiges und erfolgreiches Unternehmenskonzept verwirklichen zu wollen. Für ihn gibt es zur Kunst keine Alternative; er ist Unternehmensgründer, weil er Galerist sein wollte, nicht etwa umgekehrt.

»Wenn Kunst für den Markt geschaffen wird, ist es keine Kunst mehr.«

Aus der Zeit als Kurator stammen viele Kontakte, die jetzt für R. als selbständiger Galerist von Bedeutung sind. Besonderes Betriebskapital ist daher seine Kundenkartei, in der er schon seit langer Zeit Namen und Adressen von Kunstinteressierten gesammelt hat, bisher ca. 2.500. Diese Datei wird sorgfältig gepflegt und ist in verschiedene Kategorien sortiert, um sie für unterschiedliche Zwecke nutzen zu können.

Kunst ist eine besondere »Ware« mit sehr speziellen Eigenschaften. Übliche Dimensionen wie Qualität, Produktvorteile, Kundennutzen und Preis scheinen sehr viel schwieriger zu beschreiben zu sein als auf anderen Märkten. Der Kauf eines hochwertigen Kunstwerkes ist eine besondere und nicht alltägliche Situation und sicher nicht mit dem Kauf einer Waschmaschine zu vergleichen. Deshalb müssen beim Handel mit Kunst auch ganz andere Aspekte und Spielregeln beachtet werden. Der Verkauf ist überwiegend eine sehr persönliche Sache, deshalb spielt die persönliche Ansprache der Kunden eine große Rolle. Dies erfordert vom Galeristen eine besonders ausgeprägte soziale Kontaktfähigkeit.

Herr R. achtet darauf, daß die Ausstellungen möglichst sparsam in den großen hellen Räumen einer ehemaligen Druckerei präsentiert werden, um einen Warenlagercharakter zu vermeiden und der Kunst einen entsprechenden Raum zu geben. Um der Galerie ein eindeutiges Profil zu verleihen, hält R. es für wichtig, möglichst sortenrein auszustellen, also nicht verschiedene Kunstrichtungen und Künstler gleichzeitig anzubieten.

Die Galerie hat erst ab nachmittags geöffnet (16.00 bis 20.00 Uhr) oder nach Vereinbarung, da die Kunden meist erst nach ihrer Arbeit Zeit und

Muße finden, sich mit Kunst zu beschäftigen. Insgesamt steht der persönliche Verkauf im Vordergrund. Zur Eröffnung der Ausstellungen werden Interessierte aus der Kartei persönlich angeschrieben und Flyer verschickt. Weiterhin ruft der Galerist potentielle Kunden auch direkt an, wenn er Interesse an bestimmten Werken vermutet oder wecken will. Zum Teil hängt R. Werke bei den Kunden für ein paar Wochen zur Probe hin und hofft auf den Effekt des Abhängens *»als psychologisches Moment«*.

Eine wichtige Rolle spielen für eine Galerie Kontakte zur Presse, da für die Branche Werbeanzeigen in der Tagespresse weder üblich noch sinnvoll sind. Eine Erwähnung der Galerie oder der ausstellenden Künstler im redaktionellen Teil von entsprechenden Medien erzielt eine größere Werbewirkung als eine Anzeige. Die Kunden der Galerie sind zum einen Privatkunden aus der Mittel- und Oberschicht im Alter von 30 bis 45 Jahren. Kunst wird jedoch nicht nur für die Ausstellung in privaten Räumen gekauft, sondern auch z. B. von Banken, Anwälten oder Ärzten für die Dekoration ihrer Geschäftsräume. Für die langfristige wirtschaftliche Tragfähigkeit der Galerie ist es durchaus sinnvoll und vom Gründer auch angestrebt, größere Unternehmen und Institutionen mit entsprechenden Etats für den Erwerb von Kunst als Kunden zu gewinnen.

Die Auswahl der Künstler, die R. vertritt und ausstellt, erfolgt aus dem persönlichen Kunstverständnis des Galeristen heraus und damit aus der subjektiven Bewertung der künstlerischen Qualität und Bedeutung der Werke. Eine strikte Marktausrichtung und schwerpunktmäßige Orientierung an den Wünschen der Kunden widerspricht dem Grundverständnis des Galeristen von seiner Tätigkeit. So muß er zwischen Kunst und Markt eine Balance finden, bei der ihm die Arbeit Spaß macht und seine Galerie überlebensfähig bleibt.

»500 Personen am ersten Abend.«

Die ehemaligen Fabrikräume, die R. für seine Galerie angemietet hat, sind vor allem preiswert und bieten ihm ausreichend Raum für die Ausstellungen. Die zentrale Lage innerhalb der Innenstadt ist angenehm, jedoch ist Laufkundschaft nicht die Hauptzielgruppe des Galeristen. Der Standort Erfurt, eine Stadt mit ca. 200.000 Einwohnern, ist nach eigenen Angaben aus persönlichen Gründen gewählt worden. Die Entfernung zu Städten mit deutlich dichterer Kunstszene und Galeriestruktur wie z.B. Köln und Berlin hat sicher Einfluß auf den Kundenkreis und auf die Wettbewerbssituation.

Zur Eröffnung der Galerie kamen 500 Neugierige, ca. 30 % der vorher angeschriebenen kunstinteressierten Personen. An diesem ersten Abend wurde jedoch noch nichts gekauft. In der Woche nach Eröffnung verkaufte der Galerist dann ein paar kleinere Werke.

Eine detaillierte und formalisierte Gründungsplanung hat R. nicht vorgenommen. Da er keinen Kredit aufnehmen wollte, brauchte er auch keine Banken von seinem Konzept zu überzeugen. Für ihn selbst war vorher nur schwer abzuschätzen, ob die Galerie Erfolg haben und ob er damit auch langfristig seinen Lebensunterhalt bestreiten können würde. So war die Galerieeröffnung für ihn eher ein Versuch, verbunden mit der Hoffnung, daß es klappen könnte. Dennoch ist Jörk R. nicht ohne jede Planung blauäugig in seine Unternehmensgründung gestürzt. Er hat seine monatlichen Kosten überschlägig geschätzt (Miete, Nebenkosten, Telefon, Porto, Druckkosten etc.) und dazu eine Summe addiert, die er für seinen Lebensunterhalt monatlich mindestens benötigt. Aus dieser Mindestgröße leitete er seine Umsatzvorgabe ab. Diese Vorgehensweise ist in seiner Situation ein sinnvoller Ansatz, weil die Kosten seiner Galerie überschaubar sind und auf der anderen Seite die Umsätze außergewöhnlich schlecht abzuschätzen sind.

»Ich habe keine reiche Tante.«

Die Gründung der Galerie hatte den Charakter eines hoffnungsvollen Versuches. Der Gründer konnte und wollte nicht mit sicherem Erfolg rechnen. Dies ist wohl auch ein Grund, warum Jörk R. keinen Kredit aufnehmen wollte. Er wollte zunächst nur einsetzen, worüber er persönlich verfügte. Bei der Anschaffung der benötigten Anfangsinvestitionen war er möglichst sparsam und zurückhaltend. Wie viele Gründer hat auch er dabei auf zum Teil gebrauchte Ausstattung und auf Freunde, z.B. auf deren Muskelkraft bei der Renovierung der Räume, gesetzt.

Für den Fall einer längeren Durststrecke oder für andere Notfälle konnte sich Jörk R. auf Rücklagen verlassen, die nach seinen Ansprüchen für ca. ein Jahr gereicht hätten. So waren für R. relativ gute Voraussetzungen gegeben, den Versuch zu wagen.

R. hat Fördermittel des Landes in Anspruch genommen. Auf die Suche nach weiteren Fördermöglichkeiten, z. B. europäischen Programmen, hat er verzichtet, da er die Informationsbeschaffung für ziemlich aufwendig hält. Er findet es fraglich, ob sich der erforderliche Zeitaufwand dafür jeweils lohnt.

»Per Handschlag ...«

Die soziale Kontaktfähigkeit des Gründers ist nicht nur in bezug auf seine Kunden gefordert, sondern auch in der Kommunikation mit den Künstlern. R. arbeitet eng mit den Künstlern, die in seiner Galerie ausstellen, zusammen. Vielversprechende Künstler müssen möglichst langfristig an die Galerie gebunden werden, um finanziell und imagemäßig von dem Erfolg des Künstlers zu profitieren, den die Galerie ja mit aufgebaut hat.

Die Zusammenarbeit zwischen Künstler und Galeristen ist oft nicht in schriftlichen Verträgen geregelt, sondern Abmachungen werden noch häufig mündlich getroffen und per Handschlag besiegelt. Bei größeren Summen und bestimmten Kommissionsverträgen werden jedoch auch schriftliche Regelungen festgehalten. Der Umsatz eines verkauften Werkes wird nach individueller Absprache zwischen Galerist und Künstler aufgeteilt. Insbesondere bei Fotoarbeiten und Plastiken sind die Produktionskosten oft besonders hoch, was in der Umsatzaufteilung berücksichtigt wird. Die Preisgestaltung wird mit dem Künstler gemeinsam besprochen, wobei Preise für die Kunst nach Qualität, Bekanntheit des Künstlers und der Nachfragesituation festgelegt werden.

R. fördert vorwiegend junge Talente. Geeignete Künstler findet er bei Ausstellungen und Atelierbesuchen sowie über Fachpublikationen. Viele Künstler bewerben sich auch direkt bei der Galerie. Als Auswahlkriterien nennt Jörk R. zum einen die künstlerische Qualität (innovatives, intuitives und technisches Potential) und zum anderen aber auch die menschliche Qualität des Künstlers (Zuverlässigkeit, Berechenbarkeit).

»Steigende Tendenz!«

Jörk R. ist in der Situation, daß sich seine Galerie deutlich positiver entwickelt, als er es erwartet hatte. Die Umsätze der Galerie sind für ihn zufriedenstellend und haben steigende Tendenz. Mit zunehmender Bekanntheit der Galerie und zunehmenden Erfolgen der von R. vertretenen Künstler sind sicher weitere Umsatzsteigerungen möglich. Die Zukunftsaussichten der Branche insgesamt schätzt R. als allgemein positiv ein.

Die Planung der Ausstellungen geschieht jeweils langfristig. Die Galerie ist ausgeplant bis 1999. Bisher dauerten die Ausstellungen nur einen Monat, auch um durch das wechselnde Angebot eine größere Öffentlichkeits- und Werbewirkung zu erzielen. In Zukunft sollen die Ausstellungen jedoch länger stattfinden (1998 sind nur noch neun Ausstellungen geplant, für 1999 ca. sechs bis acht).

Die Einstellung von Mitarbeitern ist zur Zeit finanziell noch nicht möglich, daher ist eines der größeren Probleme des Galeristen die Zeit, da sämtliche Arbeiten selbst oder mit Hilfe von Freunden erledigt werden müssen. Insbesondere für die regelmäßige Ansprache von Kunden ist viel Zeit notwendig.

»Nicht reich, aber glücklich.«

R. hat den Schritt in die Selbständigkeit und die Gründung seiner Galerie bisher nie bereut. Seine persönlichen Erwartungen haben sich erfüllt. Jörk R. ist als Kunstinteressierter und Kunstexperte in die Unternehmeraufgabe hineingerutscht und scheint eine Verbindung zwischen Marktnachfrage und Kunstverständnis gefunden zu haben. Auf die Frage, was er mit seinem jetzigen Wissen bei der Gründung seiner Galerie anders machen würde, antwortet er: *»knausriger sein, härter verhandeln«*. Der Kunstexperte hat bei seiner Gründung vor allem in seiner Unternehmerfunktion dazugelernt, und betriebswirtschaftliche Aspekte haben ein stärkeres Gewicht bekommen.

Wenn der Galerist seine persönliche Situation mit *»nicht reich, aber glücklich«* beschreibt, dann kann man davon ausgehen, daß er seine Ziele verwirklicht hat. Er beschäftigt sich mit Menschen, Themen und Dingen, die ihn interessieren, und kann davon leben.

Pionierarbeit im Abenteuersport: Ein Sportlerehepaar gründet eine Kletterhalle

Mit hohem Investitionsaufwand gründeten Christiane und Michael V. vor drei Jahren eine Freizeitsportanlage für Hallenklettern in einer ehemaligen Brauerei. Trotz Pechs mit dem ersten Unternehmensberater gelang es ihnen, eine detaillierte Gründungsplanung zu erstellen und so die Finanzierung für das innovative Vorhaben sicherzustellen. Als Pioniere in einem stark wachsenden Markt stießen sie eine Entwicklung an, die schnell Konkurrenten auf den Plan rief. Durch eine enge Zusammenarbeit mit öffentlichen Einrichtungen und einem zufriedenen Kundenstamm können sie sich behaupten. Zur langfristigen Sicherung sind umfangreiche Erweiterungen geplant.

»Wer macht nicht gerne sein Hobby zum Beruf?«

Die Gründung einer Kletterhalle ist für Michael und Christine V. die logische Konsequenz einer beruflichen Entwicklung im Zeichen des Bergsports. Michael V. war bereits als Jugendlicher begeisterter Bergsportler und absolvierte früh eine verbandsinterne Bergführer-Ausbildung. Sowohl der Sport als auch die aktive Arbeit im Verein haben ihn seitdem nicht mehr losgelassen. Zunächst wollte er sich nach der Schule für zwölf Jahre bei der Bundeswehr verpflichten. Da ihm dort jedoch nicht garantiert werden konnte, daß er bei den Gebirgsjägern bleiben würde, nahm er statt dessen das Studium an der Sporthochschule in Köln auf.

Als ausgebildeter Übungsleiter konnte V. während des Studiums freiberuflich als Kursleiter im Bereich Bergsteigen, Klettern und Bergwandern arbeiten. Diese Tätigkeiten waren für ihn vor allem deshalb interessant, weil er damit auf vielen Ebenen der entsprechenden Einrichtungen und Gremien Neuland betrat und auf diese Weise seinen Sport in Deutschland weiter entwickeln und populärer machen konnte. Die Bezahlung für solche Kursleitertätigkeiten war überwiegend eher dürftig. *»Gerade in Uni-Einrichtungen, Asta-Sport-Referat, war ja nicht mehr als 10 bis 15 Mark zu verdienen.«*

Direkt im Anschluß an seinen Studienabschluß bekam V. die Möglichkeit, an der Hochschule einen Lehrauftrag für einige Wochenstunden zu übernehmen. Solche Lehraufträge waren trotz der auch dabei relativ geringen Bezahlung sehr begehrt. *»Aber das machst du natürlich für die Ehre, und das machst du dann ein paar Jahre lang.«* Für eine begrenzte Zeit konnte er auch eine feste Dozentenstelle übernehmen.

»Als Diplom-Sportlehrer hat man ja keine besonderen Perspektiven.«

Der Berufsweg für einen Diplom-Sportlehrer ist nicht eindeutig vorherbestimmt. Einige der Absolventen haben ein zweites Fach studiert und nehmen eine Lehrtätigkeit in der Schule auf. Für alle anderen ist der Weg sehr offen. Herr V. bezeichnet Sportstudenten als besonders aktive und flexible Personen, die mit Menschen sehr gut umgehen können. *»Hansdampf in allen Gassen bist du da irgendwo.«* Um mit ihrer Ausbildung Geld verdienen zu können, müssen Sportlehrer nach Ansicht von Michael V. ihre Kontakte nutzen und Gelegenheiten wahrnehmen, in Aufgaben hineinzuwachsen. Auch V. hatte kein klares Berufsziel vor Augen, wußte jedoch, was ihm Spaß machte und was er konnte.

Bereits während des Studiums gründete Michael V. gemeinsam mit seinem Bruder eine Bergsteigerschule in Form einer GbR. Das Unternehmen erwuchs aus den freiberuflichen Tätigkeiten der Brüder während des Studiums und arbeitete mit freien Mitarbeitern. *»Dann haben wir uns selbständig gemacht, mit allen Vor- und Nachteilen, die damit zusammenhängen, das Ende des schönen Studentenlebens …«* Die Schule führte Michael V. zusammen mit seinem Bruder auch nach seinem Diplom weiter. Da der Lehrauftrag an der Hochschule auf ca. sieben Wochenstunden beschränkt war, war dies ohne weiteres möglich.

Schließlich wagte sich Michael V. gemeinsam mit seiner Frau vor drei Jahren an ein deutlich größeres Projekt. Christiane V. gründete ein Erlebnis- und Kletterzentrum in einer großen Halle mit 600 qm Kletterfläche, bei dem ihr Mann als sportlicher Leiter angestellt ist. Auch Christiane V. ist aktiv im gemeinsamen Sport und Diplom-Sportlehrerin mit einer Sport-Management-Ausbildung an einem privatwirtschaftlichen Weiterbildungsinstitut. Sie gab ihre Stelle als Dozentin für die Selbständigkeit auf.

Das Grundkonzept der Kletterhalle besteht darin, den Abenteuersport Klettern in die Halle zu bringen. So sollte ein Umfeld geschaffen werden, in dem die Kunden Klettererfahrungen auch in der Stadt machen können. Das Hallenklettern war zur Zeit der Gründung in Belgien, Holland und Frankreich sehr viel weiter entwickelt, in Deutschland mußte dieser Markt erst aufgebaut werden. Aus diesem Grunde war das Vorhaben des Ehepaares von Anfang an mit einem großen Risiko behaftet. Es gab keine Erfahrungen und Vergleichszahlen anderer Kletterhallen, und die Verhältnisse aus anderen Ländern waren nicht ohne weiteres auf die Situation des Klettersports in Deutschland übertragbar.

»Der Bau, der hat richtig Geschichte, der ist ja 130 Jahre alt.«

Die Kletterhalle wurde in den Räumen einer ehemaligen Brauerei errichtet. Die Gesamtimmobilie wird von einer Entwicklungsgesellschaft bewirtschaftet, die für den ehemaligen Industriestandort in einem Vorortzentrum ein neues Nutzungskonzept entworfen hat. Für die verschiedenen ansässigen Betriebe, überwiegend aus dem Medien- und Freizeitbereich, wurde ein gemeinsames Standortprofil und -image aufgebaut. Die Serviceleistungen der Entwicklungsgesellschaft beinhalten z.B. ein gemeinsames Marketing, Gastronomiebereiche, Sicherheitskräfte, ein Parkhaus und bei Bedarf auch Beratungsleistungen für Gründer.

Michael V. ist mit der Betreibergesellschaft als Partner zufrieden. Bei dem Hallenausbau wurden in Absprache einige Vorleistungen von der Gesellschaft übernommen, wie z.B. der Einbau einer Heizungsanlage. Das gemeinsame Standortmarketing wird unter anderem durch eine Zeitschrift realisiert, die redaktionelle Beiträge zu den einzelnen Betrieben veröffentlicht. Auf diese Weise erreichen Berichte über Aktivitäten in der Kletterhalle für V. kostenlos eine Vielzahl von Haushalten.

Ausgestattet ist die Halle mit Kletterwänden verschiedener Schwierigkeitsgrade und Sondereinrichtungen wie einer hydraulisch verstellbaren Wand, einer besonderen »Reha-Wand« für Behinderten- und Rehabilitationssport und einem »Boulder-Bereich«, in dem ohne Sicherungsseil geklettert werden kann. Der Aufbau der Klettereinrichtungen wurde durch einen Experten aus Frankreich durchgeführt, da es in Deutschland noch keine entsprechenden Fachkräfte gab. Ein Problem dabei waren die fehlenden Sicherheitsstandards in Deutschland für den Aufbau solcher Kletterwände. Weiterhin gibt es in der Halle einen Bistro-Bereich und einen Seminarraum für Schulungen. Durch die Einbeziehung eines alten Backsteinkamines aus vergangenen Brauereitagen und der vorhandenen Stützsäulen bekommt die Halle eine besondere Atmosphäre. Für Michael V. ist die Anlage immer noch *»vom Outfit her die schönste Halle«*.

»Wir haben unsere Hausaufgaben gemacht.«

Das Ehepaar hat für die Gründung des Kletterzentrums eine detaillierte schriftliche Planung erstellt. Die Vorbereitungen des Vorhabens erstreckten sich über einen Zeitraum von ca. zwei Jahren. Christiane V. konnte dabei zum Teil die Kenntnisse aus ihrem Sport-Management-Studium nutzen. Michael V. kritisiert dagegen, daß grundlegende kaufmännische Kenntnisse in seinem Studium an der Sporthochschule nicht vermittelt wurden, obwohl ein großer Teil der Absolventen sich in irgendeiner Form selbständig macht. Die Eheleute informierten sich über Unternehmensgründungen im Sport- und Freizeitbereich durch Unterlagen der privaten Fortbildungseinrichtung, an der Frau V. ihre Ausbildung gemacht hatte. Sie nahmen auch Literatur über Gründungen im Fitneßbereich zu Hilfe, die jedoch auf ihr Vorhaben nur bedingt anwendbar waren.

Über eine Empfehlung aus dem Umfeld der Sporthochschule gerieten die Gründer an einen Unternehmensberater, der ein Konzept erstellte, das leider zur Ablehnung der geplanten und beantragten Finanzierung und Förderung führte. Christiane V. sagt über ihn: *»Er war wirklich schlecht und hat uns viel Geld gekostet.«* Diese Unternehmensberatung wurde leider nicht gefördert und bescherte dem Paar Kosten von einigen tausend Mark. Jemand in der Familie empfahl ihnen dann, sich an das Technologiezentrum in ihrer Stadt zu wenden. Hier bekamen die Gründer gute Informationen und Hilfestellung. *»Und zwar ist das Unternehmensberatung, die unentgeltlich gemacht wird. Das Schönste an der Sache ist, die machen einem kein Konzept, sondern die geben einem Hilfsmittel an die Hand, wie man ein Konzept erstellt. Aber du mußt* *alles selber machen.«* Die beiden halten es für sehr wichtig, einen Berater zu haben, der kompetent ist und zu dem man Vertrauen haben kann.

Michael V. vermißt auch eine stärkere Beratung und Begleitung von Unternehmen von staatlicher Seite, da es *»für den Vater Staat nichts Besseres gibt als einen Jungunternehmer, der sich in der harten Realität seine Existenz aufbaut.«* Das Konzept wurde auch für die eigene Planung erstellt und nicht ausschließlich als Vorlage für den Finanzierungsantrag.

Da es sich um eine Gründung in einem völlig neuen Freizeitbereich handelte, gab es für Deutschland keine Vergleichswerte. Übliche Standards und Gründungsratgeber konnten nicht einfach übertragen werden. Als Vorreiter eines sich entwickelnden Marktes mußten die Eheleute V. ihre Fehler selber machen und konnten nicht aus der Erfahrung anderer lernen. Korrekturmöglichkeiten sind nicht in allen Bereichen einfach möglich. *»Man muß jetzt auch gnadenlos zu den Fehlern stehen.«* So konnten die Betreiber z.B. nicht absehen, daß der »Boulder-Bereich« so stark von den Kunden genutzt würde und haben so die Chance verpaßt, Nebenräume rechtzeitig anzumieten, um den Bereich ausbauen zu können. Inzwischen gibt Michael V. sein Wissen und seine Erfahrung an andere weiter.

Für die erheblichen Investitionen, die zur Ausstattung der Kletterhalle notwendig waren, mußten Kredite und Förderprogramme in Anspruch genommen werden. Die Eheleute haben *»... also mit relativ wenig Eigenkapital das Maximale erreicht, was erreichbar ist«*. Die Finanzierung war eines der großen Probleme bei der Gründungsplanung, *»aber das ist ein Lernprozeß, man muß wissen, wie man die Sache angeht.«*

»Wir hatten Glück, daß die Medien so stark reagiert haben.«

Die Medien konnten gleich zu Beginn der Geschäftstätigkeit für das Vorhaben interessiert werden. Klettern gilt als Abenteuersport,und die Idee, dieses Abenteuer auch in der Halle erleben zu können, ist für die Öffentlichkeit in jedem Fall interessant. *»Jeder hat mit Höhe und Angst seine eigene Phantasie.«* Außerdem konnte V. den Vorsprung des Pioniers nutzen.

Im Hinblick auf die Mobilisierung der Presse erwiesen sich vor allem auch frühere Kontakte als hilfreich, denn die private Weiterbildungseinrichtung, bei der Frau V. ausgebildet wurde, erreichte eine bundesweite Berichterstattung. *»Wir sind zweimal auf dpa-Ebene gelandet, das war klasse. Das läuft ja dann von selber.«*

Die Eheleute betrieben eine aufwendige Eröffnungswerbung im Umfang von ca. 50.000 DM mit großer Reichweite. Das bescherte ihnen das Problem, daß die Halle im ersten halben Jahr oft viel zu voll war. Es kamen viel mehr Leute als erwartet, und diese Menge konnte auf Dauer nicht gehalten werden, weil die Kunden sich in der Halle nicht mehr wohl fühlten. Durch die Eröffnungswerbung und den feststehenden Termin entstand ein starker Druck auf die Gründer und die Handwerker, die Halle rechtzeitig fertigzustellen. *»Und dann waren wir auf den Punkt fertig .... Pressekonferenz war noch Chaos. Die ganzen Sachen, die ins Haus rein sollten, standen draußen rum, der Teppichboden war noch nicht gelegt ...«*

»Rollstuhlfahrer klettern – das gibt's doch gar nicht!«

Von Anfang an haben Michael und Christiane V. sich darum bemüht, ihr Angebot auch für Behinderte attraktiv zu machen. Es gibt spezielle verstellbare Kletterwände, mit denen Behinderte die Chance haben, diesen Sport zu betreiben. Ebenfalls geeignet sind die Anlagen für Rehabilitationssport. Dieser therapeutische Ansatz sorgt immer wieder für Aufsehen und Medieninteresse, und die Möglichkeiten in der Kletterhalle werden von dieser Zielgruppe auch angenommen. Es gibt z.B. zur Zeit eine Behindertengruppe, die regelmäßig kommt. Michael V. möchte gerne so weit kommen, daß Behinderte aus eigenem Antrieb das Kletterzentrum besuchen, wie jeder andere Kunde auch, als ganz normaler Sport. Überwiegend ist V. bisher darauf angewiesen, daß interessierte Therapeuten sich bei ihm melden.

Insgesamt ist der Anteil an Kunden aus öffentlichen Einrichtungen sehr groß im Kletterzentrum (ca. 80 Prozent). Da es keine eigenen Anlagen der Vereine und Schulen gibt, decken die Gründer diesen Bedarf mit ab. Es kommen Gruppen aus Kindertagesstätten und Schulklassen, die sonst keine Möglichkeiten hätten, diesen Sport kennenzulernen. Durch günstige Preise wird diese Art von Schulsport bezahlbar, jedoch müssen die Schüler dieses Angebot selbst bezahlen, da die Schulen für solche Projekte kein Geld haben. Auch das Jugendamt ist Kunde im Kletterzentrum und finanziert hier zum Teil Projekte für Jugendliche, z.B. zur Drogenprävention.

»Das hat was von Großfamilie.«

Die positive Entwicklung des Marktes für Klettern und Abenteuersport konnte V. bereits als Leiter der Bergsteigerschule beobachten. »Das Bedürfnis war da.« Die Kunden, die das Kletterzentrum besuchen, sind sowohl Anfänger, die den Sport neu ausprobieren wollen, als auch Kletterprofis. Auch in bezug auf das Alter ist eine breite Streuung vorhanden. Vom Vierjährigen bis zum Rentner kommen Menschen zum Klettern in die Halle, vorwiegend jedoch die Zielgruppe der aktiven Zwanzig- bis Dreißigjährigen. *»Das ist wie ein großes Jugendzentrum.«* Einer der Jugendlichen, der viel Zeit in der Halle verbringt, hat das Klettern dort gelernt und behauptet sich inzwischen im Nationalkader in der Weltspitze.

Kinder und Familien sind eine weitere wichtige Gruppe für das Kletterzentrum. Inzwischen finden häufig Kindergeburtstage in der Halle statt. Familien kommen und klettern. Kleinere Kinder können in der Zeit malen, wenn sie keine Lust zum Klettern haben. Es ist nicht immer einfach, die verschiedenen Interessen der Kunden unter einen Hut zu bringen. Es gibt Reibungspunkte zwischen Leistungssportlern, die trainieren wollen, und den Kindern, die auch mal lauter schreien. Meist jedoch kommen die unterschiedlichen Zielgruppen auch zu verschiedenen Uhrzeiten.

Ein wichtiger Erfolgsfaktor für das Kletterzentrum ist die allgemeine Atmosphäre in der Halle, die unter anderem durch die Eigentümer geschaffen werden muß. *»... aber letztendlich glaube ich, darf das keine aufgesetzte Freundlichkeit sein, eine echte muß es sein.«* Eine wichtige Fähigkeit eines Dienstleisters vor allem im Freizeitbereich ist diese positive Ausstrahlung und die Fähigkeit, mit Menschen umgehen zu können. Die Menschen, die die Halle nutzen, müssen sich zu der »Großfamilie« zugehörig fühlen, damit sie gerne wiederkommen.

»Extern gibt es kaum Leute, weil es die Ausbildung nicht gibt.«

Außer Herrn V. selbst gibt es keine festen Angestellten im Kletterzentrum. Verschiedene Aushilfskräfte werden jedoch eingesetzt. Sieben Tage in der Woche muß zumindest eine Person in der Halle sein, die die Rezeption übernimmt, das Bistro, den Verkaufsshop und den Ausrüstungsverleih. Weitere Aufgaben sind Lagerverwaltung, Büroarbeit und Akquisitionsbemühungen, die von dem Ehepaar überwiegend in den Abendstunden erledigt werden.

Für Schulungen, Kurse, Gruppenklettern, Kindergeburtstage usw. müssen zusätzlich Trainer eingesetzt werden, die die Kletterer betreuen können. Weiterhin werden Klettertürme für Veranstaltungen verliehen. Auch dort muß ein Trainer vor Ort den Turm betreuen. Da es keine entsprechende Ausbildung gibt, sind externe Aushilfen schlecht zu bekommen. Die meisten Mitarbeiter sind Kunden, die in die Traineraufgabe hineinwachsen. Überwiegend handelt es sich dabei um Studenten, die relativ preisgünstig und vor allem flexibel eingesetzt werden können. V. braucht Mitarbeiter oft spontan und schnell, daher ist es sinnvoll, einen Pool von in diesem Fall ca. 20 Aushilfskräften zu haben.

Für Kletterhallen gibt es noch keine spezielle Verwaltungssoftware. *»Wir haben auch ein Fitneßprogramm gekauft, das kommt schnell an Grenzen.«* Schwierig ist es nach Meinung von Herrn V., daß man in einem jungen Unternehmen früh Strukturen aufbauen muß, ohne den täglichen Ablauf schon genau zu kennen. Somit ist auch nicht klar, welche Anforderungen an eine Software gestellt werden müssen. Inzwischen gibt es für das Kletterzentrum eine gute Adreßverwaltung, für weitere Einrichtungen und Datenorganisation ist jedoch wenig Zeit.

»Wir sind ernsthaft gefährdet worden und haben uns verdammt gut gehalten.«

Nicht nur der Freizeitbereich, sondern auch speziell der Bereich Abenteuersport entwickelt sich in Deutschland zur Zeit noch sehr positiv. Michael V. über seinen Markt: *»Insgesamt hat sich der Markt etwas schneller entwickelt, als wir gedacht hätten.«* Die geschäftliche Entwicklung seiner Kletterhalle ist im großen und ganzen so verlaufen, wie dies geplant war. Michael und Christiane V. sind jetzt an einem Punkt, an dem sie darüber nachdenken, durch welche Maßnahmen sie ihren Umsatz so weit steigern können, daß ein Angestellter finanzierbar ist. Ein weiterer Mitarbeiter ist ihrer Meinung nach die Grundlage für weitere Umsatzsprünge, da sie zu zweit das Marktpotential nicht ausreichend ausschöpfen können. *»Gerade* *in unserem Bereich ist das so, daß man eigentlich nicht alles bewältigen kann, was machbar ist, einfach weil viel zu tun ist.«* Die Akquisition gerade im Bereich Firmen, Schulen und öffentliche Einrichtungen muß parallel zur täglichen Betreuung der Kletterhalle stattfinden. Hierfür bleibt dem Paar oft nur wenig Zeit.

Die rasante Entwicklung des Marktes und das starke Interesse am Hallenklettern hatte zur Folge, daß relativ schnell Konkurrenten auftraten. *»Es fing quasi nach ein paar Monaten an, und innerhalb eines Jahres ging es dann Schlag auf Schlag los.«* Mit einem Billiganbieter direkt in der Stadt, der zu weniger als zum halben Preis arbeitet und starke Werbung betreibt, bekam die Kletterhalle direkt im ersten Geschäftsjahr Probleme. Später ist ein qualitativ vergleichbarer Mitbewerber in ca. 40 Kilometern Entfernung entstanden. Die schnell aufkommende Konkurrenz stellte eine ernstzunehmende Gefahr für das junge Unternehmen dar. Positiv ist, daß die Störungen durch die Konkurrenz am Anfang viel stärker zu spüren waren und jetzt weitere Anbieter nicht mehr so viele Kunden abwerben. *»Das, was wir jetzt aufgebaut haben, das läuft weiter.«* Ein Problem sieht Michael V. jedoch darin, daß inzwischen die Vereine anfangen, eigene Anlagen zu bauen. *»Gegen einen Verein kannst du dich kaum bewähren ...«*

Ein Problem, mit dem die Kletterhallenbetreiber nicht gerechnet hatten, war die langanhaltende Baustelle auf dem Gelände der Gesamtimmobilie. In den drei Jahren, in denen die Kletterhalle besteht, wurden verschiedene Betriebe weiter ausgebaut und weitere Ausbauabschnitte fertiggestellt. Der Eingang der Kletterhalle liegt im hinteren Innenhof der ehemaligen Brauerei, wo Baukräne, Bauwagen und Material abgestellt waren *»... das war ein Dreck und ein Staub ... also das ist geschäftsschädigend und hat unserem Unternehmen auch überhaupt nicht gutgetan.«* Michael V. konnte diese Einschränkungen nicht einplanen, da er die Bausituation nicht vorher einschätzen konnte. *»Du kriegst natürlich auch nicht den Hinweis, es könnte sein, daß du drei Jahre Baustelle hast. Wußten sie ja selber nicht.«*

»Das muß jetzt sein i-Pünktchen kriegen.«

Für den weiteren Ausbau der Kletterhalle sind in naher Zukunft Nachinvestitionen geplant, insbesondere um sich einen Wettbewerbsvorteil gegenüber der zunehmenden Konkurrenz zu verschaffen. *»Wir gehen da deshalb auch sehr stark in die Offensive, so daß das auf die nächsten zehn Jahre auch läuft.«* Michael V. plant, den Innenhof stärker als bisher in das Konzept mit einzubeziehen. Zusätzlich zu den bereits vorhandenen Klettermöglichkeiten an Außenwänden und Türmen soll eine Erlebnis- und Abenteuer-Anlage entstehen. Die ursprüngliche Gründungsidee von Michael V. war, eine Abenteuerschule zu bauen, wie es sie in Amerika schon seit über zehn Jahren gibt. Aus verschiedenen Gründen ließ sich dieses Projekt jedoch damals nicht in dieser Form in Deutschland umsetzen. Im Kletterzentrum soll durch die Ausbauten der Abenteuercharakter des Klettersportes nun deutlicher herausgestellt werden. Dazu plant Michael V. eine Landschaft im Innenhof mit einem fast 30 Meter hohen Dach und 20 Meter hohen Kletterwänden sowie verschiedenen Abenteuergeräten. Entsprechende Vereinbarungen mit der Betreibergesellschaft der Immobilie sind bereits im Mietvertrag festgelegt, so daß Michael V. sich um die Finanzierung kümmern kann und anfangen kann zu bauen. Der Innenhof der alten Brauerei ist sehr geeignet für die Pläne des Ehepaares: Die Verzögerung der Umsetzung ist bisher vor allem durch die langanhaltende Baustelle der Gesamtimmobilie verursacht worden. Problematisch ist auch die Planung eines solchen Projektes neben dem Tagesgeschäft: *»Das erfordert natürlich neben den normalen Arbeiten hier viel Zeit und Kreativität, die man oft gar nicht zur Verfügung hat. Nach vorne arbeiten ist natürlich recht schwierig.«* Mit dem geplanten Angebot möchte das Ehepaar sich deutlich von der Konkurrenz absetzen.

»Ich halte einen Verband für sehr wichtig.«

Michael V., der schon seit etlichen Jahren im Verein aktive Rollen übernimmt, hat inzwischen auch die Gründung eines Kletterhallenverbandes initiiert. Diesem Verband sind zwischen 10 und 13 Hallen angeschlossen, die in diesem Rahmen gemeinsame Interessen vertreten wollen. Ein wichtiges Anliegen der Kletterhallenbetreiber ist es, Qualitätsstandards zu entwickeln, die es in anderen Ländern bereits gibt. Inzwischen fanden erste Lehrgänge für Kletterhalleninstruktoren statt, da es vorher für diese Aufgabe keine allgemeinen Standards und Vorgaben gab. Der Sicherheitsaspekt ist für die Kletterhallenbetreiber und ihre Kunden sehr wichtig, und so ist eine qualitativ hochwertige Ausbildung des Personals notwendig.

Die Arbeit im Verband kostet die Gründer zusätzliche Zeit, zumal Michael V. dort den Vorsitz übernommen hat. *»Die da mitmachen wollen, müssen auch was tun, und dann findest du auch schon wieder nicht mehr so viele ...«*

»Auch in unserem Privatleben ist das ein Hauptthema: Kletterhalle.«

Wenn Michael V. überlegt, was das Positive an seiner Selbständigkeit ist, fällt ihm zunächst ein, daß er das Jahr als Angestellter an der Sporthochschule in keiner Weise als negativ empfunden hat. *»... ich könnte es im Moment richtig gebrauchen, wieder eine Stelle zu haben, um mich zu erholen!«* Die Sicherheit einer Angestelltentätigkeit empfindet er als einen hohen Wert. *»Das Geld, was du jetzt auf dem Konto hast, das gehört dir wirklich, und das kann dir keiner mehr nehmen.«*

Das Ehepaar gründete die Kletterhalle ohne weitere Partner, was in der Branche nicht gerade üblich ist. So tragen sie das volle Risiko für ihr Unternehmen und ihre eigene Existenz, zumal auch keiner der beiden Eheleute noch ein gesichertes Einkommen durch einen zusätzlichen Angestelltenvertrag hat. An diese Situation haben sich die beiden aber inzwischen gewöhnt. Sie arbeiten ruhiger und konstanter, und die ständige Anspannung ist etwas zurückgegangen.

Als einen deutlichen Vorteil beschreibt Michael V., daß man mit einem eigenen Unternehmen seine Arbeit selbst bestimmt und seine Zeit besser einteilen kann. Auf diese Weise lassen sich die eigene Motivation und Fähigkeiten besser einsetzen. Der größere Freiraum ist ihm sehr wichtig, doch ist ihm auch bewußt, daß die unternehmerische Freiheit stark durch Sachzwänge der jeweiligen Situation eingeschränkt ist. An die Vorstellung, langfristig durch die Selbständigkeit bessere Verdienstmöglichkeiten zu haben, glaubt er nicht unbedingt. Als Ziel ist dies jedoch angestrebt; als Ausgleich für den hohen Arbeitsaufwand

Als größte Belastung empfinden die Gründer die Dauerbelastung durch die Sieben-Tage-Woche. Unter der Woche hat das Zentrum bis 23 Uhr geöffnet. *»Ich freue mich immer auf das Wochenende, damit ich mal so richtig arbeiten kann.«* Seitdem vor neun Monaten Familienzuwachs auf die Welt gekommen ist, wird am Wochenende die Halle mit Aushilfen besetzt, damit die Eltern mehr Zeit für ihr Kind haben. Insgesamt ist es jedoch nicht so schwierig für die beiden, ihr Geschäft mit der Elternrolle zu verbinden, weil das Kind in der Halle betreut werden kann und so immer einer der Eltern für den Nachwuchs greifbar ist.

Da beide Ehepartner stark in das Unternehmen eingebunden und sehr engagiert sind, bleibt im Privatleben kaum Platz und Zeit für andere Themen. Zuweilen sehen sich die Eheleute auch wenig, da sie sich mit der Betreuung der Kletterhalle schichtweise ablösen. Insgesamt sehen die Gründer jedoch ihr Unternehmen als relativ gute Lösung für die Familie, weil viel Zeit mit einem gemeinsamen Projekt verbracht wird und durch den Treffpunkt »Halle« die Familienmitglieder stets erreichbar sind.

Marktnische Mietrecht: Neugründung einer Anwaltskanzlei

Nach langjähriger Tätigkeit in der Rechtsberatung eines Mietervereins gründete der Jurist Burkhard K. zunächst mit einer Kollegin zusammen eine Anwaltskanzlei. Ein knappes Jahr später trennte er sich von seiner Geschäftspartnerin und gründete eine eigene Kanzlei. Für diesen relativ spontanen Schritt wurde keine Gründungsplanung vorgenommen. Nach inzwischen fast vier Jahren sind die Anfangsschwierigkeiten überwunden, und K. verzeichnet weiterhin Zuwächse an Mandaten. Durch seine Spezialisierung auf Mietrecht kann der Anwalt auch in einem insgesamt sehr engen Markt eine Nische finden.

»Wenn ich die Angestelltentätigkeit beibehalten hätte, dann wäre die gerichtliche Vertretung nicht mehr möglich gewesen.«

Der Jurist Burkhard K. arbeitete ca. 13 Jahre als angestellter Rechtsberater für einen Mieterverein. Im Gegensatz zu anderen kleineren Vereinen dieser Art wurde dort die anwaltliche Tätigkeit, die Prozeßführung für die Mitglieder des Mietervereins, über eine sogenannte Prozeßagentur in Eigenregie durchgeführt. Nach dem Ausscheiden eines Kollegen, auf dessen Namen die Agentur lief, wurde diese Einrichtung von den zuständigen Gremien nicht erneut zugelassen, und so konnte die gerichtliche Vertretung nicht mehr selbst durch den Verein durchgeführt werden.

Um die Mitglieder des Mietervereins nach der juristischen Beratung nicht an andere Anwälte verweisen zu müssen, wurde als Lösung die Eröffnung eines Anwaltsbüros beschlossen. K. als mittlerweile dienstältester Mitarbeiter erklärte sich dazu bereit, gemeinsam mit einer Kollegin eine rechtlich selbständige Kanzlei zu gründen, die jedoch noch in enger Verbindung zum Mieterverein stand.

Als Angestellter des Mietervereins hätte K. nach Auflösung der Prozeßagentur keine gerichtliche Vertretung mehr übernehmen können. Da er diese Tätigkeit jedoch nicht aufgeben wollte, entschied er sich für die Selbständigkeit. Für den Juristen ist es wichtig, daß er, nachdem er den Fall eines Mandanten sorgfältig geprüft hat und im außergerichtlichen Bereich keine Einigung zustande gekommen ist, auch auf den weiteren Verlauf Einfluß hat und sieht, was bei der Auseinandersetzung herauskommt. *»Das ist für mich spannender, als wenn ich nur der außergerichtliche Vorbereiter wäre und würde das dann an jemand anderen abgeben müssen.«*

»Wie es so im Leben geht, harmonierte es mit der Kollegin nicht so.«

K. gründete die Kanzlei zunächst zusammen mit einer Kollegin aus dem Mieterverein. Obwohl die beiden Juristen als Angestellte bereits ca. sechs Jahre gut zusammengearbeitet hatten, zeichnete sich relativ früh ab, daß sie als Geschäftspartner nicht so gut harmonierten.

Die Probleme mit der Kollegin lagen nach Auffassung des Gründers *»nicht im fachlichen, sondern im zwischenmenschlichen Bereich«*. Er lebte mit seiner Familie ca. 70 km entfernt in einer anderen Stadt, während die Kollegin vor Ort wohnte. In diesem Zusammenhang gab es Differenzen, weil K. nicht jedes Wochenende für die Kanzlei zur Verfügung stehen wollte. Daneben gab es ebenfalls persönliche Probleme, *»atmosphärische Störungen«*, mit der Lebensgefährtin der Kollegin, die sich um die Buchhaltung der Kanzlei kümmerte. Schließlich entschied der Jurist vor Ablauf eines Jahres, die Geschäftspartnerschaft aufzugeben und sich auf eigene Füße zu stellen. *»Wenn ich schon einen eigenen Laden habe, dann will ich das auch so machen, wie ich das für richtig halte.«* Der Absprung aus der gemeinsamen Kanzlei fand dann relativ kurzfristig statt, so daß Burkhard K. keine Zeit für eine umfangreiche Gründungsplanung blieb. Er war auf dem Weg zum Gericht an freien Geschäftsräumen vorbeigekommen und mietete diese kurzerhand an.

»Man macht ja in den ersten Jahren nur Verluste.«

Herr K. bezeichnet sich selbst, trotz jahrelanger Angestelltentätigkeit, als Berufsanfänger in bezug auf die Tätigkeit als Anwalt. Auch die Marktsituation ist für die Gründung einer neuen Kanzlei nicht gerade einfach. Im

Landgerichtsbezirk der Anwaltskanzlei gibt es zwischen 700 und 800 zugelassene Rechtsanwälte, und K. bezeichnet den Markt als sehr eng. Das größte Problem für eine neu gegründete Kanzlei ist es, sich möglichst bald einen ausreichenden Kundenstamm aufzubauen. So war der Anfang für K. relativ schwierig, und es gab Zeiten, in denen der Anwalt nichts zu tun hatte und auf Mandanten wartete.

Herr K. kannte jedoch aus der langjährigen Arbeit im Mieterverein eine Reihe von Personen, die zunächst den Grundstock seiner Mandanten bildeten. Darauf konnte er aufbauen. Ein wichtiger Faktor, um den Mandantenstamm ausbauen zu können, ist die Qualität der Arbeit, denn in diesem Geschäftsbereich spielt Mund-zu-Mund-Propaganda eine große Rolle. Zufriedene Mandanten empfehlen ihren Anwalt nicht nur an ihre Freunde und Bekannten, sondern kommen auch wieder, wenn sie ein anderes Problem haben. Eine Person, die mietrechtlich von Burkhard K. gut beraten wurde, wird sich evtl. bei einer Auseinandersetzung zu einem Verkehrsunfall oder bei einer Ehescheidung wieder an ihn wenden.

Eine weitere Möglichkeit für K. ist es, sich um Pflichtverteidigungen zu bemühen. Auch hier kommen ihm die Kontakte zu Strafrichtern aus früheren gerichtlichen Tätigkeiten für den Mieterverein zugute, denn diese sind für die Suche und Auswahl von Pflichtverteidigern zuständig. Als Unbekannter wären seine Chancen seiner Ansicht nach hierbei geringer. Schließlich können auch Empfehlungen von Rechtschutzversicherern Mandate bringen. Zwangsläufig arbeitet ein Anwalt mit diesen Versicherungen zusammen, und wenn dort bekannt ist, daß man auf einem bestimmten Gebiet besonders spezialisiert und erfahren ist, dann wird diese Information im eigenen Interesse gern an die Versicherten weitergegeben.

Der Standort ist für die Kanzlei in bezug auf Laufkundschaft nicht von Bedeutung. *»Aufgrund eines Schildes kommt keiner. Es mögen fünf gewesen sein, vielleicht auch sechs, die im Laufe der Jahre hier vorbeigekommen sind.«* Die Geschäftsräume liegen jedoch auch in einer ruhigen Nebenstraße in Innenstadtrandlage, wo relativ wenig Passanten zu erwarten sind. Für K. ist eher die Nähe zum Gericht wichtig, denn so kann er bis kurz vor einem Gerichtstermin noch in seiner Kanzlei arbeiten und seine Zeit so sinnvoll nutzen. Durch die Spezialisierung auf Mietsachen ist er nicht so abhängig von der Anzahl der Konkurrenten im direkten Umkreis wie manche seiner Kollegen. Sein Einzugsgebiet ist relativ groß.

»Man muß heute im Grunde irgendwelche Nischen beackern.«

Herr K. hat in seiner Angestelltentätigkeit beim Mieterverein viel Erfahrung sammeln und sich Spezialwissen im mietrechtlichen Bereich aneignen können. Auch heute bearbeitet der Anwalt überwiegend mietrechtliche Auseinandersetzungen (50 bis 60 Prozent seiner Arbeit). Er ist davon überzeugt, daß bei der schlechten Situation für freiberufliche Juristen zur Zeit eine Konzentration auf Marktnischen unbedingt notwendig ist, wenn man sich mit einer eigenen Kanzlei auf dem Markt behaupten will. Als spezialisierter Anwalt wird man auch von Ratsuchenden aufgesucht, die für andere Rechtsfragen vielleicht bereits einen Hausanwalt haben, der sich jedoch z.B. in Mietrechtssachen nicht so gut auskennt.

K. ist der Meinung, daß es durch die immer komplexer werdenden Gesetze und Regelungen gar nicht mehr möglich ist, als Anwalt alles zu können und in jedem Bereich gut zu beraten. Bei großen Kanzleigemeinschaften ist es inzwischen überwiegend so, daß die einzelnen Partner jeweils Ansprechpartner für spezielle rechtliche Fragen sind.

Die Rechtslage hat sich im Zuge der Harmonisierung des EG-Rechtes hinsichtlich der Werbemöglichkeiten für Anwälte deutlich verändert und damit die Markteintrittsmöglichkeiten verbessert. Inzwischen gibt es verschiedene, wenn auch eingeschränkte Möglichkeiten, mit besonderen Erfahrungen und speziellen Kenntnissen zu werben. Früher war eine offizielle Spezialisierung nur über den Status eines Fachanwaltes (für Steuerrecht, Patentrecht etc.) möglich, für den verschiedene Kurse absolviert und besondere Kriterien erfüllt werden mußten. Inzwischen kann man als zugelassener Anwalt Tätigkeitsbereiche und Interessenschwerpunkte angeben. So kann der Ratsuchende bereits anhand dieser Angaben in den gelben Seiten jemanden aussuchen, der für die Lösung seines Problems besonders qualifiziert ist.

»Ich vertrete im Mietrecht auch die andere Seite.«

Burkhard K. hat bei seiner Arbeit im Mieterverein stets die Seite der Mieter vertreten müssen. Auch heute sagt er, daß er überwiegend Mieteranwalt sei, jedoch vertrete er auch die andere Seite. *»Ich bin also nicht so ideologisch eingestellt, daß ich sage, ich nehme überhaupt keine Vermieter.«* Zuweilen kommen auch Mandanten, die er als Mieter vertreten hat, mit Problemen, die sie in ihrer Rolle als Vermieter mit anderen Objekten haben. *»Die rechtliche Materie ist ja die gleiche. Nur von anderen Gesichtspunkten aus.«*

Es gibt selten für ein rechtliches Problem nur eine Meinung oder nur eine Lösung. Es finden im Rahmen einer solchen Auseinandersetzung Interessenabwägungen statt, und es gibt dazu verschiedene Ansichten bei den jeweiligen Parteien. Bei einer Vertretung eines Mieters oder ebenso bei der Vertretung eines Vermieters würde der Anwalt diejenigen Argumente besonders hervorheben, die für die Interessen seines Mandanten sprechen. Der Mandant muß, unabhängig von der Rechtsauffassung und Meinung des Anwaltes, gut vertreten werden. *»Man muß manchmal schon Sachen machen, die sind am Rande dessen, was man selber machen würde, aber das bringt der Beruf mit sich. Man kann ja nicht jedes Mandat ablehnen.«* Wenn K. die Wünsche eines Mandanten jedoch für *»hanebüchenen Unsinn«* hält oder das Problem gar nicht nachvollziehen kann, dann lehnt er die Vertretung ab.

»In die Situation ohne Einkommen bin ich nicht gekommen.«

Für die Gründung seiner Anwaltskanzlei mußte K. vor allem die drei Geschäftsräume renovieren und einrichten. Er hat insgesamt knapp kalkuliert, um nicht zuviel Kapital investieren zu müssen. Sparen konnte er vor allem an den Möbeln, hier verzichtete er auf eine sehr repräsentative Ausstattung. Notwendig waren jedoch Fax, Telefon und Computer. Alles in allem hat K. 20.000 bis 25.000 DM ausgeben müssen.

Für K. war der Übergang in die Selbständigkeit von der vertraglichen Seite her nicht so abrupt, wie er tatsächlich vollzogen wurde. Für ihn bestand zu Anfang eine Sondersituation. Die Gründung der gemeinsamen Kanzlei mit der Kollegin war von seinem Arbeitgeber nicht nur erwünscht, sondern wurde auch deutlich unterstützt. K. hatte weiterhin einen Angestelltenvertrag mit reduzierter Stundenzahl, der ihm ermöglichte, zusätzlich auch als Selbständiger zu arbeiten. Die Stunden, die er für den Mieterverein noch zu leisten hatte, konnte er relativ flexibel gestalten und mußte zum Schluß seinen Arbeitsvertrag nicht mehr in vollem Umfang erfüllen. So hatte der Gründer zu Beginn noch ein reduziertes, aber regelmäßiges Gehalt.

Nach einem Jahr ist K. im Zusammenhang mit der Trennung von seiner

Geschäftspartnerin auch aus dem Mieterverein ausgeschieden. Von seinem ehemaligen Arbeitgeber trennte er sich schließlich im Streit und bekam nach einem Arbeitsgerichtsverfahren eine Abfindung ausbezahlt. Mit dieser Summe konnte er unter anderem seine Anfangsausstattung finanzieren.

Zusätzlich zu dem Angestelltengehalt, das das Budget des Gründers im ersten Jahr ergänzte, kam das Gehalt seiner Frau. Außerdem hat K. durch ein Erbe Einkünfte aus Vermietung und Verpachtung. *»Ich brauchte meinen Lebensstandard nicht zu ändern.«* Für andere Gründer ist es in der Regel problematischer, die Durststrecke am Anfang der neuen Geschäftstätigkeit zu überstehen.

»Die Kosten muß ich immer noch niedrig halten.«

Aufgrund der Anfangsschwierigkeiten, sich einen ausreichenden Mandantenstamm zuzulegen, dauerte es einige Zeit, bis sich in der Kanzlei geschäftliche Erfolge abzeichneten. *»Insofern ist es ein relativ hartes Brot, bis man dann das Einkommen hat, was man vorher als Angestellter hatte, das dauert einige Jahre.«* Burkhard K. ist jetzt, nach ca. vier Jahren, etwa bei seinem gewohnten Angestelltengehalt. Seine Kanzlei verzeichnet stetig Zuwächse, jedoch hat er immer noch Kapazitäten frei und muß deshalb noch nicht daran denken, jemanden zusätzlich einzustellen oder mit einem Partner zu arbeiten.

Langfristig stellt K. sich jedoch vor, daß er die Kanzlei nicht bis zu seinem Ausscheiden aus dem Arbeitsleben allein betreibt, sondern wieder mit einem Kollegen oder einer Kollegin zusammenarbeitet, wenn sich ein geeigneter Partner findet. Für K. arbeitet inzwischen eine Sekretärin, die für ihn einen Glücksfall darstellt, *»weil die sehr zuverlässig ist.«* Diese Angestellte unterstützt ihn jedoch zur Zeit nur stundenweise, weil er die fixen Kosten noch möglichst niedrig halten möchte.

Den kaufmännischen Bereich der Kanzlei betreut überwiegend die Frau des Gründers, die vor ihrem Psychologiestudium eine entsprechende kaufmännische Ausbildung absolviert hat. Er selbst sagt von sich: *»Das mache ich überhaupt nicht gerne. Das ist mir sozusagen zuwider, aber es bleibt nicht aus ... Man muß sich damit beschäftigen.«*

»Viele Juristen werden in den Anwaltsberuf gedrängt.«

Die berufliche Perspektive für Juristen ist zur Zeit nicht sehr vielversprechend. Herr K. bedauert, daß man als Berufsanfänger nur sehr schlecht in den Staatsdienst kommen kann, da die Stellen dort sehr begrenzt sind. Bei der Auswahl spielt die Examensnote eine große Rolle. Aus diesem Grund wählen immer mehr Juristen die selbständige Anwaltstätigkeit. *»Wir kriegen vierteljährlich von der Kammer Auflistungen, darin steht dann immer, wie viele neue wieder dazu gekommen sind, da wird man blaß.«* Eine gute Chance haben junge Juristen, wenn sie als Angestellte in eine größere, etablierte Kanzlei einsteigen können und sich dort hocharbeiten, bis sie Sozius werden. Weitere Betätigungsfelder für Anwälte sieht Herr K. evtl. in der Spezialisierung auf EG-Recht. *»Da könnte ich mir noch vorstellen, daß da noch einiges kommt, weil, diese ganzen Richtlinien, wer blickt denn da durch?«* Insgesamt gibt es seiner Meinung nach zu viele Anwälte für den Markt. Möglichkeiten für Juristen in angestellter Tätigkeit z.B. als Justiziar gibt es bei Versicherungen, Banken, Verbänden, aber auch in großen Wirtschaftsunternehmen z.B. in Personalabteilungen.

»Ich bin aus reinem Zufall zur Juristerei gekommen.«

Herr K. sollte eigentlich, wie seine vier Geschwister auch, in die Fußstapfen des Vaters treten, der Allgemeinmediziner war. Er wußte nach dem Abitur aber nicht so recht, was er machen sollte, und hat sich dann für ein Jurastudium eingeschrieben. *»Fünf Minuten, bevor ich mich da eingeschrieben habe, wußte ich immer noch nicht, was ich wollte.«* K. hat die Berufswahl jedoch nicht wirklich bereut, obwohl er manchmal darüber nachdenkt, daß er vielleicht doch besser Sportlehrer geworden wäre. *»Aber im großen und ganzen mache ich meinen Job ganz gerne.«*

Nach dem Studium und der anschließenden Referendarzeit stand die Berufswahl für Herrn K. wieder offen. Schon 1979 war die Situation so, daß man in den Staatsdienst nur mit der Note »voll befriedigend« und besser kommen konnte. *»Bei den Juristen ist das schon eine sehr gute Note – das hatte ich eben nicht, ich hatte ein befriedigendes Examen.«* Nach dem zweiten Examen legte K. eine Pause von etwa einem Jahr ein, in der er Reisen machte und eine Zeitlang verschiedene Jobs ausübte, um seinen Lebensunterhalt zu finanzieren.

Zu seiner Stelle beim Mieterverein kam er dann durch den Kontakt zu einem Bekannten am Amtsgericht. Die Aufgabe gefiel ihm, weil er gern im sozialen Bereich arbeiten wollte und in dieser Beziehung sehr engagiert war.

»Wenn ich alles abwäge – bereut habe ich es nicht.«

Burkhard K. gehört nicht zu den Gründern, die immer schon eine Selbständigkeit angestrebt haben. Seine Aufgabe in der Prozeßagentur des Mietervereins gefiel ihm gut, und es war geplant, daß nach dem Ausscheiden des älteren Kollegen die Agentur weitergeführt werden sollte. Die Selbständigkeit wurde von K. nur deshalb gewählt, weil sich diese Planung aus den vorher erläuterten Gründen nicht verwirklichen ließ, er aber die Tätigkeit der gerichtlichen Vertretung seiner Mandanten nicht aufgeben wollte. Vorrangig ging es ihm bei seiner beruflichen Entscheidung also um die Inhalte seiner täglichen Arbeit.

Auf der anderen Seite sieht K. deutliche Vorteile in der Selbständigkeit. So findet er sehr positiv, daß er freier mit seiner Zeit umgehen und *»den ganzen Arbeitsablauf völlig in Eigenregie bestimmen kann«*. Besonders störend an seiner Selbständigkeit findet er, daß er nicht ohne weiteres Urlaub machen kann, weil er die Kanzlei allein führt. Das Problem ist, daß ständig irgendwelche Fristen zu beachten sind und daher die Post genau überwacht werden muß und Termine wahrgenommen werden müssen. K. kann nur dann seine Kanzlei für ein paar Tage verlassen, wenn er jemanden organisieren kann, der diese Funktion übernimmt und bei Bedarf das Notwendigste veranlaßt. Er überbrückt diese Schwierigkeit dadurch, daß er mit Kollegen aus anderen Kanzleien kooperiert, die ihn im Urlaub für höchstens zwei Wochen vertreten können. Vor allem deshalb hätte K. gern einen Partner in der Kanzlei. Auch die Tatsache, daß man als selbständiger Anwalt das Risiko für den Erfolg des Geschäftes trägt und deshalb manchmal von Unsicherheiten geplagt ist, empfindet K. als eher lästig. Insgesamt hat er es jedoch bisher nicht bereut, diese Entscheidung getroffen zu haben.

Gründer zwischen Hörsaal und Chefsessel: Erstellung von Internetpräsentationen

Mike T. ist Student der Betriebswirtschaftslehre im fünften Semester. Zusammen mit vier weiteren Studenten gründete er vor einem halben Jahr ein Unternehmen, das die Konzeption und Erstellung von Internetpräsentationen für mittelständische Betriebe anbietet. Ohne nennenswerten Kapitaleinsatz der Gründer ist das Risiko für die Beteiligten sehr gering. Ihren Lebensunterhalt bestreiten die Studenten bisher noch aus anderen Quellen. An die ersten Aufträge sind sie durch Zufall und Glück gelangt, und an weitere Planungen wollen die jungen Unternehmer erst denken, wenn diese Aufträge erfolgreich abgewickelt sind.

»Wenn was daraus wird, ist es super, wenn nicht, ist es halt Erfahrung und wird abgehakt.«

Mike T. und seine vier Gründungspartner sind zur Zeit noch mitten in ihrem Studium. Die Idee zur Gründung eines Unternehmens entstand im Rahmen der Arbeit für eine studentische Unternehmensberatung. Mike T. bildete innerhalb des Unternehmensberaterteams zusammen mit seinem Bekannten eine Projektgruppe, die sich mit interner Beratung im Bereich Internet beschäftigte. Bei dieser Tätigkeit lernten die beiden Studenten der Betriebswirtschaftslehre den dritten Gründer, einen angehenden Maschinenbauer, kennen.

Die drei Studenten sahen einen Markt für die professionelle Erstellung von Internetpräsentationen für Unternehmen und beschlossen, den Schritt in die Selbständigkeit während ihres Studiums gemeinsam zu versuchen. Die Unternehmensgründung startete so als ein interessantes Projekt für die Beteiligten ohne Erfolgsdruck, da keine wesentlichen Investitionen notwendig waren und ein mögliches Scheitern des Vorhabens von den Studenten insgesamt nicht als Mißerfolg, sondern in jedem Fall als *»super Praktikum«* bewertet wurde.

Einer der Gründer wohnt in einer WG mit einem Informatikstudenten und einem Studenten der Mathematik und Physik zusammen. Die beiden Mitbewohner fanden auch Gefallen an der Idee und boten sich an, bei dem Vorhaben mitzumachen. Diese beiden waren vor allem am Bereich der Programmierung und Erstellung von Datenbankanwendungen interessiert und bildeten insofern eine gute Ergänzung zu den drei Initiatoren, die sich vorrangig mit Beratung, Konzepterstellung und Vertrieb beschäftigen wollten.

»Wieso soll ich euch so viel Geld geben?«

Der beteiligte Maschinenbaustudent brachte das Team auf die Idee, sich zunächst an Unternehmen aus seiner Branche zu wenden. Deshalb wurde probeweise ein »Maschinenbau-Forum« im Internet errichtet, in das sich Maschinenbauunternehmen eintragen lassen konnten. Die Branche schien jedoch nicht so sehr interessiert, und so hätten die studentischen Unternehmer sich weitere Gedanken zur Markterschließung machen müssen, wenn ihnen nicht der Zufall zur Hilfe gekommen wäre. *»Da ist schon eine Menge Glück dabei.«*

Die Schwester eines der Gründer arbeitete in einer Werbeagentur, die bisher noch keine eigene Internetpräsentation hatte. Durch diesen Kontakt kam das Team zu seinem ersten Auftrag. Es kostete etwas Kraft, den Chef der Agentur davon zu überzeugen, daß sie den Auftrag gut abwickeln würden und ihr Geld wert seien. *»Er hat sich dann unsere Preisvorstellung angeguckt und meinte dann, wieso soll ich euch so viel Geld geben?«* Doch im Gespräch konnten ihn die Studenten von ihrer Kompetenz überzeugen.

Der Leiter der Werbeagentur war schließlich sehr zufrieden mit dem Ergebnis des ersten Auftrages, den das Gründerteam durchführte. Immerhin so sehr, daß er weiterhin in Form einer Kooperation mit ihnen zusammenarbeiten wollte. Inzwischen hat er die Internet-Experten bereits zweien seiner Werbekunden empfohlen. Seine Agentur macht für diese Kunden klassische Werbung, und die Gründer ergänzten diese nun durch eine entsprechende Internetpräsentation.

Auf diese Weise bekamen die Jungunternehmer bei einem entscheidenden Problem der Anfangsphase Unterstützung. Für einen Unternehmer, der keine Referenzen zu bieten und auch keine Aufträge und dadurch Arbeitsproben hat, ist es sehr schwierig, potentielle Kunden von seiner Kompetenz zu überzeugen. Die fünf Studenten bekamen aus Zufall eine Chance, konnten durch Leistung überzeugen und werden jetzt sogar bei ihrer Akquisition unterstützt. Auch wenn die Kooperation mit der Agentur nach den bisher zwei vermittelten Aufträgen enden sollte, hat das Team dann immerhin bereits eigene Arbeitsproben, auf die es verweisen kann.

»Zuverlässigkeit – das halten wir für sehr wichtig.«

Preislich orientieren die Gründer sich am »unteren bis mittleren Rahmen«. Bei den ersten Aufträgen geht es zunächst darum, Kunden und deren Vertrauen auch für langfristige Zusammenarbeit zu gewinnen, und weniger um möglichst große Gewinnspannen. Referenzen müssen erworben werden; die jungen Unternehmer dürfen das Vertrauen ihres Kooperationspartners nicht enttäuschen. Insgesamt hält das Team Zuverlässigkeit für einen grundsätzlich wichtigen Erfolgsfaktor des Unternehmens. *»Wenn wir sagen, das klappt bis dahin, dann ist das auch bis dahin fertig.«* Die Kunden sollen unbedingt zufrieden sein, mit der Qualität der Arbeit, mit der Abwicklung und Beratung und mit der Termintreue.

Ein weiterer, sehr wichtiger Faktor für das Team ist Flexibilität. Kundenwünsche ändern sich öfter im Laufe des Projektes. Dies hat oft etwas damit zu tun, daß die Erfahrung der Kunden mit dem Medium Internet noch nicht ausreichend ist und die Anforderungen daher bei Auftragsvergabe auch nicht so klar definiert werden. *»Viele Leute wissen wirklich überhaupt nichts darüber, was man machen kann … gerade Geschäftsleute, die sind ja meist schon ein bißchen älter.«* Diese Flexibilität und die laufende Berücksichtigung der Änderungswünsche ist sehr aufwendig und beinhaltet das Risiko zusätzlicher, nicht erwarteter Kosten für den Auftragnehmer, wird jedoch von den Gründern als unbedingt notwendig angesehen. Im Mittelpunkt soll der zufriedene Kunde stehen, und so wird, auch bei aufwendigen Änderungen, bisher auch keine Anpassung der Preiskalkulation vorgenommen. *»Dafür sind wir einfach noch zu neu.«*

Die fertigen Seiten können vom Kunden sofort betrachtet werden, da die

Arbeitsergebnisse passwortgeschützt hinter den Seiten der Internet-Experten im Internet hinterlegt werden. So kann der Kunde sich die Präsentation ansehen, ausprobieren und auch bereits erste Kritik üben. Im weiteren Verlauf werden Änderungen meist über persönlichen Kontakt besprochen. Insgesamt bieten die Studenten ein komplettes Dienstleistungspaket an. Der Internet-Domain-Name wird für den Kunden gesichert, ein Entwurf für die Präsentation erstellt, und schließlich werden die Internetseiten und -anwendungen programmiert. Die regelmäßige Pflege der Seiten oder Änderungen an der Präsentation werden separat berechnet.

»Es ist finanziell für uns irgendwo gar kein Risiko da.«

Die Studenten sind nicht auf ein Einkommen aus ihrer Unternehmensgründung angewiesen und finanzieren sich ihren Lebensunterhalt bisher unabhängig von ihrer Tätigkeit als Dienstleister aus anderen Quellen. Bisher werden die Einnahmen des Unternehmens direkt wieder investiert oder für Investitionen angespart. Eine Ausschüttung an die Gründer erfolgt nicht, und es wird auch keine Entlohnung für einen bestimmten Arbeitseinsatz gezahlt. Es ist geplant, später mal jedem eine größere Summe aus der Kasse auszuzahlen, statt jetzt ab und zu kleinere Beträge in Höhe von 200 bis 300 DM.

Für die Gründung waren nur sehr wenige Investitionen notwendig, und die monatlichen Kosten sind ebenfalls auf ein Minimum reduziert. Es wurde daher zur Gründungsfinanzierung kein Kredit aufgenommen, was im Interesse aller Partner liegt, die damit kein finanzielles Risiko eingehen und so den Versuchscharakter des Vorhabens erhalten. Computer waren bei allen Gründern privat vorhanden, im Zuge der Gründung wurde der eine oder andere Rechner etwas aufgerüstet, jedoch wurden diese Investitionen von den jeweiligen Partnern privat bezahlt. Ein wesentlicher Posten der notwendigen Investitionen besteht in der Anschaffung der benötigten Software. *»Wenn man mit Software in dem Bereich arbeitet, muß man natürlich alles kaufen.«* Die Ausgaben für die Software wurden von den Gründern ausgelegt und aus den Erlösen des ersten Auftrages zurückerstattet.

Da drei der Gründer in einer gemeinsamen Wohngemeinschaft mit ISDN-Anschluß wohnen, eignen sich diese Räumlichkeiten vorerst gut als Geschäftsräume. Besprechungen mit Kunden finden beim Kunden oder in der Werbeagentur statt, und so sind weitere Büroräume vorerst noch nicht notwendig. Monatliche Kosten entstehen für den Geschäftsanschluß in der WG und für die eigene Internet-Domain-Adresse. Die Studenten möchten die regelmäßigen Kosten so gering wie möglich halten, um sich nicht dem Druck eines monatlich notwendigen Zuflusses auszusetzen. Die nächste Investition wird wahrscheinlich ein Laptop sein, mit dem die Unternehmer beim Kunden direkt vor Ort einfach präsentieren können, jedoch möchten sie hier nicht in Vorleistung gehen, sondern warten, bis entsprechende Mittel auf dem Unternehmenskonto zur Verfügung stehen.

»Wir kennen uns alle recht gut, und da gibt es im Moment absolut keine Probleme.«

Die fünf Partner haben die Aufgabenbereiche relativ klar verteilt. Die Interessen und Fähigkeiten der einzelnen Gründer ergänzen sich gut. Es wird versucht, den Arbeitsaufwand möglichst gerecht zu verteilen, ohne daß jedoch konkret die Arbeitsstunden der einzelnen aufgelistet werden. Erschwert wird der Vergleich der Leistung dadurch, daß phasenweise unterschiedliche Aufgaben größeres Gewicht bekommen. So muß z.B. zeitweilig ständig auf die sich ändernden Wünsche der Kunden reagiert werden. In solchen Zeiten sind die zwei Programmierer des Teams sehr stark eingespannt. Bisher gehen die Gründer davon aus, daß sich alles irgendwie wieder ausgleicht. Mike T. ist außer seiner Funktion als Kundenkontakter und Berater auch noch für die Buchführung und Steuerangelegenheiten zuständig, da er vor seinem Studium eine Banklehre absolviert hat. Die Aufteilung ist jedoch zur Zeit bereits nicht mehr so hundertprozentig gleichmäßig, denn *»der fünfte ist im Moment so ein bißchen außen vor, der macht im Moment eigentlich weniger.«*

Das Unternehmen wurde vor einem halben Jahr als GbR mit Haftungsbeschränkung gegründet. Im Gesellschaftervertrag sind nur allgemein übliche Regelungen enthalten, und das Zusammenspiel der fünf Gründer ist daher nicht sehr detailliert geregelt. Geplant ist, daß Ausschüttungen zunächst zu gleichen Teilen erfolgen sollen. Mike T. ist der Meinung, daß man alles vertraglich möglichst genau festlegen sollte, um Probleme zu vermeiden. *»Wir* *kennen uns alle recht gut, und da gibt es im Moment absolut keine Probleme. Man arbeitet ja auch noch auf einer Ebene, wo noch kein Geld ausgeschüttet wird.«* Für den Fall, daß es um Geld geht, befürchtet er allerdings, daß Probleme auftauchen könnten. Es ist jedoch nicht so einfach, die Leistungen der Gründer in bezug auf Zeitaufwand einerseits und Wertigkeit bzw. Wichtigkeit der Leistung andererseits aufzurechnen.

»Es ist viel, was man sich selbst erarbeiten kann.«

Ein grundsätzliches Interesse am Internet war bei allen fünf Studenten vorhanden. Seit der Unternehmensgründung hat sich das Wissen in diesem Bereich weiter vertieft, allein durch die Arbeit an den Projekten. Nach Ansicht von Mike T. sind Internet- und Programmierkenntnisse relativ einfach selbst zu erarbeiten, da es genügend Literatur zum Thema gibt. Wichtig sei vor allem, einen *»Draht zu haben«,* also Spaß am Thema. Formale Qualifikationen seien bei ihrem Vorhaben nicht wichtig.

Mike T. kann seine betriebswirtschaftlichen Kenntnisse aus Banklehre und Grundstudium der Betriebswirtschaftslehre nutzen, ist jedoch der Meinung, daß ein Hochschulabschluß nicht unbedingt notwendig sei, um erfolgreicher Gründer zu werden. Die Inhalte des Studiums sind nach seiner Ansicht nicht unbedingt geeignet, um sich direkt auf eine Rolle im Beruf vorzubereiten. *»Man hat den Abschluß, aber wenn man später sieht, was manche dann für Tätigkeiten haben, da hätte man sich das Studium auch sparen können.«* Von seinen Partnern hat vor dem Studium keiner eine Ausbildung absolviert.

Zunächst dachten die jungen Unternehmer, daß sie als Studenten mehr Schwierigkeiten hätten, ernst genommen zu werden, als wenn Sie Ihren Diplom-Titel bereits auf der Visitenkarte hätten. Sie rechneten mit den üblichen Vorurteilen gegenüber Studenten: *»... ihr habt ja nichts zu tun und so, faule Studenten, keine Ahnung, die sind immer nur unterwegs ...«* Die Gründer mußten jedoch feststellen, daß Kunden sehr positiv auf ihren Studentenstatus reagierten. Sich neben dem Studium für ein solches Vorhaben zu engagieren wurde mit Respekt beachtet. Auch wurde ihnen in bezug auf Computer und Internet Kompetenz zugetraut, und schließlich sind die Gesprächspartner evtl. davon ausgegangen, Know-how hier preiswert einkaufen zu können.

Insgesamt scheinen die Gründer ihr Vorhaben als eine Art ergänzende Berufsausbildung zu verstehen. Sie lernen bei dem, was sie tun, und können das, was sie sich anlesen, direkt umsetzen. Durch diese positiven Erfahrungen und die persönlichen Erfolge, die sich durch eigene Leistung einstellen, sind die Studenten sehr motiviert. Nur so ist es auch möglich, sich in dem Maß neben Studium und Job für ein solches Projekt zu engagieren.

»Dann müssen jetzt die beiden Vorlesungen mal wieder dran glauben.«

Alle fünf Partner sind zur Zeit eigentlich »hauptberuflich« damit beschäftigt, ihr Studium zu absolvieren, die meisten befinden sich etwa auf halbem Weg zum Diplom. Um ihren Lebensunterhalt zu verdienen, der sich aus dem gemeinsamen Unternehmen ja nicht decken läßt – insbesondere nicht für alle fünf Partner -, müssen einige von ihnen nebenbei arbeiten. Die verschiedenen Aktivitäten müssen koordiniert werden, und es ergibt sich für die Studenten in der Summe ein relativ hoher Zeitaufwand. Auch aus diesem Grund betreiben die Akteure zur Zeit keine weiteren Akquisitionsbemühungen, sondern beschränken sich auf den laufenden und den bereits geplanten Auftrag. Sie sind mit einem Projekt ausgelastet und nicht auf regelmäßige Zuflüsse angewiesen.

Die selbständige Nebentätigkeit der Studenten läßt das Studium zuweilen in den Hintergrund treten. Kundentermine können nicht immer deshalb abgesagt oder verschoben werden, weil Vorlesungen und Termine an der Universität stattfinden. Als Unternehmer, die ihre Kunden zufriedenstellen wollen, müssen die Studenten die eine oder andere Vorlesung auch mal ausfallen lassen. Der Zeitaufwand, der für die unternehmerischen Aktivitäten benötigt wird, läßt sich nicht immer vorausplanen und ist phasenweise sehr unterschiedlich. Manchmal reichen ein paar Stunden in der Woche, manchmal sind mehrere Arbeitstage und -nächte am Stück erforderlich. So läßt sich nicht immer alles reibungslos koordinieren. Mike T. stellt fest: *»Man kann sich ja nicht fünfteilen!«*

»Wir haben schon ein paar Konzepte im Hinterkopf.«

Bisher waren die Gründer noch nicht dazu gezwungen, sich aktiv um Kunden zu bemühen. Für eine intensive Marktbearbeitung fehlte bisher einfach die Zeit, vor allem, da die Studenten mit ihren aktuellen Projekten ausgelastet sind. Die Kooperation mit der Werbeagentur ist zur Zeit die einzige Form der Marktbearbeitung, abgesehen von der Internetpräsenz. Über das Internet ist nach Erfahrung der Gründer noch keine erfolgversprechende Ansprache ihrer potentiellen Kunden möglich.

Erst wenn nach dem aktuell geplanten Projekt von der Werbeagentur aus keine Vermittlung an einen Kunden mehr stattfindet, planen die Studenten, selbst an den Markt zu gehen. *»Wenn wir dann mit diesen beiden Aufträgen fertig sind, klar, dann muß man natürlich sehen, was machen wir jetzt ...«* Für diesen Fall haben die fünf bereits Konzepte angedacht. Es soll ein Werbeprospekt erstellt werden, in dem das Leistungsangebot und das Unternehmen dargestellt wird. Wegen der guten Erfahrungen mit der Reaktion von Kunden auf den Studentenstatus soll diese Tatsache werbewirksam herausgestellt werden. Für Werbemaßnahmen können evtl. auch die Kontakte der Werbeagentur genutzt werden.

Nacheinander sollen mittelständische Unternehmen verschiedener Branchen angesprochen werden, für die eine Internetpräsentation interessant sein könnte. Um die Unternehmensleitung der entsprechenden Betriebe vom Nutzen eines solchen Angebotes zu überzeugen und zu demonstrieren, was möglich ist und was geleistet werden kann, sollen Referenzprojekte z.B. auf dem Laptop vorgeführt werden. Langfristig möchten die Studenten auf der einen Seite mittelständische Unternehmen neu ins Internet bringen und auf der anderen Seite einen Kundenstamm aufbauen, der regelmäßig Betreuungs- und Pflegeleistungen an seinen Internetpräsentationen in Anspruch nimmt.

»Im Moment ist auch bei vielen der Groschen noch nicht unbedingt gefallen.«

Da die Gründer in den Markt »mehr oder weniger reingestolpert« sind, wurde bei der Gründung keine umfangreiche Marktanalyse durchgeführt.

Das Vorhaben sollte ausprobiert werden. Die Gründung selbst stellt also hier sozusagen den Markttest dar. Die fünf Studenten gehen davon aus, daß große Unternehmen bereits alle eine eigene Internetpräsentation haben, mittelständische Betriebe jedoch überwiegend noch keine Notwendigkeit für diese Kommunikationsmöglichkeit sehen. Hier liegt das Potential für das Gründungsvorhaben. Mike T. und sein Team gehen davon aus, *»daß vielleicht in fünf Jahren wirklich fast jeder Unternehmer einen Internetanschluß hat, auch wenn er nur fünf Angestellte hat«*. Optimistisch schätzen sie, daß ein ausreichender Druck auf diese Unternehmen entstehen wird, dadurch daß dann eine Internetpräsentation genauso erwartet wird, *»wie heute jeder einen Faxanschluß hat«*. Auf der anderen Seite ist den jungen Gründern auch bewußt, daß es eine Reihe von Konkurrenten in der Branche gibt: sowohl größere Unternehmen mit mehreren Angestellten als auch eine Vielzahl von studentischen Internet-Experten, die mehr oder weniger professionell Internetpräsentationen für Kunden erstellen.

Ein Problem bei der Ausschöpfung des vorhandenen Marktpotentials wird von den Studenten darin gesehen, daß der überwiegende Teil der mittelständischen Unternehmer das Internet gar nicht kennt oder nur unzureichend über seine Möglichkeiten und Grenzen informiert ist. *»Aber im Moment ist auch bei vielen der Groschen noch nicht unbedingt gefallen, die wissen das noch gar nicht ... müssen da aber auf jeden Fall hinkommen.«*

Recherchiert wurde von dem Team in bezug auf die Preise der Konkurrenz, um die eigenen Preise danach festlegen zu können. Die Studenten ließen sich Informationen und Angebote von konkurrierenden Unternehmen schicken und recherchierten über das Internet. Über Unternehmensgründung im allgemeinen informierten sich die Gründer nicht, was Mike T. damit begründet, daß ja keine Gründungsfinanzierung notwendig war und deshalb auch keine weitere Planung. Auch heute konzentrieren sich die fünf Studenten vor allem auf die Abwicklung der aktuellen Projekte und verschieben die weitere Planung auf den Zeitpunkt der Fertigstellung des letzten Auftrages.

»Ich würde mich schon ganz gerne in einer Führungsposition sehen.«

Für den Fall, daß das Unternehmen in den nächsten Jahren zunehmend mehr Zeit von ihm fordert, könnte Mike T. sich evtl. vorstellen, sein Studium langsamer anzugehen. Erfolgreich abschließen möchte er es jedoch unbedingt: *»Dafür bin ich hierhingegangen, und ich würde mich ärgern, wenn ich das doch nicht zu Ende kriege.«* Für Mike T. besteht durchaus ein Reiz in der Vorstellung, nach dem Studium selbständig zu arbeiten, und deshalb wünscht er sich, daß das gemeinsame Vorhaben zum Erfolg führt und zumindest einigen der fünf Gründer eine dauerhafte Existenzgrundlage bieten kann.

Er hat nach seiner Banklehre studiert, um schneller in eine Führungsposition zu gelangen. An der Selbständigkeit reizte ihn schon immer die eigenverantwortliche Tätigkeit. *»Man muß sich nicht irgendwo bewerben, muß sich nirgendwo durcharbeiten ...«* Für den Einsatz eines deutlich höheren Arbeitsaufwands erwartet er diese Chefposition und das Gefühl, etwas selbst aufgebaut zu haben.

Volles Risiko: Ein eigenes Büro für Landschaftsarchitektur

Vor viereinhalb Jahren gab der Landschaftsarchitekt Michael H. eine sichere Position als Angestellter für den Schritt in die Selbständigkeit auf. Als gelernter Kaufmann erstellte er eine gründliche Planung für sein Vorhaben, jedoch entwickelte sich das Geschäft zunächst deutlich schlechter als erwartet. Besonders in dieser schwierigen Anfangssituation litt der Gründer unter der Eigenverantwortung und dem hohen Existenzrisiko, so daß er die Freiheit und Abwechslung in seiner Arbeit als Selbständiger heute sehr zu schätzen weiß.

»Jetzt oder nie!«

Fast zehn Jahre hat Michael H. nach Abschluß des Studiums seinen Beruf als Landschaftsarchitekt in verschiedenen Betrieben als Angestellter ausgeübt. Er arbeitete als Bauleiter in ausführenden Betrieben des Landschaftsbaus, aber auch auf Auftraggeberseite. Im Laufe der Zeit übernahm Herr H. verschiedene freiberufliche Aufträge für andere Architekturbüros neben seiner angestellten Tätigkeit. Die Doppelbelastung stieg mit der Menge der Aufträge. Ein entsprechend großer Auftrag stellte H. vor die Entscheidung, sich selbständig zu machen oder den Auftrag abzulehnen, da die Arbeit nicht mehr »nach Feierabend« ausgeführt werden konnte.

Die Verlockung, in Zukunft selbständig zu arbeiten, war für Herrn H. groß: *»Motivation ist sicherlich so eine gewisse Neugierde und auch Unzufriedenheit in der Angestelltenstellung gewesen.«* Als Ursache für diese Unzufriedenheit sieht H. die Diskrepanz zwischen großer Verantwortung für hohe Bausummen auf der einen Seite und dem geringen Gestaltungsspielraum in formalen Dingen und Personalentscheidungen auf der anderen Seite. *»Darf ich mir eine neue Rolle Tesa kaufen oder nicht?«*

H. hat sich die Entscheidung zur Gründung eines Büros für Landschaftsarchitektur nicht leicht gemacht. Er bezeichnet sich selbst als »späten Gründer« und meint damit, daß es einen Unterschied macht, ob man nach dem Studium direkt mit selbständiger Arbeit anfängt oder ob man eine sichere Angestelltenposition für eine solche Entscheidung aufgibt. Im ersten Fall ist seiner Meinung nach ein Scheitern nicht vergleichbar existenzbedrohend, sondern kann als ein Versuch aufgefaßt werden: *»Dann kann ich immer noch heimlich nebenbei Taxi fahren.«* Wenn man, wie Herr H., jedoch nach zehn Jahren Berufsleben mit regelmäßigem und gutem Einkommen nicht nur einen gewissen Lebensstandard erreicht hat, sondern auch eine Familie mit zwei Kindern hat, für die man verantwortlich ist, geht man nicht mehr so gerne ein solches Risiko ein. Nach vielen Gesprächen mit seiner Familie und mit Freunden, einigen schlaflosen Nächten und einer gründlichen Planung gründete Michael H. schließlich vor vier Jahren ein Büro für Landschaftsarchitektur. Sehr wichtig war für ihn, daß seine Frau ebenfalls hinter der Entscheidung stand.

»Und dann müssen Sie sich damit beschäftigen: Was ist ein Friedhof?«

Die Arbeit eines Landschaftsarchitekten ist in weiten Teilen vergleichbar mit der Tätigkeit eines Architekten im Hochbau. Aufgrund der Wünsche des Bauherren und eines Bestandsplanes wird für ein Projekt von Herrn H. eine Planung erstellt. Die Vorhaben, die an das Architekturbüro herangetragen werden, sind sehr vielfältig, und so muß sich das Team von Michael H. immer wieder neu in die Thematik einarbeiten. Bei der Planung eines großen Friedhofes mußte z.B. zunächst zusammengestellt werden, welche Bestandteile berücksichtigt werden müssen und welche Funktionen der Friedhof erfüllen muß. Neben der Funktionalität des Planungsergebnisses sind vor allem die formale Gestaltung des Entwurfs und die Wirtschaftlichkeit von Bedeutung für die Qualität der Architektenleistung. *»Das sind die Prämissen. Und dann müssen Sie versuchen, die so zusammenzuwürfeln, zusammenzuschieben und daraus dann was Schönes, Wirtschaftliches zu produzieren mit dem möglichst hohen Anspruch an architektonische Qualität.«* Zudem ist wichtig, daß der Entwurf nicht nur nach subjektivem Empfinden des Architekten, sondern vor allem auch aus der Sicht des Bauherren (hier der Stadt) oder der Nutzer (hier die Friedhofsbesucher) optimal ist.

An die Planung schließt sich für den Architekten die Realisation des Projektes an. Der Entwurf wird weiter ausgearbeitet, Materialien werden ausgewählt und die Kosten berechnet. Ebenfalls zuständig ist H. für die Ausschreibung der Arbeiten, die Vergabe und die Bauleitung. Je nach Auftrag kann die Bausumme einen großen Umfang einnehmen. Oft geht es um mehrere Millionen Mark, und so übernimmt der Architekt eine große Verantwortung, *»... weil Sie als Sachwalter des Auftraggebers, des Bauherrn, mit seinem Geld umgehen.«*

»Ich fahre auch bis Dresden, aber die überwiegende Arbeit sitzt hier.«

Während seiner Angestelltentätigkeit übte Michael H. seine freiberuflichen Nebenbeschäftigungen in einem Büro im Keller seines Privathauses aus. Mit dem Wechsel in die Selbständigkeit wollte er jedoch von Anfang an Professionalität in bezug auf den Standort. Das Privatbüro wäre nicht ausbaufähig gewesen und für die jetzigen Ansprüche zu klein. So zog der Gründer in ca. 90 qm große Büroräume in einem Gründerzentrum der Wirtschaftsförderung. Die Vorteile dieses Standortes waren für ihn vor allem zu Beginn der Geschäftstätigkeit wichtig. Eine günstige Einstiegsmiete und kurzfristige Kündigungsmöglichkeiten verringerten sein Risiko. Bis das Büro personell so besetzt war, daß während der Geschäftszeiten dauerhaft jemand erreichbar war, spielte das zentrale Sekretariat des Gründerzentrums eine wichtige Rolle. Ein besetztes Sekretariat macht einen besseren und verläßlicheren Eindruck auf die Kunden als ein Ein-Mann-Betrieb, der nur über Mobiltelefon erreichbar ist.

Michael H. übernimmt überwiegend Aufträge aus der Region. Dies ist für ihn nicht nur praktisch, da er für die Planung und Bauleitung jeden Standort selbst besichtigen muß, sondern mit der Lage im Ruhrgebiet ist für sein Büro auch ein hohes Maß an Marktpotential in Reichweite gegeben. *»Und hier steckt eine Menge Arbeit ... Das Ruhrgebiet ist immer noch das größte Ballungsgebiet in Deutschland, und hier ist ein logistisches Potential mit Autobahnen und allen möglichen Verbindungen.«* In bezug auf seine Reichweite ist Michael H. jedoch insgesamt flexibel und arbeitet auch gerne deutschlandweit.

Der Standort innerhalb der Region ist für den Gründer nicht bedeutend, da in der Regel Kundenkontakt über Fax, Telefon und Computer läuft. Persönliche Besprechungen finden meist beim Kunden statt, da die Auftraggeber überwiegend Städte oder große Gesellschaften sind.

»Ich hätte nicht gedacht, daß es so schwierig ist, selbständig zu sein.«

Da der Schritt in die Selbständigkeit aus einer bisher sicheren Einkommenssituation für Michael H. eine schwerwiegende Entscheidung darstellte, war ihm eine sorgfältige Planung und Vorbereitung des Vorhabens wichtig. Er erstellte ein Unternehmenskonzept mit In- und Outputplanung, Finanzierungsplan und Gewinnplan über die ersten drei Jahre. Eine Liquiditätsplanung hat H. nicht erstellt, hält dies jedoch im nachhinein für sinnvoll, da er die Gefahren von Liquiditätsengpässen inzwischen besser abschätzen kann. *»Da hast du ein paar Mark Geld verdient. Kaum hat man sich umgedreht, ist es weg.«*

Angesichts der detaillierten Gründungsplanung hatte die Hausbank von Michael H. ausreichend Vertrauen in sein Vorhaben, und so war die Finanzierung der Gründung für H. kein Problem. Das Vertrauen der Bank war sicher auch darauf zurückzuführen, daß Michael H. bereits zwanzig Jahre mit seiner Bank geschäftlich verbunden war und diese über seine bisherige solide finanzielle Situation und Lebensführung ausreichend informiert war. Seine Bank konnte ihn auch über Förderprogramme der Deutschen Ausgleichsbank informieren und ihm entsprechende Förderungen sichern.

Der Gründungsplan wurde zunächst für die Bank erstellt, jedoch diente er auch dazu, das Vorhaben für den Gründer und seine Familie zu überprüfen und ein möglichst realistisches Bild der ersten drei Geschäftsjahre zu zeichnen. Das von H. erarbeitete Konzept erschien ihm in sich schlüssig konstruiert, jedoch *»hat sich alles ganz anders entwickelt«*.

Falsch eingeschätzt hat H. vor allem die Auftragslage in der Anfangsphase seines Gründungsunternehmens. Seine Umsätze schätzte er für seinen Gründungsplan ausgehend von den geplanten Kapazitäten seines Büros: *»Man weiß, wie Honorare berechnet werden, und ich wußte, weil ich ja ausreichend Berufserfahrung hatte, wieviel Bausumme ich bearbeiten kann.«* Zusätzlich zu seiner eigenen Kapazität rechnete er die Kapazität der Mitarbeiter entsprechend der von ihm geplanten Personalentwicklung. In der ersten Zeit war es jedoch schwierig, an entsprechende Aufträge zu kommen, um die Kapazitäten auszulasten. H. war davon ausgegangen, daß aufgrund seiner Kontakte zu vielen potentiellen Auftraggebern aus seiner früheren Tätigkeit, auch auf Auftraggeberseite, ein ausreichendes Auftragsvolumen für sein Büro zu erreichen wäre. *»Und das hat überhaupt nicht funktioniert. Die haben Wohlwollen gezeigt, aber die haben alle ein paar Jahre abgewartet, mal geguckt, ob ich es überhaupt schaffe.«*

Die kritische Anfangsphase des Architekturbüros stellte für den Gründer eine erhebliche Belastung dar. Durch die schlechte Auftragslage wurde ihm das große Risiko deutlich, das er als Selbständiger tragen muß. Er hatte sich diese Selbstverantwortung nicht so belastend vorgestellt. *»Man macht sich da, wenn man angestellt ist, nicht so ein Bild darüber, das kann man sich gar nicht vorstellen.«* Auch als Angestellter muß man sich für schlechte Auftragslage und Fehler verantworten, jedoch steht für einen selbständigen Unternehmer bei Fehlern immer auch die Existenz auf dem Spiel.

»Ich habe teilweise Ausstattung gekauft, weil ich unter dem Druck stand, sie zu kaufen.«

Für die Ausstattung seines Büros brauchte Michael H. vor allem leistungsfähige Computerarbeitsplätze, CAD und entsprechende Software. Er ist der Meinung, daß man in seiner Branche mit Investitionen in Höhe von 80- bis 100.000 DM so ausgestattet ist, *»daß Sie professionell mitspielen können, auch gegenüber großen Unternehmen ..., daß Sie dann das EDV-Geschehen so bedienen können, wie mittlerweile erwartet wird.«* So wurde überwiegend in die technische Ausstattung des Büros investiert. Bei Möbeln und weiteren Einrichtungsgegenständen wurde gespart. Eine besondere Repräsentativität der Büroräume ist für das Architekturbüro auch nicht notwendig. *»Das einzige, was gescheit ist, sind die Bürostühle. Das ist hier alles vom Einfachsten, weil es auch nicht so wichtig ist, das paßt auch nicht so gut in meine Philosophie, so ein Büro zu führen.«*

Während der Finanzierungsphase mußte H. sein Gründungskonzept noch einmal ändern, weil er die Mittel nicht wie geplant ausgeschöpft hatte. Schon im ersten Halbjahr seiner Gründung, als er noch nicht so große Probleme mit der Auftragslage hatte, hat der Gründer auf die Anschaffung verschiedener Dinge verzichtet. Wohl um das Risiko weiter zu verringern, überdachte er seine tatsächlichen Bedürfnisse noch einmal. Im nachhinein war diese Einschränkung der geplanten Investitionen eine sehr gute Entscheidung, da es sich bei den fraglichen Anschaffungen um EDV-Produkte handelte und mit solchen Investitionen eine besondere Problematik verbunden ist. Michael H. hat zum Teil EDV-Ausstattung unter Druck der Bank und der anfallenden Bereitstellungszinsen schneller gekauft, als er sie eigentlich benötigte. Zum Teil standen diese Geräte dann ungenutzt ein halbes Jahr oder länger herum, und *»dann habe ich festgestellt, a) waren sie dann schon nicht mehr aktuell, als ich sie gebraucht habe, und b) kosteten sie dann nur noch die Hälfte, das ist ja bei der EDV so ...«* Über eine solche Fehlplanung hat sich Michael H. als Gründer, der üblicherweise scharf kalkulieren muß, natürlich besonders geärgert. Er würde daher Gründern empfehlen, EDV-Ausstattung generell nicht über eine langfristige und fremdbestimmte Finanzierung laufen zu lassen.

»Abschreibungen und so was sind für mich keine Fremdwörter.«

Neben der fachlichen und formalen Qualifikation eines abgeschlossenen Studiums hatte Michael H. in seiner bisherigen Ausbildung und Berufslaufbahn weitere Fähigkeiten und Erfahrungen erworben, die bei der Gründung seines Architekturbüros von Vorteil waren. Durch die mehrjährige Tätigkeit bei verschiedenen Betrieben der Auftraggeberseite hatte er verschiedene wichtige Kontakte gewinnen können, die ihm, wenn auch weniger als erhofft, von Nutzen waren. Durch diese Berufserfahrung kannte er die Branche sehr gut und war mit den geschäftlichen Gepflogenheiten und Kommunikationswegen vertraut.

Führungserfahrung hatte Michael H. durch seine Position im mittleren Management als Sachgebietsleiter gewinnen können. *»Ob ich Führungsqualitäten habe, ist wieder etwas ganz anderes.«* Durch die Verantwortung, die er für sein Büro hat, muß H. auch für sein kleines Team die Führung übernehmen. *»Ob Sie jetzt die geborene Führungsnatur sind oder nicht, wenn Sie da jetzt in der Verantwortung stehen, dann ergeben sich gewisse Dinge zwangsläufig. Irgendwann müssen Sie dann mal einschreiten, sonst haben Sie es wieder selbst am Bein.«*

Bei der Führung seines Büros und vor allem bei der Erstellung seiner Gründungsplanung hat Michael H. sehr geholfen, daß er nach einem Wirtschaftsabitur eine Ausbildung als Bürokaufmann absolviert hat und für ihn daher die kaufmännische Seite nach eigenen Angaben *»kein Problem«* darstellt.

Für die Gründungsplanung hat Michael H. aus diesem Grund auch keine Beratung in Anspruch genommen. *»Ich habe das ja auch alleine gemacht, weil ich der Meinung war, ich habe da eine Grundlage …«* Er hält diese Entscheidung jedoch im nachhinein für falsch, denn inzwischen weiß er, daß regionale Wirtschaftsförderungen und andere Einrichtungen Beratungen für Gründer fördern oder zum Teil auch gratis anbieten. Er selbst hat erst nach der Gründung eine durch die Wirtschaftsförderung überwiegend finanzierte Beratung zur Gründungsfestigung in Anspruch genommen. *»Das hat nichts mehr geändert, hat mir aber Klarheiten gebracht. Das hätte mir aber wahrscheinlich im Vorfeld mehr gebracht.«*

»Wenn man sich langfristig behaupten will, braucht man ein funktionierendes Team.«

Der Architekt arbeitet ausschließlich mit freien Mitarbeitern. Festangestellte Architekten *»kann ich ja nicht bezahlen. Bei den harten Verhandlungen, die man hat, bei der Auftragsvergabe …«* Ein weiterer, bedeutender Vorteil der Arbeit mit freien Mitarbeitern ist die Flexibilität des Büros. Michael H. steht ein Potential von Personen zur Verfügung, die dann eingesetzt werden, wenn bei großen Aufträgen Spitzen abgebaut werden müssen. *»Dann kann ich Manpower genug aktivieren. Zuverlässige.«*

Die aktuelle Situation auf dem Arbeitsmarkt ist für den Gründer eher günstig, da es zur Zeit schwierig für junge Landschaftsarchitekten ist, eine feste Stelle zu finden. So sind viele dazu bereit, freiberuflich und flexibel einsetzbar für ein Büro zu arbeiten. *»Ich bekomme regelmäßig Bewerbungen und Anrufe, daß die Leute bei mir arbeiten möchten. Teilweise möchten sie erst mal nur kommen, und Geld ist egal.«* Wichtig für H. sind jedoch vor allem die Qualität und Effizienz der Arbeit seines Büros, und dafür hält er es für notwendig, ein gut funktionierendes Team zu haben. *»Also kann es nur darum gehen, zufriedene Mitarbeiter zu haben und da gemeinsam etwas aufzubauen und nicht mal* *eben schnell billige Arbeitskräfte zu verwursten.«* Die Projekte in seinem Büro sind meist so komplex, daß ein neuer Mitarbeiter erst eingearbeitet werden muß. Dazu kommt, daß überwiegend Berufsanfänger als Arbeitskräfte zur Verfügung stehen, denen die fachliche Erfahrung noch fehlt. Die Arbeitsmarktlage versetzt H. jedoch in die Position, sich aus einem großen Angebot diejenigen auszusuchen und langfristig an sich zu binden, die er für besonders fähig und zum Betrieb passend hält.

»Wettbewerbsarbeit kann man sich heutzutage kaum noch erlauben.«

Bei großen Architekturprojekten, insbesondere bei öffentlichen Auftraggebern, werden häufig Wettbewerbe ausgeschrieben, für die die interessierten Büros Entwürfe einreichen und auf einen Preis hoffen. Für Michael H. ist die Teilnahme an solchen Wettbewerben im Regelfall nicht sehr attraktiv, da die Konkurrenz zu groß und der Aufwand für den Entwurf viel zu hoch ist. Meist nehmen 150 bis 200 Büros aus ganz Europa und zum Teil auch aus den Vereinigten Staaten an einem Wettbewerb teil. Gegen die Konkurrenz der sehr großen, international agierenden Büros kann Michael H. mit seinem kleinen Betrieb nicht mithalten. Solche Konkurrenten haben eigene Wettbewerbsabteilungen und können z.B. bei besonderen Projekten auch Fachbüros für Animation einschalten, um eine ansprechende und aufwendige Präsentation des Entwurfes zu erstellen.

Die Teilnahme des Büros von Herrn H. an dem Wettbewerb für die Planung eines Friedhofes war deshalb auch eine Ausnahme. Interessant war dieses Projekt für ihn deshalb, weil der Wettbewerb beschränkt war und Michael H. gemeinsam mit 24 anderen Büros aus der Gesamtheit der Bewerber ausgelost wurde, um einen Entwurf einreichen zu dürfen. So steigt die Chance auf einen der vorderen Plätze deutlich, *»und dann haben Sie auch unter Umständen diese Abräumer nicht dabei, die jede Woche irgendwo einen Wettbewerb gewinnen ...«* Der Aufwand für solch ein Projekt nimmt einen beträchtlichen Umfang ein. Der Gründer hat mit seinem Team zusammen für den Friedhofsentwurf ca. 500 Stunden investiert. Der Lohn für diese Mühen ist dabei noch ungewiß. Ein Platz unter den Preisträgern erhöht die Reputation und die Bekanntheit des Architekturbüros, und *»für Ihr Mäppchen haben Sie wieder was«*. Grundsätzlich geht es jedoch darum, den Auftrag zu bekommen, und damit um die weitere Bearbeitung des Projektes, wenn sich der Aufwand wirklich auszahlen soll.

»Ohne Referenzen und Kontakte geht es nicht.«

Auftraggeber für das Büro von Michael H. sind überwiegend öffentliche Organisationen und größere Unternehmen. Seltener plant er Hausgärten für private Kunden. Wegen der meist hohen Bausummen ist es für den Landschaftsarchitekten wichtig, daß die Kunden genügend Vertrauen in ihn setzen, um ihm eine solche große Verantwortung zu übertragen. Dieses Vertrauen der Kunden erwächst vor allem durch Referenzen, qualitativ gute Arbeit und die richtigen Kontakte. Die Bekanntheit des Büros und die Etablierung als zuverlässiger Partner verbesserte sich bisher kontinuierlich, so daß sich die Auftragslage nach viereinhalb Jahren für den Gründer weiter positiv entwickelt. Seine Zielvorstellung *»wäre schon, mit angestellten Mitarbeitern in einer etwas größeren Besetzung langfristig zusammenzuarbeiten«.*

Der durchschnittliche Auftragsvorlauf bei Architekten insgesamt sinkt zur Zeit jedoch stetig. Michael H. berichtet, daß zur Zeit etwa zwei bis drei Monate Vorlauf die Regel sind. *»Zu guten Zeiten lag das wohl so bei einem halben Jahr.«* Im Gegensatz zur Hochbauarchitektur ist die Leistung des Landschaftsarchitekten nicht zwingend erforderlich bei einem Projekt. *»Der Endverbraucher, wer es auch immer ist, der hat keinerlei Anlaß, zwingend, dringend einen Landschaftsarchitekten zu nehmen.«* Zum Teil wird die Arbeit von Hochbauarchitekten selbst ausgeführt. Wenn an Projekten gespart werden soll, ist die Planung der Fläche ein häufiger Ansatzpunkt, zumal diese Dienstleistung am Ende eines Projektes steht. *»Wenn die Kohle weg ist, ist sie weg.«* Auf der anderen Seite sieht H. auch die Tendenz bei jüngeren Architektenkollegen, das Element Freiraum auch für den Hochbau wichtiger zu nehmen. *»Die Tendenz geht in jedem Fall dahin, daß unser Bereich schon wichtiger wird als früher.«*

»Ein richtiger Architekt ist ein freier Architekt.«

Selbständigkeit war für Michael H. stets eine Alternative, jedoch nicht in der Form, daß er um jeden Preis darauf hingearbeitet hat. Die Entscheidung ergab sich durch die Gelegenheit und dadurch, daß der Gründer *»gerne Veränderungen spürt und erlebt«* und als Chance begreift.

Mit der Selbständigkeit hat er inzwischen sehr unterschiedliche Erfahrungen gemacht. Vieles hat sich für ihn positiv entwickelt. So ist er sehr zufrieden damit, daß er als freier Architekt so vielseitig arbeiten kann. Während er mit seinem Büro ein breites Spektrum an Projekten bearbeitet, *»... vom japanischen Hausgarten bis zum großen Friedhof ...«,* war er als Angestellter sehr viel eingeschränkter in seinen Tätigkeiten, und so genießt er die abwechslungsreiche Arbeit sehr.

Den Preis für die Entscheidungsfreiheit und selbständige Arbeit empfindet der Gründer jedoch als sehr hoch. *»Ich würde das niemandem empfehlen, der da nicht eine Leidenschaft zu hat.«* Er selbst hatte sich vorher die persönliche Belastung durch das Risiko und die Eigenverantwortung nicht so groß vorgestellt und vielleicht stärker unter der Situation der Anfangsschwierigkeiten gelitten als andere Gründer. Er hält sich selbst nicht für einen risikofreudigen Typ. *»Deswegen ist mir das vielleicht auch schwerer gefallen.«*

Ein erwartetes höheres Einkommen war nicht der Grund für die Existenzgründung, jedoch ist der Architekt der Ansicht, daß er langfristig mehr Geld verdienen sollte als früher in der sicheren Stellung, um das Risiko zu rechtfertigen. Ein weiterer Aspekt ist, daß der Arbeits- und Zeitaufwand sehr hoch ist und auch dafür auf Dauer ein Ausgleich gewünscht wird. *»Wenn ich bedenke, was ich für eine 36,5-Stunden-Woche jedes Jahr bekommen habe, einschließlich Nebenleistungen, fast vierzehn Gehälter und sechs Wochen Ferien ... Wenn ich das Geld jetzt für mich hier netto verdienen will, dann muß ich mich ganz schön bewegen.«* Auf seine private finanzielle Situation hat sich die Gründung nicht stark ausgewirkt, da die Finanzierung des Büros ausreichend gesichert war. Jedoch hat sich Herr H. mit seiner Familie in der schwierigen Anfangsphase allein aus Vorsicht eine Zeitlang sehr stark mit Ausgaben zurückgehalten.

Der hohe Zeiteinsatz, den der Gründer für seine Arbeit aufbringen muß, hat sich noch nicht reduziert. Jedoch wird der Ablauf geregelter und die Auftragslage sicherer, und so kann der Architekt inzwischen einen bekannten Kunden auch mal ein paar Tage vertrösten, weil er seiner Familie das Wochenende versprochen hat. Bei neuen Kunden in der Akquisitionsphase ist so etwas für den Gründer nicht möglich.

Insgesamt hat sich die Gründung vor allem auf die persönliche Arbeits-

und Lebenszufriedenheit sehr positiv ausgewirkt. Michael H. beobachtet, daß er trotz des größeren Stresses als Selbständiger und der erhöhten zeitlichen Belastung insgesamt viel ausgeglichener und entspannter ist. Das genießt auch seine Familie.

1 Vgl. Klandt, Heinz: Gründungsmanagement: Der integrierte Unternehmensplan, München, Wien: Oldenbourg Verlag, 1998, Kapitel 2.2., zur Zeit in Druck.

2 Mit geringfügigen Änderungen entnommen aus Klandt, Heinz: ebenda, Kapitel 2.2.

3 Der Existenzgründertest von Prof. Dr. Heinz Klandt ist auch in: »Der Existenzgründungsberater -PC-Lernprogramm« vom Bundesministerium für Wirtschaft BMWI zu finden.

4 Nähere Informationen zu diesem Planspiel erhalten Sie beim bifego, Betriebswirtschaftliches Institut für empirische Gründungs- und Organisationsforschung e.V, c/o ebs, Private Wissenschaftliche Hochschule, Schloß Reichartshausen, 65375 Oestrich-Winkel.

5 Die Zahlen werden auf der Basis einer Erhebung des IfM angenommen. Bei dieser Untersuchung wurde 1995 die Anzahl der Familienunternehmen insgesamt in der BRD mit rund 1,5 Mio. erhoben.

6 Franchise-Chancen 97/98, deutscher Franchise Atlas, 10., aktualisierte und erweiterte Auflage Bonn: Norman Rentrop Verlag, 1997/98, sowie Manfred Strauch und Karsten Mühlhaus (Hrsg.): Franchise Handbuch Europa, 1. Auflage 1990, Bonn: Norman Rentrop Verlag.

7 Literatur zu Kreativitätstechniken: vgl. zur Beschreibung der einzelnen Verfahren insbesondere die ausführliche Darstellung in Johansson, Björn: Kreativität und Marketing – Die Anwendung von Kreativitätstechniken im Marketingbereich. Bern 1985, S. 85-232. Auch in den folgenden kurzen Übersichtsartikeln werden einige wesentliche Techniken dargestellt: Appelt, Jutta; Appelt, Horst G.: Mit Kreativitätstechniken neue Produkte finden. In: Fortschrittliche Betriebsführung und Industrial Engineering, 33 Jg., 1984, Heft 6, S. 334-343, oder Ruhleder, Rolf H.: Kreativitätstechniken für Manager – Vier Methoden der Ideenfindung. In: Markenartikel 51. Jg., 11/1989, S. 580 f.

8 Vgl. Klandt, Heinz: Gründungsmanagement: Der integrierte Unternehmensplan, München, Wien: Oldenbourg Verlag, 1998, Kapitel 2.3, zur Zeit in Druck.

9 Mustergliederung mit geringfügigen Änderungen entnommen aus Klandt, Heinz: ebenda, Kapitel 2.4.

10 Vgl. Klandt, Heinz: ebenda, Kapitel 3.2.1.

11 Vgl. Daniel, Ronald D.: Management Information Crisis, in: Harvard Business Review, Volume 39, Sept.-Okt. 1961, Nr. 5, S. 111-121.

12 Informieren Sie sich anhand der verschiedenen Ratgeberbroschüren von Kreditinstituten, Wirtschaftsministerien und IHKs. Als übersichtliche und gut verständliche Literatur zur Rechtsformwahl ist auch Nathusius, Klaus: Rechtliche Fragen der Unternehmensgründung, in: Praxis der Unternehmensgründung – Hilfen für Existenzgründer, hrsg. von Klaus Nathusius, Hauptband, 4., neubearbeitete Auflage, Köln 1990, S. 83-133, hier S. 83-109, zu empfehlen.

13 Mehr zu empirischen Methoden finden Sie z.B. bei Müller-Böling, Detlef; Klandt, Heinz: Methoden Empirischer Wirtschafts- und Sozialforschung – Eine Einführung mit wirtschaftswissenschaftlichem Schwerpunkt, 2., unveränderte Auflage, Köln-Dortmund, 1994; Urbaniak, Hans; Klandt, Heinz: Methoden empirischer Wirtschafts- und Sozialforschung – Eine interaktive multimediale Einführung mit HABUCON mit didaktisch-konzeptionellen Erläuterungen, Buch und CD-Rom, Köln-Dortmund, 1996 (Bezug über Förderkreis Gründungs-Forschung e.V., Entrepreneurship-Research, c/o ebs, Private Wissenschaftliche Hochschule, Schloß Reichartshausen, 65375 Oestrich-Winkel).

14 Abbildung entnommen aus Klandt, Heinz: Gründungsmanagement: Der integrierte Unternehmensplan, München, Wien: Oldenbourg Verlag, 1998, Kapitel 3.4., zur Zeit in Druck.

15 Abbildung entnommen aus Klandt, Heinz: ebenda, Kapitel 3.6.

16 Übersicht entnommen aus Klandt, Heinz: ebenda, Kapitel 4.2.1.

17 Mit geringfügigen Änderungen entnommen aus Klandt, Heinz: ebenda, Kapitel 1.2.4

18 Abbildung entnommen aus Klandt, Heinz: ebenda, Kapitel 3.5

19 Übersicht mit geringfügigen Ergänzungen entnommen aus Klandt, Heinz: ebenda, Kapitel 4.2.2.

20 Abbildung entnommen aus Klandt, Heinz: ebenda, Kapitel 4.3.7.